地方导游基础知识

DIFANG DAOYOU JICHU ZHISHI

（第九版）

全国导游资格考试统编教材专家编写组 编

中国旅游出版社

出版说明

（第九版）

2024年5月17日，全国旅游发展大会在北京召开，会上传达了习近平总书记对旅游工作作出的重要指示，强调"着力完善现代旅游业体系，加快建设旅游强国"，"推动旅游业高质量发展行稳致远"。习近平总书记的重要指示和全国旅游发展大会精神，对导游职业发展提出新的更高的要求。

在过去的9年里，作为文化和旅游部直属的专业出版机构，中国旅游出版社始终致力于服务导游职业发展，组织业内专家编写出版全国导游资格考试统编教材，并以过硬的质量和良好的服务，赢得广大读者的青睐和业界良好口碑。今年，我社继续组织相关专家，认真研究最新发布的考试大纲，针对今年大纲的新提法、新变化和新知识点，对全国统编版《政策与法律法规》《导游业务》《全国导游基础知识》《地方导游基础知识》四本教材进行了修订和编写。

此次修订，是以文化和旅游部相关文件精神和最新考试大纲要求为指引，既吸取了前几版全国导游资格考试统编教材内容和编写风格的精华，又进一步凸显了以下特点：其一，完全遵循新大纲要求，内容覆盖全部考点且重点突出，具有全国示范意义，经得起业界实践检验；其二，在强调理论与实践相结合、内容与时俱进的基础上，更加注重实用性和业务可操作性；其三，编写风格保持简洁、通俗，强调易学、易记，便于考生学习和掌握，方便应考；其四，消除了上一版教材中的技术性错漏。

同时，我们还修订了与这四本教材相配套的《全国导游资格统一考试模拟习题集》，改版升级了"中国旅游出版社导游考试官方在线题库"微信小程序。2025版习题集完全遵循新大纲规定的题型和分值比例，为考生开阔思维、掌握难点、突出重点、练习备考提供服务。2025版在线题库与新版教材完全同步，分章节精准练习，每题均附有答案和详尽解析，具有反复刷题功能，方便考生利用碎片化的时间，随时随地练习，检验复习效果。

中国旅游出版社旗下"中国导游考试辅导中心"公众号将继续为广大考生服务，发布最新的考试资讯，提供专业的复习备考资料，并进一步为购买正版教材的考生提供丰富的增值服务，让导游资格考试变得更加轻松。

我们衷心希望这套重新修订的统编教材及其配套教辅产品，能够切实满足广大考生应考的需求，助力考生迎难过关，同时，还能够提升导游人员的业务素质和综合能力，为我国旅游业的发展尽一份绵薄之力。

中国旅游出版社

2025年6月

目 录

第一章　华北地区各省市自治区导游基础知识 ………………………… 1
第一节　北京市基本概况与主要文旅资源 ……………………………… 1
第二节　天津市基本概况与主要文旅资源 ……………………………… 9
第三节　河北省基本概况与主要文旅资源 ……………………………… 15
第四节　山西省基本概况与主要文旅资源 ……………………………… 24
第五节　内蒙古自治区基本概况与主要文旅资源 ……………………… 32

第二章　东北地区各省导游基础知识 …………………………………… 44
第一节　辽宁省基本概况与主要文旅资源 ……………………………… 44
第二节　吉林省基本概况与主要文旅资源 ……………………………… 50
第三节　黑龙江省基本概况与主要文旅资源 …………………………… 57

第三章　华东地区各省市导游基础知识 ………………………………… 65
第一节　上海市基本概况与主要文旅资源 ……………………………… 65
第二节　江苏省基本概况与主要文旅资源 ……………………………… 71
第三节　浙江省基本概况与主要文旅资源 ……………………………… 79
第四节　安徽省基本概况与主要文旅资源 ……………………………… 86
第五节　福建省基本概况与主要文旅资源 ……………………………… 92
第六节　江西省基本概况与主要文旅资源 ……………………………… 99
第七节　山东省基本概况与主要文旅资源 ……………………………… 107

第四章　华中地区各省导游基础知识 …… 113
第一节　河南省基本概况与主要文旅资源 …… 113
第二节　湖北省基本概况与主要文旅资源 …… 120
第三节　湖南省基本概况与主要文旅资源 …… 126

第五章　华南地区各省自治区导游基础知识 …… 134
第一节　广东省基本概况与主要文旅资源 …… 134
第二节　广西壮族自治区基本概况与主要文旅资源 …… 143
第三节　海南省基本概况与主要文旅资源 …… 150

第六章　西南地区各省市自治区导游基础知识 …… 159
第一节　重庆市基本概况与主要文旅资源 …… 159
第二节　四川省基本概况与主要文旅资源 …… 165
第三节　贵州省基本情况与主要文旅资源 …… 173
第四节　云南省基本概况与主要文旅资源 …… 179
第五节　西藏自治区基本概况与主要文旅资源 …… 186

第七章　西北地区各省自治区导游基础知识 …… 199
第一节　陕西省基本概况与主要文旅资源 …… 199
第二节　甘肃省基本概况与主要文旅资源 …… 205
第三节　青海省基本概况与主要文旅资源 …… 212
第四节　宁夏回族自治区基本概况与主要文旅资源 …… 220
第五节　新疆维吾尔自治区基本概况与主要文旅资源 …… 228

第八章　港澳台地区导游基础知识 …… 239
第一节　香港基本概况与主要文旅资源 …… 239
第二节　澳门基本概况与主要文旅资源 …… 247
第三节　台湾省基本概况与主要文旅资源 …… 254

附录1　中国世界遗产项目名录 ·· 262

附录2　世界非物质文化遗产名录 ·· 268

附录3　国家5A级旅游景区名录 ·· 271

附录4　国家级旅游度假区 ·· 284

第九版修订补记 ·· 287

第一章 华北地区各省市自治区导游基础知识

章节练习
增值服务

学习目的

通过本章的学习，使考生**了解**北京、天津、河北、山西和内蒙古的历史、地理、气候、区划、人口、交通、旅游等概况，各地代表性饮食的特点、主要美食和风物特产；**熟悉**这五个省（区、市）列入《世界遗产名录》的中国遗产地，列入《人类非物质文化遗产代表作名录》的中国非遗项目，国家5A级旅游景区和国家级旅游度假区，各地具有代表性的历史文化和民俗风情；**掌握**旅游核心城市、国内知名地域文化、民族民间文化及特色产业。

第一节 北京市基本概况与主要文旅资源

北京，简称"京"，是中华人民共和国的首都，是全国的政治中心、文化中心，是世界著名古都和现代化国际城市。北京辖16个市辖区[①]，截至2024年年底，全市常住人口2183.2万[②]，总面积约1.64万平方千米。

[①] 本书区划部分相关资料及数据来自中华人民共和国民政部编写的《中华人民共和国行政区划简册2020》一书，资料截至2019年年底。

[②] 本书各省市自治区人口数据部分来自国家统计局官网（第七次全国人口普查公报第三号——地区人口情况），部分来自各省（区、市）政府2024年国民经济和社会发展统计公报。

[地理、气候]

类别	内　　容
位置	位于北纬39°56′、东经116°20′，地处华北大平原的北部，东面与天津市毗连，其余均与河北省相邻。地势西北高、东南低。西部、北部和东北部三面环山，东南部是一片缓缓向渤海倾斜的平原。北京市平均海拔43.5米，最高峰为门头沟的东灵山，海拔2303米，被戏称为"北京的珠穆朗玛峰"，是当地户外爱好者非常喜欢攀登的山峰。
水系	境内有永定河、潮白河、北运河、大清河和蓟运河五大水系，是北京市淡水的主要来源。其中永定河是最大的过境河流，因上游流经黄土区，河水含泥沙量多，河道常常淤决迁徙，历史上曾有"小黄河""无定河"之称。20世纪50年代修建官厅水库后，水患得到有效治理。沿河名胜有卢沟桥、官厅水库国家湿地公园等。潮白河是北京第二条大河，在密云区建有密云水库，设计库容量43亿立方米，是华北地区最大的水库，也是北京最重要的地表饮用水水源地。北运河是隋朝大运河的最北段，历史上漕船穿梭，商贾云集。 北京市通过引入小红门再生水厂的再生水、南水北调中线工程引来的江水以及引黄工程的黄河水等多种水源进行生态补水。2022年4月28日，京杭大运河实现百年来首次全线通水；6月24日，京冀段62千米正式通航。北京市五大水系干流全部成为"流动的河"，再现水草丰美的景象。北京已建湿地自然保护区6个，总面积2.11万公顷；国家和市级湿地公园12个，包括翠湖国家城市湿地公园、野鸭湖和长沟泉水国家湿地公园等。
气候	属典型的暖温带大陆性季风气候（暖温带半湿润半干旱季风气候）。一年四季分明，冬夏漫长，春秋短暂。夏季炎热多雨，冬季寒冷干燥。年平均气温10～12℃，年平均降雨量600多毫米，夏季降水量约占全年降水量的3/4。秋季天高气爽，气候宜人，是一年中的黄金季节。最佳的旅游时间为每年的4月、5月、9月、10月四个月份。2022年第24届冬奥会后，冰雪旅游景点成为游客冬季休闲新选择。

[交通状况]

北京是全国公路、铁路、航空运输的枢纽，北京的交通客运能力位居全国前列。

类别	内容
公路	截至 2025 年 4 月，北京私家车总数达 794.3 万辆，交通压力较大，采用环形交通方式，其中六环全长约 187.6 千米，七环全长达 940 千米。北京高速公路总里程达到 1276 千米，包括京哈、京沪、京港澳、京昆、京藏等 10 条国家级高速公路，以及机场高速、五环路、京礼高速、国道 109 新线高速等 17 条地方高速公路。全市"七放射 + 地区环线"的高速公路主格局基本建成，交通对外辐射能力大幅提升，进一步推动京津冀区域协同发展。
航空	北京航空业发达，建有 2 个 4F 级国际机场：首都国际机场和大兴国际机场。北京首都国际机场通过 105 家航空公司与全世界 65 个国家和地区的 296 座机场相连，其中，国内（含地区）航点 160 个，国际航点 136 个。首都国际机场连续 9 年位列世界第二繁忙机场，并在国际机场协会服务质量评比中连续 10 年获奖，2018 年旅客吞吐量突破 1 亿人次，成为中国第一个年旅客吞吐量过亿人次的机场。截至 2025 年 6 月，大兴国际机场当前已开通 4 条民机跑道，未来将开通至 7 条跑道。
铁路	北京是中国铁路网的中心之一，主要有京九铁路、京沪铁路、京广铁路、京哈铁路、京张铁路等。京张客运专线，是中国第一条采用自主研发的北斗卫星导航系统、设计速度 350 千米/小时的智能化高速铁路，也是世界上第一条最高设计速度 350 千米/小时的高寒、大风沙高速铁路。北京的铁路客运系统按"四主两辅"总体布局，北京站、北京西站、北京南站和北京北站为主要客站，新北京东站（通州）、丰台站为辅助客站。

[历史沿革]

北京房山区周口店遗址是距今 70 万~20 万年的"北京猿人"、20 万~10 万年的新洞人、4.2 万~3.85 万年的田园洞人、3 万年前的山顶洞人生活的地方。1 万多年前，定居于西山的东胡林人已经开始从事原始农业生产。房山区周口店镇龙骨山的北京人遗址，发现了不同时期的各类化石和文化遗物地点 27 处，出土人类化石 200 余件，石器十多万件，大量的用火遗迹及上百种动物化石等，是人类化石宝库，也是公认的人类发祥地之一。

北京最早见于文献的名称叫"蓟"。公元前 11 世纪时，蓟国是统治中国北方的西周王朝的一个分封国。春秋中期，位于蓟国西南面的另一个封国燕吞没了蓟，并迁都于蓟城。从这时起，直到公元前 226 年燕国被强大的秦国攻破，蓟城一直是燕的都城。938 年，蓟城成为辽的陪都。因为蓟位于它所辖疆域的南部，所以改称南京，又叫燕京。一个多世纪以后，另一个少数民族女真人建立的金朝将辽灭亡，并于1153年迁都燕京，改名中都。1214年，金朝因受到新兴的蒙古军队的进攻，被迫迁都汴京（今河南开封），第二年蒙古铁骑入主中都。

1267年，蒙古大汗忽必烈下令在中都城的东北郊筑建新城。1285年新城全部建成，这便是意大利旅行家马可·波罗在游记中称为"世界莫能与比"的元大都。从此，北京取代了长安、洛阳、汴梁等古都的地位，成为中国的政治中心，并延续到明、清两代。

1911年辛亥革命后，北京既是新文化运动的中心、"五四运动"的策源地、马克思主义在中国早期传播的主阵地，也是中国共产党的主要孕育地之一，"一二·九"运动的主战场。1949年10月1日，中华人民共和国成立，北京成为中华人民共和国的首都，是中华人民共和国的政治中心、文化中心、国际交往中心、科技创新中心。

[民族民俗文化]

根据第七次全国人口普查数据，北京市少数民族户籍人口数量为104.8万，占全市总人口的4.8%。排名前五的少数民族分别是：满族47万、回族27.4万、蒙古族12.3万、朝鲜族3.3万、土家族3万。各民族群众在和睦相处、守望相助的历史积淀中，形成了独具"京味"特色的民族文化。民族体育项目蹴球、珍珠球、弹弓术等已成为北京非物质文化遗产重要的组成部分。

[文旅资源]

北京具有丰富的文旅资源，据统计，截至2023年年底，北京共有世界遗产8项、国家级旅游度假区1家、全国重点文物保护单位135处、市级文物保护单位257处、历史建筑1056栋（座）、不可移动革命文物188处、历史文化街区49片、成片传统平房区26片，还有大量传统村落、传统胡同、历史名园、古树名木等。对外开放的旅游景区超200家，其中国家5A级旅游景区 9 家。

北京远古原始文化融合了中原和北方原始文化，其发展内容包含了整个人类社会发展的各个阶段，处于南北文化的融合地带，造就了北京远古特有的原始文化特点。

870 年的建都史，形成了北京内涵丰富的皇家建筑文化。从辽代到清末，北京建造了许多宏伟的宫廷建筑，是我国拥有帝王宫殿、庙坛和陵墓数量最多、内容最丰富的城市。北京有世界上最大的皇宫紫禁城、祭天神庙天坛、皇家花园北海、皇家园林颐和园和圆明园，还有八达岭长城、慕田峪长城、大运河、十三陵以及世界上最大的四合院——恭王府等名胜古迹。

北京故宫。北京故宫是中国明、清两代的皇家宫殿，旧称紫禁城，位于北京中轴线的中心。北京故宫包括宫殿区、祖庙（现劳动人民文化宫）、社稷坛（现中山公园）三部分。宫殿区以三大殿为中心，占地面积约 72 万平方米，建筑面积约 15 万平方米，有大小宫殿 70 多座，房屋 9000 余间。故宫博物院是中国最大的古代文化艺术博物馆，其文物收藏极其丰富，总数超过 186 万件。

八达岭长城。八达岭长城位于北京市延庆区，雄踞于西北通往北京的咽喉要道最高处，地势险要，素有"北门锁钥"之称。明王朝先后经营 80 多年，使八达岭长城成为一处城关相连、墩堡相望、重城护卫、烽燧预警的纵深军事防御体系。目前，八达岭长城对外开放长度为 3741 米，有城台、墙台 21 座。

天坛。天坛位于东城区，是中国现存最大的古代祭祀性建筑群。天坛是圜丘、祈谷两坛的总称，有坛墙两重，形成内外坛，坛墙南方北圆，象征天圆地方。

颐和园。颐和园是中国现存规模较大、保存最完整的皇家园林，包括昆明湖、万寿山、长廊、四大部洲、苏州街、景明楼、澹宁堂、文昌院、耕织图等重要景点。颐和园集传统造园艺术之大成，借景周围的山水环境，既有皇家园林恢宏富丽的气势，又充满了自然之趣，高度体现了中国园林"虽由人作，宛自天开"的造园准则。

北京中轴线文化遗产。北京中轴线文化遗产（以下简称北京中轴线），是指北端为北京鼓楼、钟楼，南端为永定门，纵贯北京老城，全长7.8千米，由古代皇家建筑、城市管理设施和居中历史道路、现代公共建筑和公共空间共同构成的城市历史建筑群。北京中轴线布局"和谐而明朗"，被称为"古都的灵魂和脊梁"。包括北京鼓楼、钟楼、地安门外大街、万宁桥、地安门内大街、景山、故宫、太庙、社稷坛、天安门、天安门广场建筑群、正阳门、前门大街、天桥南大街、天坛、先农坛、永定门御道遗存、永定门等。从景山的修整，到天安门广场的扩建，从中山公园、劳动人民文化宫的设置，到人民大会堂和国家博物馆的建造，再到毛主席纪念堂的营建，这条中轴线不断完善。北京申奥成功后，中轴线再次向北延长，成为奥林匹克公园的轴线。轴线东侧坐落着国家体育场（鸟巢），西边则是国家游泳中心（水立方）。再向北，穿过奥林匹克公园，到达奥林匹克森林公园，该公园中间的仰山、奥海均在中轴线上。这条绵延了700年的中轴线见证了中国都城模式的变化，更见证了中华文明的源远流长。2024年8月，北京中轴线——中国理想都城秩序的杰作被列入《世界遗产名录》。

京派文化是北京文化中最鲜活、最接地气的部分。京派文化主要包含"京味"文学、京剧、胡同文化和四合院建筑文化等。"京味"文学是北京最具特色的文化现象。老舍是"京味"文学的代表，小说和话剧创作的成就很高，他留下的《骆驼祥子》《四世同堂》《茶馆》《龙须沟》等作品至今影响深远，作品也多次被改编成电视剧、电影、话剧。北京文化名人马致远，是"元曲四大家"之一，其散曲代表作是《天净沙·秋思》，杂剧代表作是《汉宫秋》。北京是中国京剧艺术的中心，京剧最终形成于北京。四平八稳、大大方方则是住在胡同、四合院里的普通百姓的生活表现。

北京四合院。 北京四合院是以正房、倒座房、东西厢房围绕中间庭院形成平面布局的北方传统住宅的统称。北京四合院源于元代院落式民居，是老北京城最主要的民居建筑。

胡同文化。 胡同原为蒙古语，原指"水井"，后引申为小街巷，是北京特有的一种古老的城市小巷。北京胡同既是普通老百姓生活的场所，京城历史文化发展演化的重要舞台，也是细细品味北京的百科全书。北京胡同星罗棋布，约有7000余条，大部分形成于元、明、清三个朝代，民间有"有名的胡同三千六，没名的胡同赛牛毛"之说。胡同是依照棋盘形状进行建筑，绝大多数是正东正西、正南正北、横竖笔直的走向,构成了十分方正的北京城,体现了我国城市建造的传统特色。北京胡同名称五花八门,既反映了历史发展,也展示了社会风情。有的以人物命名,如文丞相胡同;有的以市场、商品命名,如米市胡同;有的以北京土语命名,如闷葫芦罐胡同等。北京最长的胡同是东西交民巷,全长 6.5 千米;最短的胡同是一尺半大街,长不过十几米;最窄的胡同是前门大栅栏地区的钱市胡同,胡同中间最窄处只有 40 厘米。

现代建筑文化也是北京旅游资源的重要组成部分。包括中华人民共和国成立十周年十大建筑、世纪坛、中央电视台大楼、奥运建筑等。

奥运会场馆。随着 2022 年第 24 届冬季奥运会和冬残奥会的顺利举办,北京成为世界上第一个举办过夏季奥运会和冬季奥运会的城市,被称为双奥之城。"双奥"为北京留下了设施完善、可持续的场馆遗产。国家体育场、国家体育馆、国家游泳中心、五棵松体育中心、首都体育馆等夏奥场馆变身冬奥场馆,被称为"双奥场馆"。国家体育场"鸟巢"成为唯一举办过"双奥"开幕式和闭幕式的场馆;国家游泳中心"水立方"根据需要可以变身为"冰立方"或"水立方";五棵松体育中心可以在 6 小时之内实现冰球、篮球两种比赛模式的转换,是国内第一个在一块场地上同时举办过篮球、冰球两种职业体育赛事的场馆。

国家速滑馆。北京冬奥会唯一新建的冰上项目竞赛场馆,因其被 22 条晶莹美丽的"丝带"状曲面玻璃幕墙环绕,因此又被称为"冰丝带"。它拥有亚洲最大的全冰面设计,冰面面积达 1.2 万平方米。平时可接待超 2000 人同时开展冰球、速度滑冰、花样滑冰、冰壶等所有冰上运动。国家速滑馆与"鸟巢""冰立方"共同组成"双奥之城"的标志性建筑群。同时,国家速滑馆也是世界上第一座采用二氧化碳跨临界直冷系统制冰的大道速滑馆,碳排放趋近于零。

中华人民共和国成立十周年十大建筑。包括人民大会堂、中国历史博物馆与中国革命博物馆(两馆属同一建筑内,即今中国国家博物馆)、中国人民革命军事博物馆、全国农业展览馆、北京火车站、工人体育场、民族文化宫、民族饭店、钓鱼台国宾馆、华侨大厦(现已拆除)。

中华世纪坛。是中国人民迎接新千年、新世纪的标志性纪念建筑,是传统文化精神与现代设计艺术的巧妙结合,是集建筑、园林、雕塑、壁画等多种艺术形式于一体的大型人文景观。立坛之日起即承载弘扬中华优秀传统文化,传播世界优秀文明成果,祈祷世界和平的重要职能,同时还肩负沉淀、传承、升华人类物质文化遗产和非物质文化遗产的重任。中华故土地图、青铜甬道、主建筑乾体与坤体、56个民族象征性图饰浮雕、中华历史名人雕像等景观全面展示了中华民族五千多年文明史,全方位呈现了中华民族五千多年来走过的不凡历程和创造的灿烂文化,有助于激发参观者爱国热情和文化自信。自建成以来,中华世纪坛承担了大量公共文化活动,如国家级庆典、北京市重大节日庆典、世界主题日活动、中国传统节庆活动、中外名人纪念日等,业已成为国家重大公共文化活动开展的重要载体。

大兴国际机场。 大兴国际机场距天安门广场46千米,距北京首都国际机场67千米,距廊坊市中心26千米,旨在成为该地区的主要航空枢纽。大兴国际机场的总体规划由荷兰机场建设专家纳科公司团队(NACO)负责。机场占地100万平方米,有全世界最大的单体机场航站楼,因其拥有一个庞大的中央空间和5条"触手"以及类似巨型"章鱼"的外观,享有"海星"的昵称。航站楼使用双层到达、双层出发的平台,并配备了最前沿的服务技术,如人脸识别设备和行李追踪系统。

[风物特产]

景泰蓝是北京特有的传统工艺品,得名于明朝景泰年间,且以蓝釉为其特点。北京是景泰蓝技术的发源地,现存最早的景泰蓝是元代的产品,已有近千年的历史。制作景泰蓝先要用紫铜制胎,再用扁细的铜丝在铜胎上粘出图案花纹,然后用色彩不同的珐琅釉料镶嵌填充。在图案中,这道工序完成后才是反复烧结、磨光镀金。可以说,景泰蓝的制作既运用了青铜工艺和瓷器工艺,又大量使用了传统绘画和雕刻技艺,堪称中国传统工艺的集大成者。

北京传统名吃荟萃,源于宫廷帝后的御用菜众多。以民间家居及市肆饮食为基础的中国烹饪技术造就了以满汉全席为代表的清宫御膳。满汉全席菜式有咸有甜、有荤有素,用料精细,突出满族菜点特殊风味,烧烤、火锅、涮锅几乎是不可缺少的菜点,展示了汉族烹调的特色——扒、炸、炒、熘、

第一章　华北地区各省市自治区导游基础知识

烧等兼备。宫廷菜主要名菜有溜鸡脯、一品官燕、烤鹿肉、蛤蟆鲍鱼等。官府菜在规格上一般不得超过宫廷菜，又与平民菜有极大的差别。谭家菜以烹制海味菜闻名，代表名菜有清汤燕窝、红烧鲍鱼、扒大乌参、草菇蒸鸡等。北京烤鸭、涮羊肉、老北京烤肉、京酱肉丝是北京地方菜的经典名菜。富华斋饽饽铺、稻香村、百年义利、大顺斋等都是北京的知名食品品牌。

北京糕点品种多、名气大，著名的有蜜饯果脯、小桃酥、茯苓饼、京八件等。北京小吃样样俱全，宫廷风味小吃更是别具特色，代表品种有：芸豆卷、豌豆黄、豆汁、年糕、爆肚、驴打滚、艾窝窝、糖耳朵等。

[特色产业]

北京文化产业增加值占 GDP 比重保持增长态势，2019 年占比达到 9.4%，始终居全国首位。北京市文化核心领域优势明显，"十三五"期末，内容创作生产、新闻信息服务等核心领域营业收入占比达到 91.6%，比全国高约 30 个百分点。"十三五"期间，北京在中国人民大学和新华社发布的中国省市文化产业发展指数、文化消费指数及文化产业高质量发展指数排名中，均蝉联第一。"十四五"期间，北京将加快建设国际科创中心，加快高精尖产业发展，规划培育智能制造、医疗健康、产业互联网、智能网联汽车等万亿元级产业集群，带动全市整体产业基础提升和产业结构优化。北京正在建设全球数字经济标杆城市，2023 年全年实现数字经济增加值 18766.7 亿元。

北京是全国高等教育中心，一流高等教育资源富集，形成特有的研学旅游资源。辖区内北京大学、清华大学、中国人民大学等著名高等学府每年都吸引大量游客前往参观游览。

第二节　天津市基本概况与主要文旅资源

天津简称津，意为天子经过的渡口，别名津沽、津门等。天津市现辖 16 个市辖区，土地总面积约 1.2 万平方千米。截至 2024 年年底，天津市常住人口 1364 万。

[地理、气候]

类别	内　容
位置	地处太平洋西岸，华北平原东北部，海河流域下游，东临渤海，北依燕山，西靠首都北京，是海河五大支流南运河、子牙河、大清河、永定河、北运河的汇合处和入海口，素有"九河下梢""河海要冲"之称。
地形	天津是中蒙俄经济走廊主要节点，海上丝绸之路的战略支点，"一带一路"交会点，亚欧大陆桥最近的东部起点，凭借优越的地理位置和交通条件，成为连接国内外、联系南北方、沟通东西部的重要枢纽，是邻近内陆国家的重要出海口。 天津背靠华北、西北、东北地区，是中国北方十几个省区市对外交往的重要通道，也是中国北方最大的港口城市。天津距北京120千米，历来是拱卫京畿的要地和门户。
气候	暖温带半湿润季风性气候。因临近渤海湾，海洋气候对天津的影响比较明显。主要气候特征是：四季分明，春季多风，干旱少雨；夏季炎热，雨水集中；秋季凉爽，冷暖适中；冬季寒冷，干燥少雪，因此，春末夏初和秋天是到天津旅游的最佳季节。天津的年平均气温约为14℃，7月最热，月平均温度28℃；历史最高温度是41.6℃。1月最冷，月平均温度-2℃。历史最低温度是-17.8℃。平均年降水量为360～970毫米。

[交通状况]

类别	内　容
铁路	天津不仅处于京沪铁路、津山铁路两大传统铁路干线的交会处，还是京沪高速铁路、京津城际铁路、津秦客运专线、津保客运专线等高速铁路的交会处，是北京通往东北和上海方向的重要铁路枢纽。
公路	通过天津的国道主干线有4条：京津塘高速公路、京福一级汽车专用公路、拉丹高速公路和拉丹高速公路津唐支线。国道5条：京哈、京塘、津同、津榆和山广公路。
航空	天津滨海国际机场位于天津市东丽区，距天津市中心13千米，距天津港30千米，是国内干线机场、国际定期航班机场、国家一类航空口岸，中国主要的航空货运中心之一。
水运	天津航运业发达，天津港是世界著名港口。

[历史沿革]

　　天津始于隋朝大运河的开通。在南运河和北运河的交汇处、现在的金刚桥三岔河口地方，史称"三会海口"，是天津的发祥地。唐朝中叶以后，天津成为南方粮、绸北运的水陆码头。金代在直沽设"直沽寨",元朝设"海津镇",是军事重镇和漕粮转运中心。明初,朱棣曾率兵经此渡河南下夺取政权,并于永乐二年(1404年)在此设立天津卫作为军事重镇,天津由此得名。翌年设天津左卫,转年又增设天津右卫。清顺治九年(1652年)三卫合一,归并于天津卫。从明朝永乐二年(1404年)正式建卫至今,天津建城已有600多年历史。1860年天津被辟为通商口岸后,西方列强纷纷在天津设立租界,天津成为中国北方开放的前沿和近代中国洋务运动的基地。军事近代化以及铁路、电报、电话、邮政、采矿、近代教育、司法等方面建设,均开全国之先河,天津成为当时中国第二大工商业城市和北方最大的金融商贸中心。1949年中华人民共和国成立后,天津作为直辖市,经济建设和社会事业全面发展,进一步巩固了中国重要综合性工业基地和商贸中心地位。

[民族民俗文化]

天津是一个多民族散居、杂居的沿海城市。根据第七次全国人口普查统计,天津市各少数民族人口总和为443481人,占全市总人口的3.2%。人口最多的少数民族是回族。

天津是中国汉民族地区民俗文化非常丰富、地道的城市,是北方曲艺的重要发源地。天津快板、相声、京韵大鼓、梅花大鼓、天津时调等在天津都有着深远的影响。著名相声表演艺术家马三立,擅使"贯口"和文哏段子,创立了独具特色的"马氏相声",是当时相声界年龄最长、辈分最高、资历最老、造诣最深的"相声泰斗",深受社会各界及广大观众的热爱与尊敬,形成了"无派不宗马"的说法。

[文旅资源]

天津是中国历史文化名城和中国首批优秀旅游城市。拥有山、河、湖、海、泉、湿地等丰富的自然资源和中西合璧、古今兼容的深厚历史文化底蕴。截至2024年年底,天津有世界遗产2处:长城(天津段)、大运河(天津段),49项国家级非物质文化遗产,34处全国重点文物保护单位,5处一级博物馆，已建成2家5A级景区和34家4A级景区。

天津市是中国近代史的缩影，与中国近代史有关的景点众多。许多珍贵的历史遗迹、名人故居和多国风格的建筑，如大沽口炮台、天后宫、石趣园、霍元甲故居、石家大院、古式教堂等，都体现着天津的近代特色。天津租界形式完备，建筑风格多样，号称建筑博物馆的五大道上保存完好的小洋楼、现存的名人故居、风貌建筑均具有鲜明的民族特色和中西文化交融的痕迹。这些历史遗迹真实地记录了天津乃至中国社会发展演变的轨迹，是城市近代史与中国近代史的缩影和有力见证，故有"看近代史到天津"的说法。

天津历史文化名人众多。协助赵匡胤发动"陈桥驿兵变"的大将赵普，民国大总统曹锟，爱国武术家、精武会创始人霍元甲，著名理论物理学家、"两弹一星"元勋于敏等，都出生于天津。

天津古文化街旅游区（津门故里）。津门十景之一。古文化街旅游商贸区古色古香，集民俗文化、旅游商贸、购物休闲、餐饮住宿、健身娱乐于一体，是天津市的一张富有魅力的"城市名片"。其主街仍然保持着600年前的建筑风貌和基本线型，建筑风格为仿明清小式建筑；街区走向自然曲直，错落有致。街内主要景点包括：天后宫、玉皇阁、通庆里、古玩城、文化小城、美博城、风情水畔餐饮娱乐带等。其中，天津天后宫是天津市现存最古老的一座建筑群，是中国北方妈祖文化的研究中心和最大的妈祖庙。

盘山风景名胜区。位于天津市蓟州区西北15千米处，有"京东第一山"之誉。大自然的鬼斧神工造就了盘山的奇峰险壑，尤以"五峰""八石""三盘之胜"称绝。主峰名挂月峰，前有紫盖峰，后依自来峰，东连九华峰，西傍舞剑峰，五峰攒簇，天然形成了上盘松树奇、中盘岩石怪、下盘响流泉、十里闻澎湃的美妙画卷。盘山历史上建有72座寺庙和13座玲珑宝塔，以及一座皇家园林——静寄山庄，为历代帝王将相文人墨客竞游之地。

黄崖关长城。位于蓟州区最北端30千米处的东山上，初建于北齐，明代重修，包括黄崖关和太平寨。此段长城布局巧妙，集雄、险、奇、秀于一体。有关城、塞堡、敌台、水关等各种防御设施，城墙有砖有石，敌楼有方有圆，砌垒砖有空心有实心。明代名将戚继光任蓟镇总兵时，曾经重新设计，包砖大修。1987年，长城（天津段）被列入《世界文化遗产名录》。

独乐寺。始建于唐，重建于辽统和二年（984年），由山门、观音阁、韦驮亭、报恩院、乾隆行宫、清代民居等组成，以古建、泥塑、壁画"三绝"享誉中外，具有极高的历史、文化、艺术价值。独乐寺有国内最古老的木结构楼阁——观音阁；现存最早的庑殿顶山门；寺内保存的辽代泥塑，艺术手法古朴有力，是古代泥塑佛像中的精品，如16米高的彩色泥塑观音大佛；观音阁四周的壁画具有元代风格；有国内现存规模最大的乾隆御笔碑刻和别致罕见的辽代白塔等。观音阁的独特设计保证了它历经千年风雨和强烈地震而依旧完好如初。

京杭大运河（天津段）。天津境内的京杭大运河全长约195千米，其中南运河长约99千米，北运河长约96千米，南、北运河相向而流，分别流经静海、西青、南开、北辰、武清等区，最终在三岔河口汇聚入海河。"北、南运河天津三岔口段"被列入《世界遗产名录》。九宣闸是目前京杭大运河天津段最古老的水闸，也被视为大运河进入天津的标志。

天津杨柳青博物馆（石家大院）。始建于1875年，规模宏大，建造精巧。有"华北第一宅"之称。堂院坐北朝南，南北长96米，东西宽62米，占地面积6080平方米，其中建筑面积2900多平方米。整个建筑包含12个院落，所有院落都是正偏布局，四合套成，院中有院，院中跨院，院中套院。石家大院中收藏大量闻名中外的杨柳青木版年画的历代杰作，集中陈列130余件天津砖雕的上乘之作。大院内的石府戏楼是中国北方最大的民宅戏楼。

[风物特产]

天津特产主要有宝坻大米、蓟州板栗、北辰葡萄、沙窝萝卜、黄庄大米、瓦岔庄村山药等。天津小站稻是我国著名的优质水稻之一，以色香味俱佳而驰名中外，具有"香、黏、弹、筋、甜"的特点。

天津是退海之地，古有"九河下梢"之说，盛产鱼、虾、蟹，民间素有"吃鱼吃虾，天津为家"的说法。八大碗、四大扒、冬令四珍是天津风味菜肴的代表性菜品。"冬令四珍"是指铁雀、银鱼、紫蟹、韭黄。目前已申报为津菜系招牌菜式的有鲍鱼虾、熘南北笋、虾脑扒白菜、酸沙鱼扇、扒全素、罾蹦鲤鱼、扒通天鱼翅、鸡茸燕菜、煎烹大虾、炒青虾仁、酸沙紫蟹、高丽银鱼等。

天津小吃"津门三绝"（狗不理包子、十八街麻花、耳朵眼炸糕）、小宝栗子、嘎巴菜、煎饼馃子等美食家喻户晓。

魏记风筝。 是中国汉族传统的民间手工艺品之一。天津市是中国风筝的主要产地。天津风筝之中，以"魏记"生产的风筝最为精美、著名。"魏记"风筝发展到今天已有100余年的历史，它的创始人魏元泰（生于1872年）技艺精湛，从艺70余年来，制作出数以万计具有很高艺术价值的精美风筝，誉满中外，享有"风筝魏"的美誉。1914年，"魏记"风筝在巴拿马国际博览会上一举夺得金奖，从此成为受国内外众多博物馆所青睐的珍贵藏品。

杨柳青年画。 全称"杨柳青木版年画"，属于木版印绘制品，是著名的汉族民间木版年画之一，与苏州桃花坞年画并称"南桃北柳"。杨柳青年画创始于中国明代崇祯年间，继承了宋、元绘画的传统，吸收了明代木刻版画、工艺美术、戏剧舞台的形式，采用木版套印和手工彩绘相结合的方法，形成了鲜明活泼、喜气吉祥、富有感人题材的独特风格。2006年5月20日，该遗产经国务院批准列入《第一批国家级非物质文化遗产名录》。

泥人张彩塑。 泥人张彩塑为天津市的一种民间文化，是著名的汉族传统手工艺品之一。泥人张彩塑被公认为天津一绝，作为北方流传的一派民间彩塑，创始于清代道光年间，是天津艺人张明山于19世纪中叶创造的彩绘泥塑艺术品，现为天津市首批国家级非物质文化遗产。泥人张把传统的捏泥人提高到圆塑艺术的水平，又装饰以色彩、道具，形成了独特的风格。

[特色产业]

智能科技产业是引领天津市产业转型升级的重要引擎，营业收入占全市规模以上工业和限额以上信息服务业的比重达到23.5%。近年来，天津以举办世界智能大会为牵引，将全球前沿科技融入天津经济血脉，形成了具有天津特色的"1+3+4"产业体系。其中，"1"是指高技术产业，即智能科技产业，该产业是以人工智能产业为核心，以新一代信息技术产业为引领，以信创产业为主攻方向，以新型智能基础设施为关键支撑，各领域深度融合发展的新兴产业，有利于加快建设"天津智港"；"3"是指生物医药、新能源、新材料三大新兴产业；"4"是指航空航天、高端装备、汽车、石油石化四大优势产业。

第一章 华北地区各省市自治区导游基础知识

天津是全国先进制造研发基地、北方国际航运核心区、金融创新运营示范区、改革开放先行区。目前，天津市信息安全产业集群规模占全国的比重达到23%，聚集企业超4000家。

位于滨海新区的天津港，是世界等级最高、中国最大的人工深水港，码头等级达30万吨级，拥有万吨级以上泊位128个，同世界上180多个国家和地区的500多个港口有贸易往来，集装箱班轮航线达到120条，是蒙古国等内陆国家的主要出海口，国内服务区域辐射京津冀及中西部地区14个省（区、市），目前已是吞吐量居世界第四的综合性港口。

第三节 河北省基本概况与主要文旅资源

河北省，简称"冀"，省会石家庄，在战国时期大部分属于赵国和燕国，所以又被称为燕赵之地，自古有"燕赵多有慷慨悲歌之士"的说法，是英雄辈出的地方。其总面积约18.88万平方千米，海岸线长487千米，2024年年末常住人口7378万，辖石家庄、唐山、秦皇岛、邯郸、邢台、保定、张家口、承德、沧州、廊坊、衡水11个设区市，167个县（市、区）。

[地理、气候]

类别	内 容
位置	地处华北，环抱首都北京，东与天津市毗连并紧傍渤海，东南部、南部衔山东、河南两省，西倚太行山并与山西省为邻，西北部、北部与内蒙古自治区交界，东北部与辽宁省接壤。
地形	河北平原是华北大平原的一部分，占全省总面积的43.4%。 河北省是全国唯一兼有高原、山地、丘陵、平原、盆地、湖泊和海滨的省份。 河北省地势西北高、东南低，由西北向东南倾斜。地貌复杂多样，高原、山地、丘陵、盆地、平原类型齐全，有坝上高原、燕山和太行山山地、河北平原三大地貌单元。 坝上高原属蒙古高原一部分，平均海拔1200～1500米，是清代皇家猎苑木兰围场故地，有著名的塞罕坝国家森林公园；在燕山和太行山山地中，小五台山高达2882米，为全省最高峰。 丹立翠横、峻峭挺拔的嶂石岩是太行山中最为雄险与灵秀的地段，有着丹崖、碧岭、奇峰、幽谷等独特的山岳景观。 以雄、险、奇、秀著称的天桂山，峰险、石奇、洞幽、泉多、林木繁茂、云雾缭绕，山上古建原为崇祯皇帝归隐行宫，后改为青龙观道院，又称"北武当"。

续表

类别	内容
气候	河北省属于温带大陆性季风气候，大部分地区四季分明，寒暑悬殊，雨量集中，干湿期明显。种类齐全的地形地貌和温和宜人的气候，造就了河北独特的自然风光。北部的坝上地区冬季漫长，低温寒冷，适合开展冰雪旅游；东部的北戴河冬无严寒，夏无酷暑，暑期平均气温只有20多摄氏度，是驰名中外的避暑胜地。

[交通状况]

河北内环京津、外沿渤海，有明显的区位优势和便利的交通网络。

类别	内容
铁路	有15条铁路干线及支线，货物周转量居全国第1位。
公路	有四通八达的高速公路网，17条国家干线公路，公路货物周转量居全国大陆省份第2位。
航空	航班航线不断增加。有石家庄正定国际机场、秦皇岛北戴河机场、张家口宁远机场、唐山三女河机场、邢台褡裢机场、承德普宁机场和邯郸机场等。
水运	拥有秦皇岛港、黄骅港、唐山港（包括京唐港区、曹妃甸港区和丰南港区）等较大出海口岸，其中唐山港沿海货物吞吐量稳居全球第2位，秦皇岛港港阔水深，风平浪小，一年四季不冻不淤，是我国著名的天然良港。
旅游风景道	河北重点打造环京津旅游风景道体系，包括承德国家一号风景大道、张家口草原天路、邯郸太行山旅游风景道、沧州大运河沿线生态廊道、衡水湖环湖绿道、石家庄滹沱河生态走廊等一批精品旅游风景道，以进一步增强河北旅游的便利性和舒适感。

[历史沿革]

河北省是中华民族的发祥地之一。根据考古发现，泥河湾遗址群位于河北阳原县东部，是中国乃至世界上独具特色的旧石器时代遗址。自1921年发现以来，目前已发现早更新世中期至晚更新世之末的遗址300余处。遗址数量多，分布集中，延续时间长，自170多万年至1万年间古人类演化的文化序列接近完整，没有大的缺环，古人类演化关键阶段都有重要遗存发现。马圈沟遗址是盆地内目前确认时代最早的古人类文化遗址，提供了东北亚地区最早人类的生存证据。泥河湾遗址群见证了人类从旧石器时代到新石器时代的漫长演化过程,为研究人类起源和早期人类活动提供了极为重要的证据,有"东方人类的故乡"之称。

磁山文化,距今约八千年,是仰韶文化的源头,因首在河北省邯郸市武安磁山发现而得名。磁山被公认为是世界上黍、粟的最早发源地,鸡的最早饲养地,核桃的最早栽培地,陶器的最早制作地。

5000多年前,中华民族的三大始祖黄帝、炎帝和蚩尤曾在河北从征战到融合,开创了中华文明史。大禹时,根据山川地理将中国划分为九州,河北是冀州所在地。春秋战国时期,河北地属燕国和赵国,故有"燕赵"之称。汉代,河北人口众多,经济繁荣。考古发现的河北保定满城西汉中山靖王刘胜夫妇墓,出土"金缕玉衣""长信宫灯""错金铜博山炉"等稀世珍宝,充分反映了西汉时期河北经济文化的高度发达。宋代,河北是宋朝与北方少数民族辽、金两国交兵的战场,有霸州和永清境内的宋辽古战道和定州料敌塔——开元寺塔。元、明、清三朝定都北京,河北是京师的畿辅之地。到了清代,承德成为清王朝的第二个政治中心。近代和现代,"燕赵儿女"与全国人民一道抒写了一部可歌可泣的反帝、反封建的革命史诗,如1900年的"义和团"运动就是由河北威县首先发起的;抗日战争时期,河北大地是对日作战的主战场,著名的"百团大战"就主要发生在河北;解放战争时期,党中央在河北平山县西柏坡指挥了著名的"三大战役",召开了西柏坡会议(中共七届二中全会),为夺取全国胜利奠定了基础;解放石家庄是中国革命由农村包围城市,最后夺取全国胜利的转折点。

[民族民俗文化]

河北是少数民族人口较多的省份,全省少数民族人口约322.11万(据第七次人口普查数据)。在河北的少数民族中,满族、回族、蒙古族、壮族、朝鲜族为世居民族,其中满族人口最多。

河北省民俗风情丰富多彩。河北普遍盛行庙会,有句俗话:"赶集上会做买卖。"这里的赶集、上会,也就是去赶庙会、在庙会上做买卖的意思。

庙会会期少则一天,多则一个月,还会举行富有民族风情和地方特色的民间艺术表演,如舞狮子、扭秧歌、跑驴、挂花灯、霸王鞭、跑旱船等。庙会也离不开捏面人（也叫面花），面塑艺人通过揉、搓、挤、压、团、挑、按、拨等造型技巧，顷刻之间，就把面团塑造成了千姿百态的人物或动物，惟妙惟肖、活灵活现，令人称奇！保定有灯花祈福的习俗，灯花都由自家制作，用香油浸了放到灯碗里燃烧。家家屋里点小灯花，屋外放大灯花，一家连着一家放，整个街道连接起来通红通红的，像一条火龙。邢台的古村落春节还有抬杠箱的风俗，这个风俗来自上古时代的祭祀仪式，先祖们肩扛杠箱，企盼事事如意，五谷丰登。

[文旅资源]

据统计，河北省现有世界文化遗产4处：承德避暑山庄及其周围寺庙、长城（金山岭长城、山海关）、明清皇家陵寝（其中明显陵位于湖北、清东陵和清西陵位于河北）、大运河（河北段），中国历史文化名城6座：承德、保定、正定、邯郸、山海关区、蔚县，还有多处中国优秀旅游城市、国家级风景名胜区、国家级森林公园、国家级自然保护区、全国旅游胜地、全国十大风景名胜区、国家5A级旅游景区等。无论是数量规模，还是价值品位，河北都堪称全国的旅游资源大省。

<u>承德避暑山庄及周围寺庙</u>。始建于康熙四十二年（1703年），竣工于乾隆五十七年（1792年），是中国现存最大的皇家宫苑和皇家寺庙建筑群。避暑山庄作为清代鼎盛时期帝王避暑的夏宫，占地564公顷，由宫殿区和苑景区组成。环列在避暑山庄东部和北部山麓的12座皇家寺庙群，占地47.2公顷。避暑山庄结合自然山水营造的景观是中国自然山水宫苑的杰出代表，周围寺庙的建筑形式融汇了汉、蒙古、藏等多种建筑形式，展现了中国建筑发展过程中多民族文化交流与融合的成就。

<u>金山岭长城</u>。地势险要，视野开阔，设防严谨，建筑雄伟，是我国万里长城的精华地段，也是明长城中保存最为完整的一段，具有深厚的考古价值，对研究中国明代的历史以及戚继光的人物生平具有重要意义。

<u>山海关</u>。明长城的东北关隘之一，位于秦皇岛市，有"天下第一关"的美誉，与万里之外的嘉峪关遥相呼应，闻名天下。山海关建于明长城东端，是明长城唯一与大海相交会的地方，是一座防御体系比较完整的城关，有四

座主要城门，多种防御建筑，包括"天下第一关"箭楼、靖边楼、牧营楼、临闾楼、瓮城以及1350延长米的明代平原长城等景观。

明清皇家陵寝。指建于中国明清时期的皇家陵寝建筑群，是大型建筑群与自然环境有机融合的创造性杰作。清朝入关后，顺治、康熙两代皇帝均在河北省遵化州马兰峪建造了陵墓，是为东陵。雍正皇帝则另选吉地，首辟西陵。乾隆皇帝据此开始实行昭穆相建之制，从而形成了东、西两陵以紫禁城为中心，同居畿辅、并列神州的格局。如今清东陵已开放了10座陵寝。在那里，有朝山、案山、靠山三山一线的雄奇之景；有清代最长的神道——长达6千米的孝陵神道；清代规模最大的石像生——数量达18对的孝陵石像生；还有目前国内唯一被誉为地下佛堂和石雕宝库的裕陵地宫和号称清陵之冠的慈禧陵。与东陵相比，西陵在陵寝建筑上有其独到之处：大红门前的石牌坊由规制中的一架增至三架；昌陵隆恩殿的细墁地面用紫花石替代了金砖；慕陵隆恩殿、配殿一改油饰彩绘常规，所用木料均为金丝楠木，以蜡涂烫；昌西陵有回音石和回音壁。清西陵有"乾坤聚秀之区，阴阳合会之所"之称，陵区内的山川河流与分布其间的14座陵寝形成了自然景观与人文景观的巧妙结合，使中国传统的"天人合一"宇宙观得到充分体现。

北戴河旅游度假区。地处河北省秦皇岛市北戴河区核心区，面积16.2平方千米，暑期平均气温约24.5℃，区内山海环抱、风景秀美。1954年，毛泽东曾在此创作《浪淘沙·北戴河》。该度假区依托北戴河海洋、森林、湿地生态系统资源优势及人文景观、百年历史底蕴，逐步打造成以避暑、疗养生活方式为核心，集休闲娱乐、文化体验、运动健身等功能于一体的国家滨海康养旅游度假区。

河北省还有许多耳熟能详的风景名胜区，国家5A级旅游景区如西柏坡、白石山、白洋淀、野三坡。西柏坡景区是全国重点文物保护单位、全国优秀社会教育基地，也是中宣部命名的"百个全国中小学爱国主义教育基地"、全国红色旅游经典景区。"西柏坡是毛主席、党中央进入北平、解放全国的最后一个农村指挥所，指挥三大战役在此，召开党的七届二中全会在此。"（周恩来语）西柏坡以其在中国历史上的重要地位成为全国革命纪念地之一。西柏坡虽以红色旅游为主，但景区背依松柏苍翠的柏坡岭，前临碧波悠悠的柏坡湖，风景如画，是著名的国家级风景名胜区。白石山风景区因白色大理石而得名，到处直上直下如刀削斧劈，少曲线，多棱角。尤其是峰林地貌带，高差大，密度大，是中国唯一的大理岩峰林景观。位于河北省中部的白洋淀因电影《小兵张嘎》而驰名中外，是中国海河平原上最大的湖泊，水产资源丰富，并以大面积的芦苇荡和千亩连片的荷花淀而闻名，素有华北明珠之称。野三坡风景名胜区地处保定市，处于特殊的大地构造位置，雄踞紫荆关深断裂带北端之上，多起强烈的构造运动和岩浆活动造就了野三坡内容丰富、类型齐全、独具特色的地质遗迹，它是一部生动的地质教科书，又是一座天然的地质博物馆，还是中国北方极为罕见的集雄山碧水、奇峡怪泉、文物古迹、名树古刹于一身的风景名胜区。

河北传统戏曲众多。金、元杂剧就是在河北省境内盛行之后南下传播到江浙一带的。明清以来，弋阳、昆山、梆子、二黄等戏曲声腔，先后在河北盛行。同时，起源于河北省唐山市的评剧，也是流布较广、影响较大的地方剧种，是国家级非物质文化遗产。评剧原名蹦蹦戏、落子戏，表演自然、朴实，虽吸收了梆子和京剧的身段动作及唱腔，但仍保持着自由活泼的民间小戏特征，具有浓厚的生活气息和广泛的群众基础。内容一般是取材于民间故事、时事要闻、古今小说等。《马寡妇开店》《花为媒》《杨三姐告状》《小女婿》《刘巧儿》《小二黑结婚》《秦香莲》《杜十娘》等经典剧目影响深远，成就了新凤霞、小白玉霜、魏荣元等著名演员。

河北民间曲艺曲种有西河大鼓、评书、相声等30余种。手工艺品不仅有历史悠久的传统陶艺，还有巧夺天工的雕刻艺术，以及惟妙惟肖的装饰工艺，如滕氏布糊画、花丝、花丝首饰、花丝摆件等。

中国民间武术有129个拳种，其中52个发源于河北省。现存规模和影响较大的有沧州的八极拳，邯郸永年的太极拳，廊坊的八卦掌等，河北有7个中国武术之乡。另外，河北杂技久负盛名，尤其是吴桥杂技驰名中外。吴桥是我国杂技艺术的发祥地之一，以其悠久的杂技历史和杂技艺术在国内外杂技界被称作杂技艺术的摇篮，1954年吴桥被周恩来总理亲自命名为"杂技之乡"。"上至九十九，下至刚会走，吴桥耍杂技，人人有一手。"这句在吴桥流传千年的民谣生动反映了吴桥杂技文化的广泛性和深厚的群众基础。吴桥建设有吴桥杂技大世界主题公园，杂技旅游业已成为吴桥经济中的支柱产业，截至2023年年底，以吴桥命名的中国吴桥国际杂技艺术节（每两年举办一届）已成功举办了 19 届。

河北丰富的山水资源，厚重的人文历史，为旅游演艺提供了得天独厚的表演场地和取之不尽的创作素材，孕育出《鼎盛王朝·康熙大典》《君临热河》等一批动人心弦的优质产品。《鼎盛王朝·康熙大典》被誉为"全球首部皇家文化主题大型户外实景演出"，整场演出以承德独特的历史文化为创作基础，汲取康乾盛世时期的历史脉络与皇家文化元素，让观众在高科技声光电舞台效果的感染下、在激动不已的情感中穿越百年历史时空，体验康熙大帝从修建避暑山庄到确立清朝版图的宏大历史故事，已成为承德夜游经济一张亮丽的名片。2023 年，位于廊坊市的红楼梦·戏剧幻城首次开放，共有 108 个情境空间，21 场沉浸式演出。以东方美学特有的"亦真亦假、虚实留白、轮回穿越"为创作手法，采用移步异景、迷宫幻境的景观设计理念，融合最新情景装置艺术与舞台沉浸技术，倾情上演一幕幕关乎《红楼梦》读者的故事，让游客沉浸式体验中华民族的文化精髓和传统的东方生活美学，塑造当代最具创新性的沉浸式文旅体验。正式运营以来，海内外持续"吸粉"，已吸引来自法国、瑞士等 30 多个国家和地区的海外游客开启红楼体验之旅，感受中国文化。

河北省旅游宣传口号："这么近，那么美，周末到河北。"精准定位周末短途游群体，以"这么近"突出河北的区位优势，降低游客出行成本；"那么美"展现丰富的旅游资源，引发美好遐想；带动周末经济与短途游市场发展。

[旅游核心城市]

城市	概况
石家庄市	简称"石"，旧称石门，是河北省省会。这座城市历史极为悠久，白佛口文化遗址表明新石器时代便有人类在此居住。解放战争时期，石家庄是中国共产党解放的第一座大城市，有"新中国的试验田"之称，中央人民政府雏形——华北人民政府在此成立，中国人民银行在此创立并发行第一套人民币。 全市有 6 个联合国认定的"千年古县"（井陉、赵县、赞皇、行唐、元氏、灵寿），有世界最早的古驿道——秦皇古道，有现存最早的敞肩石拱桥"天下第一桥"赵州桥，有被誉为"京外名刹之首"的隆兴寺，有"中国古建筑博物馆"之称的国家历史文化名城正定。革命圣地西柏坡意义重大，是"两个务必"诞生地、党中央"进京赶考"出发地，境内 40 余处红色旅游景点等与"西柏坡精神"融合，推出多条特色红色主题线路。此外，还有毗卢寺、长城等全国重点文物保护单位；石家庄丝弦、常山战鼓等非物质文化遗产；赞皇铁龙灯、晋州官伞等民俗艺术。

续表

城市	概况
承德市	雍正皇帝取"承受先祖德泽"之意赐名，地处河北省东北部，北倚辽蒙、南邻京津，东西与朝阳市、秦皇岛、唐山、张家口市相邻，是连通京津冀辽蒙的关键节点，坐拥"一市连五省"的优越区位，还是普通话标准音采集地。这座城市自1703年康熙大帝修建避暑山庄起，逐渐发展成为清王朝的夏都与重要政治中心，是一个先有皇家园林和皇家寺庙群，而后有人口聚集的城市。 承德的自然风光与人文景观交相辉映。避暑山庄作为中国现存最大皇家园林，尽显皇家风范，集中华园林艺术、古代建筑艺术和佛教文化之大成，融中原文化、满蒙文化与草原文化于一体，形成了博大精深、独具特色的"大避暑山庄文化"。外八庙是皇家寺庙群，普宁寺是中国北方最大的佛事活动场所，寺中通高27.21米的金漆木雕千手千眼观世音菩萨被载入世界吉尼斯大全，极具宗教艺术魅力。坝上草原碧草如茵、骏马奔腾，金山岭长城雄伟壮观、蜿蜒于山峦之间，雾灵山植物繁茂、充满野趣，蟠龙湖碧波荡漾、灵秀动人，共同勾勒出一幅令人心驰神往的绝美画卷。

[风物特产]

广袤的土地和悠久的历史孕育了绚丽多彩的民俗文化和民间艺术。定窑、邢窑、磁州窑和唐山陶瓷是中国历史上北方陶瓷艺术的典型代表。蔚县剪纸、廊坊景泰蓝、曲阳石雕、衡水内画鼻烟壶、易水古砚、武强年画、丰宁布糊画、白洋淀苇编、辛集皮革、安国药材等名扬中外，河北梆子、老调、皮影、丝弦等饶有特色，沧州武术、吴桥杂技、永年太极、保定长寿之道独具魅力。

河北省物华天宝，许多土特产品和风味小吃享誉中华，著名的有驴肉火烧、赞皇大枣、京东板栗、赵州雪梨、兴隆山楂、沧州金丝小枣、宣化龙眼葡萄、深州蜜桃、衡水老白干等。核桃、柿子和花椒被誉为"太行三珍"。口蘑盛产于坝上高原，是一种名贵真菌。蕨菜号称"山菜之王"，国内外市场供不应求。秦皇岛的八仙宴，唐山的蜂蜜麻糖，石家庄的空心宫面，以及白洋淀的全鱼席无不以其独特的风味令中外游客赞不绝口。

河北菜即冀菜，包括三大流派：冀中南菜、塞外宫廷菜和冀东沿海菜。冀中南菜以保定为代表，其特点是选料广泛，以山货和白洋淀鱼、虾、蟹为主，代表性菜品是保定驴肉火烧和石家庄正定等地的"十大名菜""三八席

（八凉、八热、八蒸碗）。"冀东沿海菜以唐山为代表，由于濒临渤海，盛产海鲜，所以以烹饪鲜活水产见长，擅长刀花和柔丝连片，讲究明油亮芡。塞外宫廷菜以承德为代表，虽与北京的宫廷菜有相同之处，但也有口味香酥鲜咸、讲究造型和器皿的独到特点。

[特色产业]

河北是制造业大省，构建了以高端装备制造、信息智能、生物医药健康、新能源、新材料、钢铁、石化、食品等八大产业为主导的较为完备的产业体系。河北省与京津共建6条产业链，启动建设京津冀"机器人+"产业园，新能源和智能网联汽车、机器人产量均成倍增长，安全应急装备等4个共建产业集群入选国家先进制造业集群。注重以科技创新引领产业创新，因地制宜发展新质生产力。中国石油集团东方地球物理勘探有限责任公司（简称"东方物探"）获国家技术发明奖一等奖，实现河北省零的突破；首家省实验室——燕赵钢铁实验室挂牌成立；新增国家级制造业单项冠军14家、专精特新"小巨人"企业38家，国家级中小企业特色产业集群总数全国第二；软件和信息技术等现代服务业加快发展；综合算力指数跃居全国首位。

河北省在中国钢铁行业中占据着举足轻重的地位，但也正是因为河北省钢铁产量体量的原因，目前面对"双碳"和"高质量"发展时，产业转型升级的压力也较大，故近年来河北省非常重视提升钢铁产业集中度和产品综合竞争力，推动钢铁产业高质量发展和产业多样化发展。截至2025年年初，钢铁环保绩效A级企业55家、保持全国第一；河钢赛博等5个垂直大模型获准开放应用，新质生产力发展的驱动力更为强劲。

河北省新能源资源丰富。其中风能资源主要分布在张家口、承德坝上、秦皇岛、唐山、沧州沿海地区以及太行山、燕山山区，全省陆域风能资源总储量7400万千瓦。河北的太阳能资源和地热资源也非常丰富。截至2025年年初，抽水蓄能规划建设总规模、风电光伏装机总量分别居全国第一、第二位。

第四节　山西省基本概况与主要文旅资源

山西，因居太行山之西而得名，又因地处黄河之东，古称河东。山西为古晋国故地，因此简称"晋"，战国初期，韩、赵、魏三分晋国，又称"三晋"。截至2024年年底，山西省常住人口约3445.96万。全省共辖太原、大同、朔州、忻州、阳泉、吕梁、晋中、长治、晋城、临汾、运城11个设区市117个县级行政单位。省会太原市。

[地理、气候]

类别	内容
地理	山西省地处黄河流域中部，东有巍巍太行山作天然屏障，与河北省为邻；西、南部以黄河为堑，与陕西省、河南省相望；北跨绵绵长城，与内蒙古自治区毗连，总面积15.67万平方千米。山西总的地势是"两山夹一川"，两山即东有太行山，西有吕梁山（俗称"左手太行，右手吕梁"），一川是指汾河。中部为一列"多"字形的山间盆地和平原，地形剖面很像一个"凹"字。山西东侧太行山的主峰五台山，是我国佛教四大名山之一，最高峰叶斗峰海拔3061米，是华北最高峰，有"华北屋脊"之称。省内山地、丘陵面积占全省总面积的80.1%，平川、河谷面积占全省总面积的19.9%，全省大部分地区海拔在1500米以上，与东部华北大平原相比，地形呈现出强烈的隆起特征。
气候	山西地处中纬度内陆地带，属温带大陆性季风气候，具有四季分明、雨热同步、光照充足、南北气候差异显著、冬夏气温悬殊、昼夜温差大的特点。全省各地年降水量介于358~621毫米，季节分布不均，主要集中在炎热的夏季。流经山西省的主要河流有黄河和海河，黄河水系有汾河、沁河支流，海河水系有桑干河、漳河、滹沱河支流。山西是海河主要支流永定河、大清河、子牙河、漳卫河的发源地，因此也被誉为"华北水塔"。

[交通状况]

山西地处我国中部，是承接东西、沟通南北的交通要地，在全国公路和铁路交通网络布局中占据关键节点，为货物运输、人员往来提供了天然便利。

类别	内　容
公路	山西省已建成黄河、长城、太行三个一号旅游公路，同步建成慢行道856千米、驿站144个、观景台224个、低空游起降点14个、串联976个景区景点，有力推动了旅游产业发展，形成极具吸引力的旅游圈，为游客畅游山西提供了极大便利。山西省内还有独特的挂壁公路。挂壁公路是居住在太行山区的人民以愚公移山的精神，克服重重困难，在绝壁之上开凿出的7条通往外界的公路，使天堑变成了通途，也形成了太行地区特有的景观。太行山区挂壁公路有2条在河南省，5条在山西省（陵川县境内有3条，平顺县2条），其中陵川县境内的昆山挂壁公路位于王莽岭景区，是7条挂壁公路中最为惊险的，现已升级改造为一条旅游公路，不仅解决了沿线群众出行难问题，还将王莽岭、昆山景区与河南万仙山等景区连接起来，对当地旅游业发展起到了积极促进作用。
航空	山西省有太原、长治、运城、大同、吕梁、忻州、临汾、朔州八个民用运输机场，2024年全省机场旅客吞吐量突破2000万人次，其中太原武宿国际机场是山西省最大的国际航空口岸。

[历史沿革]

　　山西是人类以及华夏文明的起源地之一。早在20世纪90年代，中外科学家就在山西运城垣曲县发现过距今4500万年的灵长类动物化石，命名为"世纪曙猿"，它与在江苏溧阳发现的中华曙猿同时代，是现代猴类、类人猿以及人类共同的祖先。这一发现将类人猿出现的时间（距今3500万年的北非法尤姆灵长类动物化石）整整向前推进了1000万年。

　　旧石器时代早期，原始人群已经在山西晋南地区繁衍生息。考古工作者在山西省运城市芮城县西侯度遗址发现了火烧骨，把我国范围内发现的人类用火历史向前推进了100万年。约在10万~2万年以前的旧石器时代中期，山西汾河两岸和大同、朔州一带就已经出现了比较集中的原始人群和村落。进入新石器时代晚期，山西南部已经成为当时诸多邦国的中心。史传"尧都平阳（今临汾尧都区），舜都蒲坂（今运城永济市西南），禹都安邑（今运城夏县西北）"，记载的是中华民族最早的英雄们在汾河下游创业建都的历史。今临汾市尧都区南部有尧庙，东部有尧陵，运城市盐湖区北中部有舜帝陵庙。《禹贡》载夏禹治水"导河积石，至于龙门"，龙门又叫禹门口，在今山西河津市西北和陕西韩城市东北一带。近年来，对临汾襄汾县陶寺遗址新的发现和研究成果表明，这里是帝尧都城所在地，也是最早的中国所在区域。这使大致在距今 4500 年前后我国史前传说的尧舜禹时代由传说成为信史，中华 5000 年文明史由此得到证实。

约公元前 2070 年，中国历史上第一个世袭的氏族奴隶制王朝夏王朝建立。夏朝早期的统治中心在今山西晋南夏县一带，后随着地域扩大，统治中心才转入河南豫西一带。今夏县东下冯遗址是重要的夏墟。西周初期大规模分封诸侯，山西中南部为十余个诸侯的领地，其中主要诸侯国是晋国。春秋时期，晋国发展强大，成为春秋五霸之一，极盛时期的疆域设置有 50 余县。公元前 453 年，赵、魏、韩三分晋国，山西成为赵、魏、韩三个诸侯国的领地。

秦始皇统一中国后，山西及周边河北、内蒙古一带由太原、上党、河东、雁门、代、云中 6 郡分辖。汉代基本沿用这种划分。明清时期山西曾大量向外移民，其中洪武三年（1370 年）到永乐十八年（1420 年）的 50 年间就移民 18 次。由于各地移民须在洪洞县广济寺门前的大槐树下办理手续后才能远行，因此大槐树成为移民的起点，全国各地流传的"问我祖先在何处，山西洪洞大槐树"的说法即由此而来。

在明清时期，晋商凭借卓越的商业智慧与坚韧不拔的精神，成为国内势力最为雄厚的商帮。彼时，晋商的经营版图极为广阔，从盐业起步，逐步拓展至票号、茶叶、皮毛等诸多领域，尤其在票号行业，晋商建立了中国第一家票号——日昇昌。他们秉持"诚信"与"团结"的商帮政策，在全国各地建立起庞大的商业网络，平遥古城与乔家大院正是这些传奇最生动、直观的呈现。

[民族民俗文化]

山西省民族成分齐全，但少数民族数量偏少，民族构成以汉族为主，汉族人口占全省总人口的 99.7%，居住在山西省的少数民族数量排前三位的是回族、满族和蒙古族。

山西汉族传统民俗活动丰富多彩，以剪纸、炕围画、面塑最具特色。山西剪纸在民间往往伴随着生辰、婚嫁、丧葬、喜庆节日和日常生活，剪纸最常见的是窗花，它的大小根据窗格的大小和形状来定。窗户格式有菱形、圆形、多角等样式，窗花也随窗而异，总体精致灵巧，雅趣横生。山西炕围画是过去在农村土炕周围墙面做的装饰画，题材一般为传统戏曲、历史人物、山川河泽、花鸟鱼虫或蔬菜水果等，是一种集诗、书、画、印于一体的艺术形式。山西面塑即用面粉制作动植物形状的食品，这与山西人嗜好面食分不开，山西妇女不仅擅长做面食，更擅长将面食捏制成小虎、玉兔、佛手等生动形象，用彩色点染，称为"花馍"，也称为羊羔儿馍（"羊"同"祥"，有象征吉祥的寓意）。面塑作为一种民间造型艺术，与原始宗教意识和日常生活中的婚丧嫁娶活动密不可分，是民俗风情文化的一种体现。

[文旅资源]

"华夏古文明，山西好风光"是对山西旅游的高度概括。山西省作为华夏文明重要的发祥地和黄河流域文化中心之一，历史悠久，文化昌盛，寺庙宫观、历代古塔、石窟造像、彩塑壁画、城垣关隘、古文化遗址、出土文物、传世珍宝等文化遗产极其丰富，拥有全国最庞大的地上文物群。五台山、大同云冈石窟、平遥古城作为世界文化遗产，其文化和旅游资源颇受旅游者青睐。雁门关，是世界文化遗产万里长城的重要组成部分；是全国重点文物保护单位；是历史最悠久、战争最频繁，知名度最高、影响面最广的古关隘，被誉为"中华第一关"；是以雁门关军事防御体系历史遗存、遗址为主要景观资源的边塞文化、长城文化、关隘文化旅游区。

山西省素有"中国古代建筑艺术博物馆"的美誉，全国保存完好的宋、金以前的地面古建筑物70%以上在山西境内，其数量之多和历史价值、艺术价值之高居全国首位。四大佛教圣地之一的五台山，寺庙群集千年之萃；建于北魏的恒山悬空寺悬于悬崖峭壁之上，以惊险奇特著称；太原的晋祠是形式多样的古建筑荟萃的游览胜地；芮城永乐宫是典型的元代道观建筑群，宫内壁画是我国绘画艺术的珍品；解州关帝庙是全国规模最大的武庙。因拍摄《大红灯笼高高挂》而闻名的祁县乔家大院，加上祁县渠家大院、灵石王家大院、太谷三多堂等，共同组成山西晋中的大院民俗文化。2024年，国内外备受瞩目的国产3A游戏《黑神话：悟空》面世，为了在场景构建上对中式古建筑进行精细还原，其在国内36个景点取景，而山西取景地就独占27

处,山西古建筑的独特艺术风格被大量融入游戏,古建筑背后蕴含的历史文化与宗教元素与游戏故事情节深度交融。

山西五台山。位居中国佛教四大名山之首,是世界文化遗产。以台怀镇为中心,周围屹立着东、西、南、北、中五个山峰,高出云表,山顶无林木,如垒土之台,称作五台。最高点北台叶斗峰海拔3061米,被称为"华北屋脊"。五台山汉藏并存,诸宗竞秀,佛教文化灿烂辉煌。汇集了大量雄伟壮观的佛教建筑和精美绝伦的佛像、佛塔、壁画、牌匾、藏经等珍贵遗存,代表了中国古代建筑技艺的突出成就,见证了近两千年间佛教中国化的成功演变和东亚地区的传播过程,是研究我国古代建筑艺术的活标本,被誉为"中国古代建筑艺术历史长廊"。佛光寺东大殿和南禅寺大佛殿,作为国内仅存四座唐代木构建筑的杰出之作,为研究唐代建筑的形制、结构等提供了极为珍贵的实物资料。塔院寺大白塔雄伟挺拔、造型优美,是中国塔式建筑的珍品。寺庙之间的和谐共处,佛教艺术与传统文化的相互融合,都体现了五台山佛教文化中的"和合"思想。五台山拥有独特而完整的地球早期地质构造、地层剖面、冰缘地貌、古夷平面及古生物化石遗迹,完整记录了地球新太古代晚期至古元古代地质的演化历史,具有世界性地质构造和年代地层划界意义和对比价值,是开展全球性地壳演化、古环境、生物演化对比研究的宝贵资料。

山西大同云冈石窟。具有较高的艺术价值。云冈石窟位于大同市西郊武周山南麓,依山开凿,始建于北魏和平年间,现存主要洞窟45个,共计1100多个小龛,大小造像59000余尊,与敦煌莫高窟、洛阳龙门石窟和天水麦积山石窟并列为"中国四大石窟"。北魏著名地理学家郦道元在《水经注》中记录了当年云冈石窟的壮景:"凿石开山,因岩结构,真容巨壮,世法所希。山堂水殿,烟寺相望,林渊锦镜,缀目所眺。"云冈石窟的艺术风格独特而多元,它融合了印度、中西亚的艺术元素,又巧妙地融入了希腊、罗马的建筑造型和装饰纹样,展现了中外文化的交流与融合。从早期的雄浑粗犷到中期的细腻精致,再到晚期的世俗化倾向,云冈石窟的造像风格多样且演变明显,反映了北魏时期艺术风格的变迁。这些佛像、菩萨、天王等形象,不仅展示了佛教艺术的魅力,更成为当时社会对外来文化接纳与融合的生动写照。

平遥古城。有"龟城"之称，街道格局为"土"字形，整体布局遵从八卦方位，体现了明清时期城市规划理念和形制分布。城内外有各类遗址、古建筑300多处，保存完整的明清民宅近4000座，街道商铺都体现历史原貌，被称作研究中国古代城市的活样本。平遥城墙为明洪武三年（1370年）所建，周长6.4千米，墙高12米左右，外表全部砖砌，墙外有护城河，深广各4米。墙上筑有3000个垛口、72座敌楼，据说象征着孔子三千弟子及七十二贤士。清代晚期，平遥经济高度发展，票号多达22家，成为当时的金融中心。日昇昌是中国第一家票号，曾在山东、河南、辽宁、江苏等先后设立分支机构，19世纪40年代，业务进一步扩展到日本、新加坡、俄罗斯等国家。

山西名山大川遍布，自然风光资源丰富优美。北岳恒山是五岳之一，国家级风景名胜区；绵山气候宜人，自古就是避暑胜地；黄河壶口瀑布是仅次于黄果树瀑布的全国第二大瀑布，国家级风景名胜区；庞泉沟、芦芽山、历山、莽河等自然保护区，风景秀丽，景致各异。此外，山西还是老革命根据地，革命活动遗址和革命文物遍布全省。著名的有八路军总部旧址、黎城黄崖洞八路军兵工厂、文水刘胡兰纪念馆等。

山西历史上人杰地灵，名人众多，如战国后期儒家代表人物荀子，西汉大将军卫青、霍去病，三国蜀将关羽，一代女皇武则天，唐朝宰相狄仁杰，唐朝诗人王勃、王之涣、王维、王昌龄、白居易、温庭筠、柳宗元，北宋《资治通鉴》作者司马光，元曲《窦娥冤》作者关汉卿，《三国演义》作者罗贯中等。名人文化为山西造就了一批知名文化旅游景点，如解州关帝庙、文水则天庙和山西运城鹳雀楼等。鹳雀楼曾因唐代诗人王之涣《登鹳雀楼》诗"白日依山尽，黄河入海流。欲穷千里目，更上一层楼"而天下知名，成为与岳阳市岳阳楼、武汉市黄鹤楼、南昌市滕王阁齐名的古代"四大名楼"之一，元初毁于战火，2002年重建完成。除此之外，位于山西忻州市宁武县的"万年冰洞"国家地质公园，也是近年来颇受旅游者追捧的特色景区。万年冰洞距今已有300万年，是我国最大的冰洞，也是中纬度地带最大的冰洞。洞内有冰帘、冰花、冰柱、冰瀑布、冰笋等景观，或玲珑剔透，或晶莹夺目，是十分罕见的地质奇观。山西知名景区大多有旅游演艺项目，其中平遥古城开发的大型实景演艺节目《又见平遥》影响最大、知名度最高。

[旅游核心城市]

城市	概 况
太原市	山西省省会太原市，古称晋阳，别称并州、龙城，面积6909平方千米、占全省面积的4.5%，常住人口543万。太原由古地名"大原"演变而来，得名于"秦设太原郡"。太原市5000多年文明史和2500多年建城史承载了深厚的历史底蕴，"赵氏孤儿""三家分晋"的传说与这里紧密相连，被世界熟知的大唐王朝从这里发迹，孕育了唐王李世民、女皇武则天、宰相狄仁杰和诗人白居易、王翰、王昌龄、王之涣等历史文化名人，留下了"春变烟波色，晴添树木光""问世间，情是何物，直教生死相许"的千古绝唱以及一大批珍贵的历史遗存。太原晋祠天龙山景区于2024年年底被评为国家5A级旅游景区。太原还被称为"面食之都"，"一面百吃"的绝技独步天下，刀削面、手擀面、剪刀面、剔尖、抿尖、擦尖等280余种面食形态各异、各有特色，天天吃面天天不重样。
大同市	大同历史悠久，境内桑干河支流、御河纵贯南北。古称平城、云州、云中，辽代改称大同，曾是北魏京都，辽金陪都，明清重镇。因处在内外长城之间，既是北方的边陲重地，也是胡汉文化交融的地方，具有多民族交融形成的独特文化。大同境内名胜古迹遗存众多：五岳中的北岳恒山，既是塞外高原通向冀中平原之咽喉要冲，也是佛教、道教、儒教三教同修的圣地。北魏风韵的世界文化遗产"云冈石窟"，位于大同市西16千米的武周山麓；华严寺大雄宝殿，建筑面积之宏伟，殿顶鸱吻之高大，均为全国佛寺之最；华严寺天宫楼雕塑艺术，堪称辽金时期"海内孤品"。悬空寺是中国唯一的高空绝壁建筑，也是中国罕见的佛、道、儒三教合一的寺庙。

[风物特产]

  汾酒和竹叶青是山西两大酒类特产。汾酒产于汾阳市杏花村，又称"杏花村酒"，是中国清香型白酒的典型代表，具有入口绵、落口甜、饮后余香、回味悠长的特点。汾酒有着4000年左右的悠久历史，1500年前的南北朝时期，汾酒作为宫廷御酒受到北齐武成帝的极力推崇，被载入二十四史，由此汾酒一举成名，被誉为最早国酒，国之瑰宝。唐代诗人杜牧诗"清明时节雨纷纷，路上行人欲断魂，借问酒家何处有，牧童遥指杏花村"，让汾酒声名大噪。1915年汾酒参加巴拿马万国博览会，获得白酒甲等大奖。竹叶青酒是汾酒厂生产的另一品牌名酒，最早是以黄酒加竹叶合酿而成，故名竹叶青。现以汾酒为基酒，添加砂仁、紫檀、当归、陈皮等十余味名贵药材加工而成，其色泽金黄透明，口感甜绵微苦，具有一定的保健作用。

山西老陈醋是中国四大名醋之一，国家地理标志产品。山西老陈醋有3000余年的酿造史，以绵、酸、香、甜、醇的独特风味和悠久的酿造历史，享有"天下第一醋"的盛誉，在中国四大名醋（山西老陈醋、江苏镇江醋、四川保宁醋和福建红曲醋）中名列首位。

山西沁州黄小米。在晋东南一带，民间流传着这样一句谚话："金珠子，金珠王，金珠不换沁州黄。"晋东南地区的沁县古为沁州，"沁州黄"是这里出产的一种小米，颗粒小，金黄色，是谷子家族中最特殊的品种，用真正的金珠子都不肯换，可见其珍贵程度。清朝康熙年间大学士吴琠在朝任保和殿大学士兼刑部尚书时，将檀山产的"糙谷米"献给康熙帝品尝，帝悦，问："此米产自何地？"吴答："沁州。"皇帝便赐封为"沁州黄"，并封为贡米。从此"沁州黄贡米"沿袭各代，名扬天下。

山西刀削面是一道集美味与文化于一身的传统小吃，因其制作过程中采用独特的削面工艺而得名。面团经过重重揉搓、扯拉等步骤后，最终用专用的小刀削成中厚边薄、棱角分明、形似柳叶的面条。面条入口外滑内筋，软而不黏，越嚼越香，是我国著名的"五大面条"（武汉热干面、山西刀削面、北京炸酱面、河南烩面、四川担担面）之一。

[特色产业]

山西是中华酒源的开启者、见证者和传播者，也是全国最大的清香型白酒生产基地和优质大曲清香型白酒核心产区，孕育了众多清香型白酒品牌，如山西汾酒、竹叶青酒、杏花村酒、汾阳王酒、新晋商、汾杏等，白酒产业带动了各地农业、酿造业和商业的快速发展。

山西省是我国的中药材资源大省，也是中药材主产区。随着中医药产业的发展，道地中药材生产已经成为山西的重要产业之一。山西省道地中药材的种类、品质与山西的地形地貌、气候条件、土壤性质相适应，具有一定的抗逆性，所提取的成分含量、品质优于其他品种，有效成分的应用更加突出。

文化旅游产业方面，山西作为文物大省，古建筑、历史文化遗迹众多，近几年，山西大力推动文旅融合，开发了一系列特色文旅产品与线路。例如，打造了以晋商文化为主题的旅游线路，让游客深入体验晋商的辉煌历史。

能源产业一直也是山西的支柱产业，在如今转型发展的大背景下，特色愈发凸显。一方面，传统煤炭产业加快智能化升级，建设智能化煤矿，提升煤炭开采效率与安全性；另一方面，积极发展新能源产业，风电、光伏产业发展迅猛。山西利用丰富的风能、太阳能资源，在北部地区布局多个大型风电、光伏项目，新能源装机容量不断攀升，逐步优化能源产业结构，朝着绿色、低碳方向迈进。

第五节　内蒙古自治区基本概况与主要文旅资源

内蒙古自治区位于祖国北部边疆，是中国5个少数民族自治区之一，现设呼和浩特、包头、乌海、赤峰、通辽、鄂尔多斯、呼伦贝尔、乌兰察布、巴彦淖尔9个地级市，兴安、阿拉善、锡林郭勒3个盟，23个市辖区、11个县级市、17个县、49个旗、3个自治旗。首府为呼和浩特市。内蒙古总面积118.3万平方千米，2024年年末，全区常住人口约2388万。

[地理、气候]

类别	内　　容
位置	内蒙古自治区呈狭长形，东西长约2400千米，南北最大跨度1700多千米，横跨东北、华北、西北地区，与黑龙江、吉林、辽宁、河北、山西、陕西、宁夏和甘肃8省区毗邻；北与蒙古国和俄罗斯接壤，国境线长4200千米。
地形	全区以高原为主，大部分地区海拔在1000米以上，东部是茫茫的大兴安岭林海，南部是富饶的嫩江平原、西辽河平原和河套平原，西部是浩瀚的腾格里、巴丹吉林、乌兰布和沙漠，北部是辽阔的呼伦贝尔、锡林郭勒草原。呼伦贝尔草原是中国保存最完好的草原，也是世界著名的天然牧场，有"牧草王国"之称。
气候	属温带大陆性季风气候，夏季平均气温在25℃左右，大草原上牧草茂盛，适合骑马、垂钓，或在西部的呼伦湖上泛舟。冬季中西部最低气温一般低于-20℃，东部林区最低气温一般低于-50℃，中部和东北、西北地区气候差异较大。

第一章　华北地区各省市自治区导游基础知识

[交通状况]

内蒙古自治区的交通网络发展迅速，已成为连接中国北部与周边地区的重要交通枢纽。快捷、顺畅的旅游交通网，进一步提升了内蒙古旅游业的服务水平和游客体验。

类别	内　　容
铁路	鼓励铁路部门增开冰雪旅游、草原森林等特色专列。
公路	聚焦旅游资源富集区，持续完善"快进慢游"的旅游交通体系，围绕草原、沙漠等旅游资源和景观特色，构建起北疆风情自驾旅游线路，打造了西乌旗草原99号公路、腾格里沙漠越野公路、中国北疆风景大道、环马鞍山乡村旅游公路。
航空	协调加密主要客源地至阿尔山、海拉尔、阿拉善、锡林浩特等旅游城市的直航航班，因地制宜发展"低空+旅游"业态。全区民用机场达到46个，部分盟市实现低空飞行，如呼伦贝尔、锡林郭勒、乌兰察布、阿拉善4个盟市10个景区。

[历史沿革]

内蒙古是中华民族的发祥地之一，距今5000～6000年前的人类在内蒙古赤峰附近创造了红山文化。红山在蒙古语中为"乌兰哈达"，乌兰为赤色、红色，哈达意即山峰，赤峰这个名字也是从"乌兰哈达"而来。红山文化距今6500～5000年，因发现于内蒙古赤峰市红山而得名。第三次全国文物普查统计结果显示，内蒙古自治区赤峰市境内现存红山文化时期遗址725处，是红山文化分布区内遗址较为密集的地区。其中，红山文化出土的"玉龙"是其极具代表性的文物，也是中国现今发现较早期的龙的形象之一，被誉为"中华第一龙"。赤峰，也因此被称作"玉龙的故乡"。

红山文化以辽河流域支流西拉木伦河、老哈河、大凌河为中心。其社会形态初期处于母系氏族社会的全盛时期，主要社会结构是以女性血缘群体为纽带的部落集团，晚期逐渐向父系氏族过渡。在红山文化时期，农业已经成为经济的主导力量，同时渔猎和采集经济也非常繁荣。

红山文化是与中原仰韶文化同时期分布在西辽河流域的发达文明，在发展中同中原仰韶文化相交会产生的多元文化,是富有生机和创造力的优秀文化,内涵十分丰富,其手工业达到了很高的水平,形成了极具特色的陶器装饰艺术和高度发展的制玉工艺。红山文化全面反映了中国北方地区新石器时代的文化特征和内涵。玉雕领域采用了磨光和钻孔技术,制造出了许多精美的石器,其中最具代表性的器物是玉龙、玉龟、玉鸟等动物形状的玉器,这些作品不仅令人赞叹于他们的工艺,更是古代先人智慧的重要体现。

　　内蒙古是中国古代北方少数民族主要的活动舞台,先后有十多个游牧民族在此生息繁衍,其中时间较长、影响较大的有匈奴、鲜卑、突厥、乌桓、契丹等。春秋战国之前,一些北方的游牧民族,如东胡人在今天的内蒙古地区游牧生活。赵国赵武灵王推广"胡服骑射",打败林胡、楼烦这两个游牧民族之后,在今呼和浩特托克托县建云中城。两汉时修筑汉长城并最终取得对匈奴反击的战争胜利。汉朝全盛时,在今天的漠南地区置五原郡、朔方郡,辖境相当于今巴彦淖尔市、包头市和鄂尔多斯市一带。唐安史之乱后,内蒙古西部为回鹘国控制,以明教为国教。东部为兴起的契丹人的势力范围。916年建立契丹国,947年更国号为辽,其间在今内蒙古赤峰市巴林左旗附近建立了蒙古草原上的第一个都城上京。1206年成吉思汗建立了大蒙古国,1271年元世祖忽必烈在中原建立了元朝。由于忽必烈政治、军事和经济力量的基础都在漠南地(今内蒙古),因此迁都于燕京,并改称大都。清雍正十三年(1735年)至乾隆四年(1739年)在今呼和浩特东部新建军事驻防城,命名为"绥远城",后将"归化""绥远"两城合并为归绥县。清朝时漠南蒙古没有统一的行政区划,内札萨克49旗分属于6个盟,同时呼伦贝尔地区隶属黑龙江。

　　清亡之后,喀尔喀蒙古走向独立,而内蒙古则在中华民国的统治下,分属于若干省。20世纪20年代,内蒙古各族人民在中国共产党领导下,积极投身反封建反侵略斗争,1947年5月1日,内蒙古自治政府在王爷庙(现兴安盟乌兰浩特市)成立。中华人民共和国成立后,内蒙古自治政府改名为内蒙古自治区人民政府。

[民族民俗文化]

　　汉族是内蒙古的主体民族,约占全区常住人口的七成以上,蒙古族是内蒙古自治区的第二大民族,其他少数民族还有如满族、回族、达斡尔族、鄂温克族、鄂伦春族等。

蒙古族是古老而充满活力的民族,以其悠久的历史和独特的文化,在中国乃至世界民族之林中占有重要地位。其历史源远流长,起源于7世纪的望建河(今额尔古纳河南岸),与东胡、鲜卑、契丹、室韦等民族有着密切的渊源关系。12世纪,铁木真统一蒙古诸部,建立大蒙古国,被尊为成吉思汗,蒙古族的名字由此而来,象征着"永恒之火"。广袤的草原,孕育了蒙古族独特的游牧文化,内蒙古自治区是蒙古族的发祥地和文化中心。蒙古族人民世代以畜牧业为主,过着"逐水草而居"的游牧生活。近几十年来,蒙古族人已由游牧向定牧转化,农业也得到了发展。他们与自然和谐共生,崇尚自由和勇敢,形成了独特的生活方式和价值观。

蒙古族文化丰富多彩,语言文字是其重要组成部分。蒙古语属于阿尔泰语系,有着自己独特的文字系统。古代蒙古人信仰萨满教,崇拜自然和祖先,主张万物有灵。其最高神是"腾格里"(天神)。萨满(巫师)在社会上的地位很高。元朝以后,蒙古贵族大多信奉佛教,元朝开国皇帝忽必烈就曾经尊奉吐蕃萨迦派首领八思巴为帝师。16世纪后,蒙古人主要信奉藏传佛教格鲁派(黄教),黄教高僧索南嘉措被尊封为"三世达赖喇嘛"。蒙古还建造大批寺庙,并接受了藏传佛教灵童转世制度。后来三世达赖喇嘛的转世灵童(法名"云丹嘉措",即四世达赖喇嘛)就是蒙古族人,这是历代达赖喇嘛中唯一的蒙古族人。

蒙古族的传统节日各具特色,那达慕大会是蒙古族最重要的节日之一,每年夏季举办,集合了体育竞技和文化娱乐,包括赛马、摔跤、射箭等项目,展示了蒙古族的勇猛和技艺。蒙古族常被称为"马背民族",以能歌善舞、喜摔跤、善射箭、爱赛马著称,风格粗犷豪放。安代舞是蒙古族自娱性的传统民间舞蹈,具有鲜明的民族风格和浓郁的生活气息,也是国家级非物质文化遗产。马头琴作为蒙古族最具代表性的乐器,其音色悠扬、音质深沉,能够表现出蒙古族人民的情感和草原的辽阔。敖包则是与自然崇拜有关的传统节庆,人们围绕敖包进行祈福仪式,祈求风调雨顺、人畜兴旺。马奶节标志着新季节马奶酒的制备完成,人们品尝新酿的马奶酒,享受文艺演出和社交活动,庆祝收获和祝福健康。蒙古族的文化遗产丰厚,马头琴音乐、摔跤、祭敖包、那达慕等被列入《国家级非物质文化遗产名录》，蒙古长调、呼麦更是被列入《人类口头与非物质文化遗产名录》。这些文化遗产不仅丰富了蒙古族的精神世界，也为世界文化的多样性作出了贡献。

蒙古族对自然的尊重和对传统的坚守，在建筑、服饰、饮食、礼仪等风俗习惯中都有体现。

蒙古包是蒙古族的传统住所，以其独特的圆形穹庐顶和便携性，适应了草原上的自然环境。勒勒车是蒙古族特有的牛车，是为适应草原上的自然环境和自身的生活习惯而生产的交通工具，"行则为室，止则为庐"，堪称"草原之舟"。蒙古族的服饰色彩鲜艳，首饰、长袍、腰带、靴子是其标志性的装束。首饰是蒙古族妇女头上的装饰品，多用玛瑙、珍珠、宝石、金银制成，逢年过节、喜庆宴会、探亲访友时佩戴。平时牧区女子多用红、绿等彩色的长绸子把头缠上。男子冬季多戴尖顶大耳的羊皮帽，夏日多戴前进帽或礼帽。蒙古族男女老少都喜爱穿长袍。腰带是穿蒙古袍所必备的。靴子尖稍向上翘起。蒙古族的饮食以奶食和肉食为主。奶食俗称白食，以奶为原料制成，有白油、黄油、奶皮子、奶豆腐、奶酪、奶果子等食品，还有奶茶、奶酒、酸奶等饮料。肉食俗称红食，以牛、羊肉为主，手抓羊肉、烤全羊是待客的最高礼节。还有炒米也是蒙古族不可或缺的美食。

蒙古族人民热情好客，献哈达、敬酒唱歌、敬茶是他们表达敬意的传统方式，象征着吉祥和尊重、热情和真诚。

哈达是我国藏族、蒙古族日常行礼中不可或缺的物品。献哈达是藏族、蒙古族牧民迎送客人和日常交往中使用的礼节。内蒙古的哈达主要有蓝色和白色两种，白色哈达是献给一般客人的，蓝色哈达则是献给珍贵客人的。献哈达时，主人张开双手捧着哈达，吟唱吉祥如意的祝词或赞词，渲染敬重的气氛，同时将哈达的折叠口向着接受哈达的宾客。宾客要站起身面向献哈达者，听祝词和接受敬酒。接受哈达时，宾客应微向前躬身，献哈达者将哈达挂于宾客颈上。宾客双手合掌于胸前，向献哈达者表示谢意。敬酒和唱歌是指，主人将美酒斟在银碗、金杯或牛角杯中，托在长长的哈达之上，唱起动人的蒙古族传统的敬酒歌，客人若是推让不喝酒，就会被认为是瞧不起主人，不愿以诚相待。宾客应随即接住酒，接酒后用无名指蘸酒向天、地、火炉方向各点一下，以示敬奉天、地、火神。不会喝酒也不用勉强，可沾唇示意，表示接受了主人纯洁的情谊。唱歌和敬酒是蒙古族社交活动中不可或缺的部分，通过歌唱表达情感，敬酒增进友谊。敬奶茶常见于游客到牧民家做客，主人会给宾客敬上一碗奶茶，宾客要微微欠起身用双手接，在蒙古族历史上，无论是富贵之家还是贫穷之家，无论是上层社会还是平民百姓，都会先向贵宾献上一碗奶茶，接着主人端来炒米、奶油、奶豆腐和奶皮子等奶制品。

蒙古族的传统礼宴上还有敬神的习俗，据《蒙古风俗鉴》描述，厨师会将羊肉割成九块，分别祭天、祭地、供佛、祭鬼、给人、祭山、祭坟墓、祭土地和祭神，体现了蒙古族人民对自然和神灵的敬畏。蒙古族的禁忌也是其文化的一部分。骑马坐车到蒙古包时，要轻骑慢行，进包时要将马鞭放在门外。入包后坐在右边，离包时走原路，待送行的主人回去后再上马或上车。忌讳坐在蒙古包的西北角，睡和坐时脚忌伸向西北方；不能在火盆上烤脚；赠送礼品忌单数；有产妇或病人，忌接待来访客人；忌食虾、蟹、鱼、海味等食物；禁食狗肉，也不许打狗、骂狗。

蒙古族历史悠久、文化丰富、风俗独特，他们的生活方式、信仰、节日、礼节、禁忌等各个方面构成了一幅丰富多彩的文化画卷。在内蒙古这片神奇的土地上，蒙古族人民与自然和谐共生，传承着千年的文化，迎接着每一位远方的客人，展现着他们独特的民族风情。蒙古族的文化不仅是中华民族的瑰宝，也是世界文化多样性的重要组成部分。

[文旅资源]

内蒙古自治区是一片古老而又生机勃勃的土地，是中国北方一颗璀璨的明珠。在这片辽阔的土地上，自然景观、人文景观等文旅资源交相辉映，构成了一幅绚丽多彩的画卷。内蒙古的世界遗产除了原有的长城（内蒙古段）和元上都遗址外，还有巴丹吉林沙漠—沙山湖泊群（于2024年7月被成功列入《世界遗产名录》，填补了中国世界自然遗产中没有沙漠类型的空白）。截至2024年年底，内蒙古的国家5A级旅游景区增至8家，新增呼和浩特市老牛湾黄河大峡谷旅游区。

内蒙古的自然景观资源堪称神奇,从辽阔的呼伦贝尔大草原到绵延的大兴安岭林海,从壮观的巴丹吉林沙漠到清澈宁静的呼伦湖和贝尔湖,每一种景观都是大自然的杰作。

草原风光。内蒙古的绿色心脏,生机勃勃,滋养着这片土地上的一切生灵。其中,呼伦贝尔草原位于内蒙古自治区东北部,地处大兴安岭以西的呼伦贝尔高原上,因呼伦湖、贝尔湖而得名,是世界著名的天然牧场,有碱草、针茅、苜蓿、冰草等120多种营养丰富的牧草,呼伦贝尔大草原以其无垠的绿色和丰饶的自然资源被誉为"草原明珠"。科尔沁草原被誉为"草原上的花园",每到夏季,草原上各种花草盛开,可观赏到大量的野生动植物和珍稀鸟类。夏日里,这里绿草如茵,牛羊成群,秋季则变成金色的海洋,阳光下闪着耀眼的光芒。游客在这里可以骑马驰骋,或是在星空下参与一场传统的那达慕大会。

森林风景名胜区。大自然赋予的绿色宝库,其中大兴安岭是全国最大的原始森林,被誉为"森林氧吧"。这片古老的森林,以其参天的古木和清新的空气,为游客提供了一个远离尘嚣的避世之地。大兴安岭不仅是野生动植物的栖息地,也是探险者和自然爱好者的天堂,提供了丰富的生态旅游和探险活动。位于大兴安岭山脉西南麓的阿尔山国家森林公园是国家5A级旅游景区,拥有原始森林、火山遗迹、温泉矿泉、高山湿地、河流湖泊、峡谷奇峰、冰雪运动、民俗文化等旅游资源。

沙漠景区。内蒙古的沙漠绵延不绝,神秘莫测。阿拉善地质公园是国家级地质公园,也被联合国教科文组织评为"世界地质公园",是全球唯一以沙漠为核心景观的世界地质公园,由巴丹吉林、腾格里、居延3个园区共10个景区组成。公园内地质遗迹类型多样,具有完整性、典型性、唯一性,并拥有极高的美学与科学研究价值。巴丹吉林沙漠是中国第三大沙漠、第二大流动沙漠,有世界最高的固定沙山、最密集的沙漠湖泊、最广阔的鸣沙区域,风蚀地貌鬼斧神工,被中国国家地理杂志评为"中国最美沙漠"。巴丹吉林沙漠—沙山湖泊群完好地记录和反映了区域地质构造变动、气候变化、地貌演化乃至水文地质变化特征,是全球范围内研究沙漠发育和风沙地貌过程的代表性区域。

在鄂尔多斯市达拉特旗的库布齐沙漠中,以响沙现象而闻名的国家5A

级旅游景区响沙湾,被称为"响沙之王",只要踩踏或滑行它就会发出嗡嗡的响声。还有集沙地、火山、石林、冰臼、温泉和草原神奇景观于一体的克什克腾沙漠等,游客可以骑骆驼,体验沙漠的浩瀚与神秘,夜晚的沙漠中,星空格外璀璨,让人感受宇宙的浩瀚与神秘。

湖泊和湿地景观。如同自然之镜,清澈宁静,生态丰富。呼伦湖和贝尔湖等湖泊,不仅是重要的生态保护区,也是游客体验自然宁静和丰富水生生态的理想之地。额尔古纳湿地,是中国保持原状态最完好、面积较大的湿地,被誉为"亚洲第一湿地",是观鸟和体验湿地生态的绝佳场所。这些湖泊和湿地,以其独特的自然景观和生态价值,为内蒙古的自然景观增添了一份静谧与和谐。

人文景观方面,世界文化遗产的元上都遗址,位于内蒙古自治区锡林郭勒盟正蓝旗和多伦县,北依龙岗山,南临滦河,面积约250平方千米。元上都遗址由城址(含宫城、皇城、外城)以及城垣外的关厢和城市防洪渠组成,包括城墙、城门、道路、护城河、防洪渠遗迹,以及宫殿、寺庙、民居、仓库等各类建筑基址和墓葬群等。它完整呈现了元代"夏都"的整体格局与营造特色,是中国元代都城系列中创建最早、历史最久、格局独特、保存最完好的遗址。它印证、记载和见证了13~14世纪,强悍、骁勇、快速的游牧民族对文化高度发达的农耕文明地区从军事征服到文化吸纳过程,以及在这一大背景下,游牧民族出于传统、情感、习俗和上层统治集团政治的需要,对自身文明信念的坚持和对故乡的维系。由此产生的游牧与农耕两种文化高度兼容并蓄的"二元"城市模式,成为人类文明过程中一种独特的民族文化融合的典范,也是一种特殊政体与社会架构兴起与覆灭全过程的唯一完整见证。

阿尔寨石窟。是内蒙古地区现存规模最大、延续时间最长、内容最丰富、保存最完整的石窟建筑群,有"草原敦煌"的美称。经考古发现,阿尔寨石窟共计65座,这些石窟不规则地排列在岩壁上,以南壁为最多。石窟的排列大致划分为上、中、下三层。在石壁的中上部,还有22座造型、大小不等的浮雕石塔点缀在大石窟之间,在其山顶还有8处11座寺庙建筑遗迹。此外,还有大量珍贵的宗教、世俗壁画以及早期回鹘蒙古文榜题等,壁画面积1000余平方米。

长城是我国现存规模最大的文化遗产,是中华民族的精神象征。内蒙古 12 个盟市均有遗存分布,长城墙体与壕堑总长约 7570 千米,各时代长城墙体、壕堑、敌台(楼)、马面、关隘、城堡以及烽火台等相关历史遗存总数 13804 处(座/段)。除居延遗址、金界壕、秦汉长城和明长城部分点段被列为全国重点文物保护单位外,其余长城均为自治区级重点文物保护单位。

内蒙古还有距今 70 万年前的古人类石器制造场遗址"大窑文化",有始建于公元前的西汉时期作为"胡汉和亲"历史见证的昭君墓,有世界上唯一用蒙古文字刻写的天文图金刚舍利宝塔,还有大名鼎鼎的纪念蒙古帝国创始人成吉思汗的重要历史遗迹成吉思汗陵,内蒙古境内规模最大、内容最丰富的西夏至蒙元时期的石窟寺建筑群阿尔寨石窟,以及辽中京遗址、黑山头古城、贝子庙等,见证了其在中华文明史上的重要地位,吸引了众多对历史和文化感兴趣的游客前来参观。

内蒙古的文学艺术以其鲜明和独具特色的区域个性、多样的创作手法和表现形式、浩繁庞大的创作数量以及丰富多彩的主题内容,在中华民族文学史上占有极其重要的地位。民族典籍《蒙古秘史》因历经战乱,原文本早已失传,而它的汉文音译本却被编入《永乐大典》完整地保存下来,展现了 12~13 世纪蒙古草原上诸部征战的场面。蒙古族文学史上第一篇历史小说《乌巴什洪台吉》和传记文学作品《蒙古黄金史》,以及脱胎于藏族史诗的长篇英雄史诗《格斯尔传》等都充分显示了各民族传统文学艺术的相互联系和相互影响。

随着现代旅游项目的发展,内蒙古还提供温泉度假、滑雪等多样化的旅游选择,通过举办各种演艺和文化节庆活动,提供摔跤、赛马和射箭等传统体育项目展示和传统歌舞表演,开展草原音乐节等。《鄂尔多斯舞》《马刀舞》等一大批表现民族精神、反映蒙古族人民新生活的舞蹈家喻户晓,而《草原上升起不落的太阳》《敖包相会》等一批激情洋溢、旋律优美、富有民族特色的歌曲也很快传遍祖国大地。此外,内蒙古辉腾锡勒黄花沟景区展现敖包文化、马文化、草原文化的大型室内实景剧《相会敖包》,胡杨林景区大型实景民族音乐剧《阿拉腾陶来》,响沙湾景区大型歌舞剧《鄂尔多斯婚礼》,神泉景区大型马术实景剧《一代天骄成吉思汗》,呼和浩特全景式大型马舞剧《千古马颂》也深受游客的喜爱。

总之,内蒙古自治区以其美不胜收的自然美景、深厚的历史文化底蕴和独特的民族风情,成为世界级的旅游目的地。

[旅游核心城市]

城市	概况
呼和浩特市	简称"呼市",旧称"归绥市",地处内蒙古自治区中部,大青山南侧,是内蒙古自治区首府,也是内蒙古自治区的政治、经济、文化、科教和金融中心。呼和浩特是蒙古语音译,意为"青色的城"。呼和浩特历史悠久,文化底蕴深厚,是国家历史文化名城,有着两千多年的文字记载和建城历史,大窑文化遗址、长城遗址、云中古城、昭君墓、万部华严经塔、大召、席力图召、将军衙署、公主府等文物古迹是呼和浩特璀璨发展的足迹。作为"中国乳都",呼和浩特以奶制品和草原风味著称,如奶豆腐、奶皮子、奶茶、奶酒,体现蒙古族传统饮食智慧。手扒羊肉、烤全羊等烹饪方式粗犷鲜美。稍麦、莜面等特色小吃则融合了汉蒙风味。
呼伦贝尔市	呼伦贝尔是内蒙古自治区下辖地级市,地处内蒙古自治区东北部,以境内的呼伦湖和贝尔湖得名,南部与兴安盟相连,东部以嫩江为界与黑龙江省为邻,北和西北部以额尔古纳河为界与俄罗斯接壤,西和西南部同蒙古国交界。呼伦贝尔人文历史悠久,是我国北方狩猎、游牧民族的重要发祥地,曾经生活过鲜卑、契丹、女真等许多民族。呼伦贝尔自然资源十分丰富,拥有森林、草原、湿地、湖泊、河流,构成了目前中国规模最大、最完整的生态系统,是中国优秀旅游城市、全国唯一的草原旅游重点开发地区、国家级旅游业改革创新先行区。

[风物特产]

内蒙古自治区以其独特的地理环境和丰富的民族文化,孕育了众多独具特色的风物特产。全区境内生长着经济价值较高的野生植物600多种,其中罗布麻、芦苇等70多种纤维植物是造纸、制绳和人造棉的重要原料。赤峰市出产巴林石(隶属叶蜡石),石质细润,通灵清亮,质地细洁,光彩灿烂,颜色妩媚温柔,似婴儿之肌肤,娇嫩无比,与寿山石、青田石、昌化石一起并称为中国四大印石。

在饮食方面,内蒙古以其鲜美的牛羊肉制品闻名,如烤全羊、手扒肉和涮羊肉等,其中,烤全羊是蒙古族为招待贵宾或举行重大庆典时的盛宴特制的佳肴,也是蒙古民族的餐中之尊。以马奶酒、奶茶和奶酪为代表的奶制品，不仅味道鲜美，还蕴含着蒙古族的传统风味。内蒙古的饭菜分量大，崇尚丰满实在，注重原料本味。比如，乌珠穆沁羊肉就深受欢迎，乌珠穆沁羊产于水草丰美的乌珠穆沁草原上，肉质鲜美、肥而不腻，无膻味，是中国宝贵的肉羊资源。风干牛肉精选科尔沁草原上等有机黄牛，提取背脊优质部位，堪称牛肉中的"黄金肉"。其肉色深褐、喷香扑鼻、嚼劲十足，加上黄牛肉营养丰富，是当地最具特色的美食之一。此外，内蒙古也是中药材的宝库，如黄芪、甘草、肉苁蓉等，这些药材在当地有着悠久的种植和使用历史。

羊绒衫作为内蒙古的另一大特色，以其极佳的保暖性、轻盈感和柔软质地享誉全国乃至全世界，是高档的服装选择，其羊绒是从山羊身上梳取的绒毛，经过精细的加工制成纱线，最终编织成各种服装，生产过程复杂且讲究。

除了这些，内蒙古还拥有精美的民族手工艺品，如蒙古刀、银饰、民族服饰、皮革制品，以及各种土特产，如莜面、羊杂碎等，都是旅游者了解和体验内蒙古多元文化的重要途径，也是他们旅途中的美好纪念。

[特色产业]

在这片广袤的草原上，畜牧业一直是内蒙古的传统优势产业。丰富的草原资源孕育了以乳产业为龙头，肉类、羊绒产业为支柱的多元化畜牧业。内蒙古的乳业以伊利、蒙牛等企业为代表，生产出高品质的乳制品，供应全国乃至世界各地。肉类产业中，内蒙古的羊肉以其鲜美、肉质细嫩而闻名遐迩。羊绒产业则以其柔软、保暖的特性，成为全球市场上的抢手货。畜牧业的快速发展，为数百万农牧民创造了致富的机会，广大牧民收入的70%以上来自畜牧业。

矿产资源的丰富为内蒙古的工业发展提供了坚实的支撑。内蒙古是中国的主要产煤区之一，尤其在鄂尔多斯市，煤炭资源丰富，支撑着当地的能源产业。此外，其还拥有铅、锌、银、稀土等20种矿产资源，保有量在全国名列前茅。包头市，作为"世界稀土之都"，其白云鄂博矿山是世界上最大的稀土矿山，为全球提供了大量的稀土资源。北方稀土集团等企业，通过先进的开采和加工技术，将这些珍贵的矿产资源转化为高附加值产品，推动了地区经济的快速发展。目前，内蒙古加快煤基新型合成材料、先进碳材料、可降解材料等高端产品技术开发应用，推动与绿电、绿氢耦合发展，高水平建设鄂尔多斯国家现代煤化工示范区，国能煤制油等重大项目加快推进，煤化工产业链产值稳定在千亿元以上。

此外，内蒙古的旅游业、清洁能源产业等也在蓬勃发展。独特的自然景观和民族文化，吸引了大量国内外游客，推动了旅游业的繁荣。丰富的风能和太阳能资源，为清洁能源产业的发展提供了良好的条件，内蒙古正逐步成为国家重要的清洁能源基地。在新的发展时期，内蒙古正以其独特的产业优势，积极融入国家发展大局，为实现经济的可持续发展和农牧民的幸福生活，不断探索和努力。

第二章 东北地区各省导游基础知识

章节练习
增值服务

学习目的

通过本章的学习，使考生**了解**辽宁、吉林、黑龙江三省的历史、地理、气候、区划、人口、交通、旅游等概况，各地代表性饮食的特点、主要美食和风物特产；**熟悉**这三个省列入《世界遗产名录》的中国遗产地，列入《人类非物质文化遗产代表作名录》的中国非遗项目，国家 5A 级旅游景区和国家级旅游度假区，各地具有代表性的历史文化和民俗风情；**掌握**旅游核心城市、国内知名地域文化、民族民间文化及特色产业。

第一节 辽宁省基本概况与主要文旅资源

辽宁省简称"辽"，取"辽河流域永远安宁"之意而得其名，位于中国东北地区的南部。全省面积约 15 万平方千米，大陆海岸线长 2292 千米，近海水域面积 6.8 万平方千米。辖沈阳、大连、鞍山、抚顺、丹东等 14 个地级市 100 个县（市、区）。截至 2024 年年底，全省常住人口 4155 万。省会沈阳市。

[地理、气候]

类别	内　　容
位置	位于中国东北地区的南部。南临黄海、渤海东，与朝鲜一江之隔，与日本、韩国隔海相望，是东北地区唯一既沿海又沿边的省份，也是东北及内蒙古自治区东部地区对外开放的门户。
地形	全省地形概貌大致是"六山一水三分田"，山地丘陵约占全省国土总面积的60%。地势大致为自北向南、自东西两侧向中部倾斜，山地丘陵分列东西两侧，向中部平原下降，呈马蹄形向渤海倾斜。辽东、辽西两侧为平均海拔800米和500米的山地丘陵，因资源丰富而发展有沈阳、鞍山和本溪等大城市；中部为平均海拔200米的辽河平原，主要有辽阳、铁岭和盘锦等城市，因农业和交通便利而繁荣；辽西渤海沿岸为狭长的海滨平原，称为"辽西走廊"，主要城市如锦州、葫芦岛和营口等，利用沿海优势，发展成为重要的港口和贸易城市。
气候	辽宁属温带大陆性季风气候，雨热同季，日照丰富，四季分明。冬季以西北风为主，漫长寒冷，夏季多东南风，炎热多雨，春季少雨多风，秋季短暂晴朗。年日照时数2100～2900小时，全年平均气温为5.2～11.7℃，最高气温30℃左右，最低气温–30℃左右。年均降水量400～970毫米，平均无霜期130～200天，一般无霜期均在150天以上。

[交通状况]

辽宁区位优越、交通便利。辽宁是东北地区通往关内的交通要道和连接欧亚大陆桥的重要门户，是全国交通、电力等基础设施较为发达的地区。截至2024年年末，铁路营运里程（不含地方铁路）达到6405千米，密度居全国第一。公路通车里程5.4万千米，其中高速公路1849千米，连通了14个省辖市。大连港是我国北方地区最好的深水不冻港，沿黄海、渤海沿岸形成包括营口、丹东、锦州、葫芦岛港在内的港口群。全省有沈阳桃仙、大连周水子等4个航空港，开辟国际国内航线200多条。

[历史沿革]

辽宁历史源远流长。考古发现，早在40万～50万年以前，辽宁已是古人类活动的场所。新石器时代，辽西地区分布着大批红山文化遗址，与中原仰韶文化同属母系氏族阶段。据史书《禹贡》记载，辽宁夏商为幽州、营州之地，周分封属于燕国。春秋时期，燕置辽东、辽西两郡，秦置辽东、辽西、右北平三郡。两汉、三国归属幽州。隋置柳城、辽东、燕郡。唐属河北道，辽为东京、中京道。元为辽阳行省。明为辽东都指挥司，下设2州、25卫。清初划归盛京特别行政区，清末改为奉天省。

民国时奉天省及东北地区被奉系军阀张作霖所盘踞。1928年6月张作霖在沈阳皇姑屯被日军炸死后，其子张学良继任为少帅，并于同年12月29日通电全国，归顺南京国民政府，史称"东北易帜"。南京国民政府将奉天省改称辽宁省，奉天市改称沈阳市，并任命张学良为东北边防军司令长官。1931年日本发动震惊中外的"九一八"事变，占领东三省。次年，日本在吉林长春扶植清朝末代皇帝溥仪成立伪满洲国，统治东北大部和华北、内蒙古的部分地区。1945年8月日本战败，溥仪宣布退位，结束了伪满洲国的历史。1948年9～11月东北野战军发动辽沈战役，打败国民党军队，解放包括辽宁在内的东三省，为夺取全国胜利奠定了坚实的基础。辽宁省省会设在沈阳市。

[民族民俗文化]

辽宁省是全国少数民族人口较多的省份之一。全省少数民族人口约642.2万，占全省总人口的15.1%，少数民族人口绝对数排全国第五位。少数民族人口占总人口比例数排全国第十位。全省有5个世居少数民族，即满族、蒙古族、回族、朝鲜族和锡伯族，其中，满族人口533.7万，占全省少数民族人口的80.3%，占全国满族人口的50.4%，居全国第一位；锡伯族人口13.3万，占全国锡伯族人口的70.2%，居全国第一位。全省现有8个少数民族自治县，其中6个满族自治县（新宾、岫岩、清原、本溪、桓仁、宽甸）、2个蒙古族自治县（喀左、阜新）。

[文旅资源]

辽宁历史悠久，人杰地灵，自然风光秀美，山海景观壮丽，文化古迹别具特色，旅游资源十分丰富。截至2024年年底，辽宁有4处世界文化遗产（九门口长城、沈阳故宫、辽宁盛京三陵和五女山山城①），7家5A级旅游景区（沈阳植物园、大连老虎滩海洋公园——老虎滩极地馆、大连金石滩、本溪水洞景区、鞍山市千山景区、盘锦市红海滩风景廊道景区、本溪市桓仁五女山景区），154家4A级旅游景区。

辽宁有许多历史久远、保存完整的人文景观。从旧石器时代的古遗址至各类寺庙、古塔、古城址，种类繁多，遍布全省。目前，已发现的古遗址、古墓葬就有1万多处。辽宁有较完整的清人入关前历史遗迹。辽宁还是长城资源十分丰富的省区之一，境内保存有战国燕长城、汉长城、北齐长城、辽长城和明长城，总长约1300多千米。

辽宁的文学创作古已有之，伯夷、叔齐的《采薇歌》是辽宁最早有文字记载的文学作品。辽宁省戏曲艺术种类齐全，特色鲜明，辽宁极具民间特色的艺术形式有二人转、辽剧、海城高跷秧歌等。岫岩满族剪纸、刺绣等15项被评为国家级非物质文化遗产。

辽宁省有集名山、溶洞、岛屿、海岸于一体的自然景观。名山风景有医巫闾山、千山、凤凰山和大孤山等；岩洞风景有距本溪市35千米的本溪水洞；海岸风光有大连滨海、金州东海岸、大黑山风景区、兴城滨海、笔架山、葫芦岛、鸭绿江等；泉水名胜有汤岗子温泉、五龙背温泉、兴城温泉等；特异景观有金石滩海滨喀斯特地貌景观、蛇岛、鸟岛、怪坡、响山等。

沈阳故宫。是清朝入关前努尔哈赤、皇太极两代皇帝兴建和使用的宫殿，清初时期被称为"盛京皇宫"。1644年，清政权迁都到北京后，沈阳故宫作为康熙、乾隆等皇帝东巡祭祖期间居住的行宫，又被称为"陪都宫殿"。

盛京三陵。清永陵（葬清太祖努尔哈赤以上四代父祖）、福陵（葬努尔哈赤）、昭陵（葬皇太极）合称盛京三陵。清永陵因建筑年代远在清朝定都北京之前，且墓主人辈分又高，因此称"三陵之首"，是清王朝的关外第一陵。清福陵是清太祖努尔哈赤和孝慈高皇后叶赫那拉氏的陵墓。

五女山山城。规模较大、气势恢宏、体系完备。在城址布局、墙体砌筑、墙石加工等方面，凸显着高句丽民族杰出的智慧和高超的建筑技艺，开

---

① 五女山山城与吉林省集安市的高句丽遗迹一起被列入《世界遗产名录》。

创了高句丽民族构筑山城的先河，对后世高句丽建筑乃至东北亚建筑技术都产生了巨大影响。山城内外，王宫、兵营、粮仓、天池等多处高句丽早期遗迹，向世人再现了高句丽民族生活、战争的场面。

千山。位于辽宁省鞍山市东南17千米处，素有"东北明珠"之称，是国家重点风景名胜区。千山为长白山支脉，主峰高708.3米，总面积72平方千米。山峰总数为999座，其数近千，故名"千山"。有"无峰不奇，无石不峭，无庙不古，无处不幽"之美誉。

金石滩国家旅游度假区。位于辽宁省大连市金州区，是国家5A级旅游景区。在大连以"满家滩，凉水湾，海参螃蟹成筐搬"而知名，滩上有数亿年前形成的海滨地貌与沉积岩石，被称为"海上石林"，后因这些石头"比金子还要贵重"，故改名为"金石滩"。整个旅游度假区分为东部半岛、西部半岛、中部主题公园区、北部生态旅游区、综合服务区和东部未来世界六大功能区。

[旅游核心城市]

城市	概况
沈阳市	全国著名的历史文化名城和首批中国优秀旅游城市。现存古遗址、古城址、古墓葬、古建筑、烽火台、边墙和历史纪念物、革命纪念物达400多处。沈阳故宫集汉、满、蒙三个民族的建筑风格于一体，在中国宫殿建筑中别具风采。福陵、昭陵掩映在苍松古柏之中，幽雅而庄重。故宫、福陵、昭陵现已被列入《世界遗产名录》。现代史迹有张作霖、张学良父子官邸"大帅府"、中共满洲省委旧址、周恩来少年读书旧址、"九·一八"事变纪念馆等。著名的风景旅游区有辉山风景区、世博园、南运河带状公园、沈阳怪坡、沈阳仙子湖、康平卧龙湖风景区等。
大连市	是中国最佳旅游城市，理想的旅游、度假和避暑胜地。其海岸线长2211千米，其中海岛岸线840千米。冬无严寒，夏无酷暑，每年空气质量优良天数在300天以上，对休养疗养十分有利。自然景观以海滨风光为主，主要有老虎滩、星海等海滨公园，付家庄、夏家河子等多处海滨浴场及旅顺口、金石滩、冰峪沟、滨海路等风景区；人文景观以都市建筑和近代战争遗址为主，著名的有旅顺中日甲午战争和日俄战争遗址、白玉山、万忠墓、旅顺监狱、东鸡冠山炮台。此外，还有极地馆、圣亚海洋世界等特色景点。

[风物特产]

辽宁美食数不胜数，其中西塔大冷面、那家白肉血肠、杨家吊炉饼鸡蛋糕、老边饺子、马家烧卖、不老林糖、李连贵熏肉、四季抻面、王麻子菜馆、北乐巴氏奶、金州樱桃等堪称一绝。辽中玫瑰、桓仁冰酒、红崖子花生、盘锦大米、岫岩滑子蘑、东港大黄蚬6个特产入选首批100个地理标志产品名单。其中，盘锦大米、大连海参、北镇葡萄、鞍山南果梨入围中国百强农产品区域公用品牌。

[特色产业]

辽宁省是我国重要的老工业基地之一。截至目前，全省工业有39个大类、197个中类、500多个小类，是全国工业行业最全的省份之一。全省装备制造业和原材料工业比较发达，冶金矿山、输变电、石化通用、金属机床等重大装备类产品和钢铁、石油化工业在全国占有重要地位。

2022年，辽宁省航空装备产业完成产值约687亿元，民用航空产品转包生产交付金额居全国第3位。沈阳飞机工业（集团）有限公司拥有国际先进水平的飞机装配、整机试验、可靠性试验、飞行试验的技术及设备和先进完整的航空产品制造生产线。是中国创建最早、规模最大的现代化歼击机设计、制造基地，被誉为"中国歼击机摇篮"。

在船舶及海工装备领域，辽宁是中国三大造船基地之一。大连船舶重工研制出中国第一艘航空母舰"辽宁舰"、第一艘全国产航空母舰"山东舰"、大船集团建造了全球首艘安装风帆装置的30.8万吨超大型原油船"凯力轮"。2022年全省规上船舶工业企业64户，完成产值约427.5亿元，造船完工554.4万载重吨，位列全国造船总位第三。

辽宁是中国石化工业的"摇篮"，已建成生产、销售、物流、科研等较为完备的石化产业体系。辽宁原油加工能力位列全国第二，聚集了一批规模较大的炼化企业，涌现出奥克股份、中触媒、七彩化学等一批细分领域的科技型领军企业。到2025年，辽宁省成品油产量占原油加工量比重将下降40%，精细化工产业营业收入将达到2000亿元，化工精细化率将达到50%。

辽宁立足冰雪资源优势，逐步建成以冰雪体育休闲旅游产业为核心的冰雪全产业链条。形成以"冰雪旅游、冰雪体育、冰雪文化"重点冰雪项目为支撑，冰雪装备制造粗具规模，市场活力得到充分释放，基础设施基本完善，产业体系较为完备的冰雪产业发展格局。

第二节　吉林省基本概况与主要文旅资源

吉林省简称"吉"，位于中国东北地区中部，辖区面积约19万平方千米。截至2024年年底，全省常住人口为2317.31万。辖长春、吉林、四平、通化等8个地级市和1个自治州（延边朝鲜族自治州）、60个县（市、区）。省会长春市。

[地理、气候]

类别	内　容
位置	地处中国东北地区腹地，位于东北亚地理中心位置。东西长769.62千米，南北宽606.57千米。南邻辽宁省，西接内蒙古自治区，北与黑龙江省相连，东与俄罗斯接壤，东南部与朝鲜隔江相望。 吉林省地处边境近海，边境线总长1438.7千米，其中，中朝边境线1206千米，中俄边境线232.7千米。吉林省具有沿边近海优势，是全国9个边境省份之一，也是国家"一带一路"向北开放的重要窗口。吉林省东端的珲春最近处距日本海仅15千米，距俄罗斯的波谢特湾仅4千米，是吉林乃至中国对外贸易、对外交流的重要通道。
地形	地貌形态差异明显。地势由东南向西北倾斜，呈现明显的东南高、西北低的特征。以中部大黑山为界，可分为东部山地和中西部平原两大地貌区。东部山地分为长白山中山低山区和低山丘陵区，中西部平原分为中部台地平原区和西部草甸、湖泊、湿地、沙地区。地貌地形主要有火山地貌、侵蚀剥蚀地貌、冲洪积地貌和冲积平原地貌。主要山脉有大黑山、张广才岭、吉林哈达岭、老岭、牡丹岭等。主要平原有松嫩平原、辽河平原。在总面积中，山地占36%，平原占30%，台地及其他占28.2%，其余为丘陵。
气候	位于中纬度欧亚大陆的东侧，属于温带大陆性季风气候，四季分明，雨热同季。春季干燥风大，夏季温暖多雨，秋季凉爽宜人，冬季寒冷漫长。从东南向西北由湿润气候过渡到半湿润气候再到半干旱气候，全省气温、降水、温度、风以及气象灾害等都有明显的季节变化和地域差异。年均气温为2～6℃。从对旅游的影响来看，吉林夏季具有消夏避暑优势，冬季是吉林最有魅力的季节。北纬43°附近是世界的"冰雪黄金带"，长白山雪期长、降雪量大，具有发展冰雪旅游的良好条件。

[交通状况]

吉林省公路、铁路交通和民航事业快速发展，形成以省会长春为中心，公路、铁路和航空连接省内各主要城市，并辐射全国内地各大中城市的四通八达、快捷便利的现代化立体交通网络。

类别	内　　容
铁路	营业里程 5047 千米，其中高速铁路 470 千米。长哈、长图、长白等主要干线辐射四方。珲春铁路与俄罗斯铁路接轨。长春—满洲里—德国（简称"长满欧"）国际货运班列终点到达德国的施瓦茨海德，全程约 9800 千米。是国内运行的所有国际班列中，途经国家最少、运行时间最短、基础运行成本最低的班列。
公路	截至 2024 年年底，全省高速公路通车总里程突破 5000 千米，国家"71118"高速公路网主线吉林省境内段基本全部启动实施，以长春为中心呈辐射状网络，通向省内外。长春市距大连港约 700 千米、距营口港约 500 千米、距俄罗斯扎鲁比诺万能海港 589 千米。
航空	以长春龙嘉国际机场为核心，形成辐射周边国家和地区的航空网络，运营航线 156 条，民航集团全年共保障运输起降航班 10.61 万架次，完成旅客吞吐量 1383.74 万次。国际航线与韩国首尔，日本东京、名古屋、仙台、福冈等城市及中国香港通航。白山长白山机场、延吉朝阳川国际机场已成为国内重要旅游机场。
水运	吉林省境内内河通航总里程 1600 多千米，全年全省旅客运输周转量 484.47 亿人千米，货运量 60453.97 万吨，全年全省货物运输周转量 1778.63 亿吨千米。大安港是国家一类内河口岸，年吞吐能力可达 100 万吨，经水路可直达俄罗斯远东一些港口，并可进入日本海。

[历史沿革]

早在远古时期，就有人类在吉林这块土地上繁衍生息，并逐步形成了肃慎、濊貊、东胡三大部落系统。远在舜、禹时代，吉林省境内的古代民族就开始与中原王朝建立了具有隶属性质的贡纳关系，并逐渐成为中华民族的重要组成部分。从先秦开始，吉林就被历代中央政权划入行政区域管辖之下。在汉朝时就设置了郡县，唐朝的渤海及后来的辽、金、元各代也都设立府、州、县。明朝设立都司、卫所。清顺治十年（1653 年），清政府设置宁古塔昂邦章京，是吉林省建置之始。清康熙十二年（1673 年），于船厂（今吉林市）建吉林城，史称"吉林乌拉"（满语译音"沿江"之意），吉林由此得名。清光绪三十三年（1907 年），正式建制称吉林行省。

20 世纪初，东北成为俄、日帝国主义进行殖民扩张的角逐之地。吉林大地不断掀起反帝爱国斗争风潮。1931 年"九一八"事变后，吉林沦为日本帝国主义的殖民地。在抗击日本帝国主义入侵斗争中，吉林人民不畏强暴，奋起抗战，英勇杀敌。从沦陷初期的王德林、唐聚伍、王凤阁等抗日义勇军的崛起，到杨靖宇、魏拯民、王德泰领导的东北抗联第一路军的浴血奋战，吉林人民用鲜血和生命谱写了一曲曲气壮山河的爱国主义壮歌。在解放战争中，吉林人民为胜利作出重要贡献。中国共产党领导的东北民主联军，在吉林大地上组织了"四战四平""四保临江""三下江南"等战役，成为扭转东北战局的关键。1948年辽沈战役开始，东北人民解放军兵围长春，在强大的政治攻势和军事压力下，国民党驻守长春部队向解放军投诚。至此，吉林全境获得解放。中华人民共和国成立后，吉林省成为新中国重要的工业基地和粮食生产基地，为国家经济建设作出巨大贡献。

[民族民俗文化]

吉林省是一个多民族省份，境内世居民族主要有汉族、朝鲜族、满族、蒙古族、回族、锡伯族等，少数民族人口占全省总人口数的8.67%。朝鲜族主要分布在东部的延边、吉林、通化、白山等市州，蒙古族和锡伯族主要分布在西部的白城市和松原市，满族、回族主要分布在长春、吉林、通化、四平市。

吉林省是朝鲜族的主要聚居地。朝鲜族有自己的语言、文字，具有吃苦耐劳、坚强勇敢的优良品质。朝鲜族爱穿素白服，注重礼仪，尊老爱幼，能歌善舞。朝鲜族农乐舞是国家级非物质文化遗产，集演奏、演唱、舞蹈于一体，是反映传统农耕生产生活中祭祀祈福、欢庆丰收的民间表演艺术。

吉林省是满族的发源地之一。满族有自己的语言、文字，现已通用汉语文。旗袍已成为中国传统女装。满族传统的礼俗、祭俗、婚俗、葬俗等，现在还影响很多地区。满族饮食独具特色，"满汉全席"闻名遐迩。

吉林省民俗主要包括东北鼓乐、长白山冬俗、吉林延边生日宴、东北的年俗；蒙古族的家庭宴席、婚俗、那达慕、饮食特点；满族的春节、民乐与关东民间"红白喜事"、育儿、婚姻、丧葬、祭祀、姓名、歌舞、岁时节令；朝鲜族的婚礼、花甲宴、传统节日等。

东北鼓乐。起源于汉代，西汉武帝时称"横吹"，初用于军旅，后来进入宫廷，用于帝王宴享和驾行，称为"鼓吹"。延至辽、金，宫廷的"鼓吹"

更为隆重，其规模、礼仪、曲调也相当讲究。到了明、清两代，鼓乐已成为宫廷重大活动中不可缺少的祭祀、演艺形式。

长白山年俗。在长白山，每到冬季，人们就开始蒸黏豆包、蒸年糕、做豆腐，放进大小缸里冻起来，随吃随取。进入腊月，家家宰杀猪羊鸡鸭，猎飞禽走兽。将猎物埋在厚厚的雪里保鲜，而新宰杀的猪羊肉，则边沾水，边冰冻，吃的时候敲掉包肉的冰壳，里边的肉新鲜如初，不会有丝毫的风干变质。在长白山的冰雪世界里，有许多与冰雪相关的游戏，小孩堆雪人、滚雪球、打雪仗、玩冰划子、滑雪、打冰猴、凿冰灯等习俗流传至今。查干湖是多民族聚居地，多年来形成了独特的具有渔猎色彩的查干湖文化。查干湖冬捕已传承数千年。

[文旅资源]

吉林省旅游资源丰富。其中生态、民俗、冰雪和边境旅游是最具吸引力的旅游资源。全省拥有世界遗产2处：高句丽王城、王陵及遗族墓葬，长城（吉林段）。国家4A级及以上旅游景区77家，其中5A级旅游景区9家：长白山景区、伪满皇宫博物馆、净月潭景区、长影世纪城景区、六鼎山文化旅游区、世界雕塑公园景区、通化市高句丽文物古迹旅游景区、松原市前郭查干湖景区。国家级旅游度假区1家：长白山旅游度假区。国家级滑雪旅游度假地4家：永吉北大湖滑雪旅游度假地、东昌万峰滑雪旅游度假地、丰满万科松花湖滑雪旅游度假地、抚松万达长白山滑雪旅游度假地。

景色宜人的长白山是令世人瞩目的神奇之地，"雄山托天池，林海藏珍奇"。冰清玉洁的吉林雾凇是中国四大自然奇观之一。景色迷人的松花湖国家级风景名胜区，两岸绿树成荫、湖光山色，令人流连忘返。辉南三角龙湾，湖水深邃，景色秀美。查干湖冬捕，气势恢宏，原汁原味。长春净月潭国家级森林公园，潭水涟漪，林茂风疏，为亚洲最大的森林氧吧。还有吉林市北大湖滑雪场、通榆向海鸟类自然保护区、集安五女峰国家级森林公园、珲春防川风光。

吉林省民族文化丰富多彩、底蕴深厚，具有极高的研究价值和探索意义。萨满文化异彩纷呈，形式多样，内容丰富，包括满族剪纸文化、泥塑文化、宗教文化、饮食和服饰文化等。集安高句丽古迹、长春伪满洲国皇宫和伪满"八大部"遗址、农安黄龙府古城等遗迹犹如一颗颗璀璨的文化明珠镶嵌在吉林大地上。

长春电影制片厂是中国电影的摇篮，拍摄出一部又一部优秀经典影片，培育了一代又一代著名电影艺术家。吉林省有着独特的边境风光旅游资源，与朝鲜、韩国、日本、蒙古国和俄罗斯东西伯利亚地区构成东北亚地区，游客可以在中、俄、朝三国交界处珲春防川感受"一眼望三国、犬吠惊三疆"之意境，还可以在延边、白山、通化观赏鸭绿江、图们江边境风光带。

目前，吉林省已形成以长白山生态旅游区为龙头，通过长春净月潭国家森林公园旅游区、长春净月潭滑雪场、长白山高原冰雪训练基地、吉林松花湖滑雪场和长春莲花山滑雪场以及通榆向海草原湿地旅游区、集安高句丽王城文化遗址等辐射全省的旅游网络体系。

[旅游核心城市]

城市	概　况
长春市	吉林省的政治、经济、文化中心，是中国最大汽车工业城市、国际电影名城。素有"北国春城""东方底特律"的美誉。历史上，长春因其在中国早期汽车和电影工业中发挥重要作用而闻名，是第一汽车集团和长春电影制片厂等重要机构的所在地。拥有丰富的历史遗迹、工业遗产和文化地标，可以让人们一窥中国东北的政治和军事历史。以净月潭国家森林公园、长影世纪城、世界雕塑公园、伪满皇宫、伪满八大部、长影旧址博物馆、长春国际汽车公园、莲花山滑雪场、长春文庙、南湖公园、长春东北虎园、庙香山风景区、关东文化园等景点最负盛名。
吉林市	吉林省第二大城市，全国唯一与省同名的城市。是史前文化发源地和中国满族发祥地之一，于2200年前的西汉初期正式建城，国务院第三批历史文化名城。吉林市素以"北国江城"而闻名，有"雾凇之都滑雪天堂"的美誉。先后获得中国优秀旅游城市、中国十大特色休闲城市、中国最佳避暑旅游目的地城市、中国冰雪旅游十强城市等殊荣。城市以"一江秀水（松花江）、两大奇观（吉林雾凇、吉林陨石）、三湖胜境（松花湖、红石湖、白山湖）、四脉神山（朱雀山、玄天岭、龙潭山、小白山）"壮丽美景闻名遐迩。吉林市地处北纬43°"冰雪黄金纬度带"，是世界三大粉雪基地之一。拥有以雾凇岛为核心的"九大雾凇观赏带"，连续举办29届的吉林国际雾凇冰雪节被评为国内最具影响力的节庆活动之一。形成了以雾凇冰雪和避暑休闲产业为核心的全时全季全域旅游格局。此外，松花湖开江鱼美食节、松花湖之夏旅游节、长白山红叶白桦节等特色节庆活动也颇负盛名。

[风物特产]

类别	内容
东北三宝	吉林省是著名的"东北三宝"——人参、貂皮、鹿茸角（一说乌拉草）的主产区。长白山人参是珍贵的药材，由于其形状酷似人形，故而得名。因其含人参皂苷 I–VI 等有效成分，有大补元气、养血安神之功效，在中国已有 4000 多年的药用历史。吉林省是中国最大的人参生产和出口基地，人参产量占全国的 60%，占世界的 40% 以上。紫貂是国家一级保护动物，其毛皮呈棕褐色或灰褐色，间有白色针毛，皮质轻便坚韧，毛绒华丽，细致丰厚，轻柔轻缓，且具有光泽，堪称裘皮之冠。鹿茸角是珍贵的药材，有生精补髓、滋血助阳、强筋健骨之功效。吉林省也是梅花鹿之乡，所产的鹿茸酒、鹿尾巴精、鹿胎膏等鹿产品深受国内外用户欢迎。 此外，吉林还盛产长白山黑木耳、黄松甸食用菌等吉林长白山地理标志产品。
美食	主要有通化山葡萄酒、四平李连贵熏肉大饼、长白山皇封参、八吉集团松花石、真不同熏酱系列、老韩头清真食品、吉林华兰德冰酒等老字号及吉字号传统品牌。

[特色产业]

吉林省的特色产业主要有现代汽车及零部件产业、冰雪旅游产业、医药健康产业等。

吉林省是全国汽车工业六大产业集聚区之一，汽车工业增加值占全省工业 1/4 以上，利润占全省工业一半以上，汽车销量在国内市场占比超 10%，是当之无愧的第一支柱产业。现已形成以一汽集团公司为核心，国内规模较大、具有相当竞争实力的综合性汽车及零部件研发、制造基地。走出了富奥汽车、一汽富维、吉林通用机械集团等行业领军企业。2021 年，一汽集团全年营业收入 7070 亿元，居全国制造业企业第二位。全省新能源汽车制造业实现工业总产值 219.4 亿元，同比增长 1.6 倍，新能源汽车产量达到 10.7 万辆，同比增长 1.4 倍，占全年全国新能源汽车总产量的 2.9%。到 2025 年，吉林省零部件本地配套率将达到 70%，汽车产业规模突破万亿级。"十四五"期间，吉林省将突出电动化、智能化、网联化、共享化，完善设计研发、整车制造、零部件配套、汽车物流、市场服务创新等汽车全产业链体系，将一汽打造成世界一流企业，将长春建成世界一流国际汽车城。

吉林省是国家重点建设的中药现代化科技产业基地、生物产业基地、医药出口基地和创制药物孵化基地，医药健康产业基础雄厚。吉林医药健康产业具有药用资源丰富、工业基础雄厚、集聚特色鲜明、研发优势明显、创新成果丰硕等发展优势。"十三五"期末，全省医药健康产业总经营规模实现1450亿元，其中医药健康工业实现总产值627.5亿元。

长白山区是"世界生物资源宝库"和"中国三大中药材基因库"之一。全省共有药用资源2790种，其中有全国重点普查的药材品种137种，占总量的37.7%。拥有长白山人参、长白山淫羊藿、长白山红景天、大川平贝母、长白山五味子、吉林梅花鹿等国家地理标志保护产品9个。全省现有规模以上医药健康工业企业298户，营业收入超亿元企业97户，销售收入超亿元的医药品种71个；现有以金赛药业、敖东药业、修正药业、益盛药业、长白山制药、施慧达药业、迪瑞医疗为代表的具有核心竞争力的骨干企业50余户；现有东宝、茂祥、通药、益盛、万通等医药健康领域中国驰名商标31件；现有有效药品批准文号13634个，总数位列全国第一。2019年，修正药业、东宝药业、金赛药业、万通药业、敖东药业、金马药业、亚泰医药7户企业进入中国医药行业最具影响力名单，修正药业、敖东药业、长春高新3户企业进入中国医药工业百强榜名单。全省医药健康产业已形成以通化国家医药高新区和长春国家生物产业基地"一区一基地"为双核心，以辽源、梅河口、白山和敦化4个医药高新技术特色产业园区（基地）为补充的全省医药健康产业发展格局。全省有吉林大学、长春中医药大学、中科院长春应用化学研究所、中国农科院特产研究所、吉林省中医药科学院等20余家综合性和专业类医药科研院校。目前，重组人白蛋白注射液等100余个新药正在开展临床研究；抗癌新药人参皂苷 Rg_3 等8个成果获得国家科技进步奖二等奖；长白山制药康艾注射液2019年销售收入跃升至我国抗肿瘤中药注射液市场第一位。

吉林省具有发展冰雪产业的独特优势，冰雪产业特别是冰雪旅游位居全国第一梯队前列。吉林省位于世界冰雪黄金纬度带，是世界三大粉雪基地之一，降雪期长、雪量丰沛，尤其是大长白山地区山岭绵延、湖泽密布、粉雪静风，具备国际级雪场深度开发潜力。目前，吉林省已经建成46个滑雪场，雪道总数347条，雪道总长度298千米，雪道总面积1032公顷（居全国第一位）。其中，"万科松花湖""吉林北大湖""万达长白山"三个大型滑雪度假区，接待床位数量、缆车数量、雪道总面积和每年雪季滑雪人数，均位列全国前三。2021 年 9 月 10 日，中国一汽与中国航天科技集团联合向国家体育总局冬运中心交付国产雪车，实现了国产雪车"零"的突破，宣告我国雪车装备长期以来由国外品牌垄断的历史从此结束。"十四五"期间，吉林省将力争打造"以冰雪旅游、冰雪运动、冰雪文化和冰雪装备为核心，以冰雪科技、冰雪人才、冰雪商贸等相关产业门类为支撑"的"4+X"现代化冰雪经济体系。到 2025 年，全省冰雪产业高质量发展体系初步建立，产业总规模达到 2500 亿元，成为世界知名的国际冰雪旅游胜地以及"带动三亿人参与冰雪运动"的重要承载区。

第三节　黑龙江省基本概况与主要文旅资源

黑龙江省，简称"黑"。位于中国东北部。全省土地总面积约 46 万平方千米（含加格达奇和松岭区），边境线长 2981.26 千米。截至 2024 年年底，全省常住人口 3029 万，全省总人口约 3185 万。辖哈尔滨、齐齐哈尔、牡丹江、佳木斯、大庆等 12 个地级市和大兴安岭地区，121 个县（市、区）。省会哈尔滨市。

[地理、气候]

类别	内　容
位置	位于中国东北部，是中国位置最北、纬度最高的省份，北至北纬 53°33′。北、东部与俄罗斯隔江相望，西部与内蒙古自治区相邻，南部与吉林省接壤。
地形	地势大致是西北、北部和东南部高，东北、西南部低，主要由山地、台地、平原和水面构成。地貌特征为"五山一水一草三分田"：山地海拔大多在 300～1000 米，面积约占全省总面积的 58%；台地海拔在 200～350 米，面积约占全省总面积的 14%；平原海拔在 50～200 米，面积约占全省总面积的 28%。主要山脉有大兴安岭、小兴安岭和完达山。主要平原有东北部的三江平原（包括兴凯湖平原）和西部的松嫩平原。
水系	有黑龙江、松花江、乌苏里江、绥芬河等多条河流；有兴凯湖、镜泊湖、五大连池等众多湖泊。

续表

类别	内 容
气候	黑龙江省属于寒温带与温带大陆性季风气候。全省从南向北，依温度指标可分为中温带和寒温带。从东向西，依干燥度指标可分为湿润区、半湿润区和半干旱区。全省气候的主要特征是春季低温干旱，夏季温热多雨，秋季易涝早霜，冬季寒冷漫长，无霜期短，气候地域性差异大。黑龙江的气候非常适合开展冰雪旅游。黑龙江省"天气气候景观观赏地"达到 5 个。雪乡景区由于受老秃顶子山、大秃顶子山、云龙山三座高山阻隔，北上的日本海暖湿气流与南下的贝加尔湖冷空气在此频繁交会，形成了降雪丰富的独特小气候。每年 10 月开始降雪至次年 4 月，降雪期长达 7 个月。年平均降雪量 2.6 米，最高近 4 米。雪乡的雪质地黏软，积雪随物具形，形成罕见的冰雪奇观。

[交通状况]

类别	内 容
铁路	铁路运营里程达到 7230 千米，居全国第 5 位，居东北三省第 1 位。其中，高速铁路 1374 千米。黑龙江省铁路以哈尔滨为中心，向四周辐射，并以齐齐哈尔、牡丹江和佳木斯为主要枢纽。主要铁路有京哈铁路、滨绥铁路、滨洲铁路、滨北—北黑铁路、平齐铁路、哈佳铁路、富西铁路、牡佳铁路、勃七铁路等。已建成或在建的高速铁路有：哈大高速铁路、哈齐高速铁路、哈佳快速铁路、哈牡高速铁路、牡佳高速铁路、哈绥高速铁路等。
公路	截至 2024 年年末，黑龙江省公路线路里程 16.9 万千米，其中高速公路 5037 千米。所有县和县级市均已通二级以上公路。已打通与吉林和内蒙古的 6 个高速公路出口，连通绥芬河、东宁、同江、黑河、抚远等国家一类口岸，服务五大连池、亚布力、镜泊湖、兴凯湖等重点景区，基本形成除加格达奇外以哈尔滨为中心的 4 小时经济圈。
航空	黑龙江省拥有民用运输机场 14 座，居全国第 5 位，居东北三省第 1 位，现有通用机场 90 座，居全国第 1 位。航空机场主要有哈尔滨太平国际机场、哈尔滨平房机场、齐齐哈尔三家子机场、牡丹江海浪国际机场、佳木斯东郊国际机场、大庆萨尔图机场、伊春林都机场等。其中哈尔滨太平国际机场是黑龙江省的最大机场、国家对外开放的一类航空口岸、国际区域性航空枢纽，距离哈尔滨市区 33 千米。哈尔滨太平国际机场地处东北亚中心位置，是东南亚至北美航线的经停点。
水运	黑龙江水系是全国三大通航水系之一，全省航道通航里程 5495 千米，其中界河航道通航里程 2593 千米，约占全国的 49%。有 17 个港口 138 个码头泊位。
口岸	随着中俄经贸合作和边境旅游的蓬勃发展，黑龙江省获准对外开放的国家一类口岸已由原来的 1 个增加到 25 个，成为我国对外开放一类口岸最多的省份之一。其中，水运口岸 15 个、公路口岸 4 个、航空口岸 4 个、铁路口岸 2 个。构成了水陆空俱全和客货运兼有的口岸群体，在全国口岸对外开放总体格局中独具优势。

[历史沿革]

历代以来，黑龙江地理疆域主要围绕大小兴安岭、张广才岭和三江流域发展演变，没有发生大的变动。到了近代，黑龙江地区的地理边界变化呈现出国界后移、省界变迁和区划演变三个特点。

清代以前的黑龙江地区。黑龙江作为行政区域名称始于清代，而在之前的漫长岁月里，这片土地上生活的东胡（山戎）、濊貊、肃慎（息慎）等民族先民已经与中原民族产生了广泛交流、相互影响，创造出辉煌灿烂的古代文明。

黑龙江省行政区域的产生和清代的行政建置。清代黑龙江地区行政制度大体沿袭明制并略加改变，长时期内一直实行军府制（也称"军政制度"），设置将军、都统、副都统镇守，直至1907年才开始设置行省的建制。至清宣统末年（1911年），全省分设3道、7府、6厅、1州、7县及郭尔罗斯后旗、杜尔伯特旗、扎赉特旗和依克明安旗。

民国时期黑龙江省的行政建置。中华民国成立后，黑龙江省名称和行政区划沿袭旧制不变。黑龙江省共有42县、11个设治局。吉林省曾分设的42县，在今黑龙江境内有22县。黑龙江省在裁撤道区的同时，将呼伦、黑河道改为呼伦、黑河市政筹备处，辖原道属各县。东北沦陷时期黑龙江省的行政建置。1931年"九一八"事变后，东北地区行政区划，按照日本侵略者进行严密统治的需要，逐步把省划小。至伪满洲国覆亡前夕，今黑龙江省境内共设有滨江、龙江、三江、黑河、北安、东满6省，共辖5市、76县、3旗。

1949年以后，黑龙江省行政区域发生了变化。1949年4月21日，东北行政委员会发布《重划东北行政区划令》，决定将黑龙江地区的合江、松江、黑龙江、嫩江4省和哈尔滨市合并为松江、黑龙江2省。5月中旬，撤销合江省并入松江省，哈尔滨市改为松江省辖市。1954年6月，颁布《中央人民政府关于撤销大区一级行政机构和合并若干省、市建制的决定》，撤销松江省建制，与黑龙江省合并为黑龙江省，同时将哈尔滨市改为省辖市并入黑龙江省。

[民族民俗文化]

黑龙江省是一个多民族的边疆省份，少数民族总人口112.1万，占全省总人口的3.52%。其中世居本省的少数民族有满、朝鲜、蒙古、回、达斡尔、锡伯、赫哲、鄂伦春、鄂温克和柯尔克孜10个少数民族。10个世居少数民族中，满、朝鲜、蒙古、回4个民族人口超过10万，达斡尔族人口4.3万，其余5个民族人口不足万人。赫哲族有3910人，为黑龙江省独有民族，鄂伦春族3871人，占全国鄂伦春族人口的52%。

满族、回族普遍使用汉语文；朝鲜族、蒙古族使用本民族语言、文字，大多数人通用汉语文；达斡尔、鄂伦春、鄂温克、赫哲族有本民族语言，没有文字，普遍使用汉语文；其他43个少数民族大部分是在黑龙江开发和建设中，从外地调入、分配、转业、移居而来的，大多通用汉语言文字。

<u>鄂伦春族古伦木沓节</u>。"古伦木沓"为鄂伦春语，意为祭祀火神。古伦木沓节由祭祀火神的仪式演变而来，在每年的春季举行，是鄂伦春人别具一格的传统节日。届时人们带着好酒好肉及帐篷等物，举家骑马到预定地点参加活动。节日期间活动内容丰富多彩：白天举行赛马、射箭、射击、摔跤、唱歌、跳舞、讲故事、下棋、玩木牌等文体活动；夜间在篝火周围请萨满跳舞，祭神祭祖。古伦木沓节并非单一的祭神祭祖日，其蕴蓄着丰富的文化内涵。

<u>五大连池药泉会（圣水节）</u>。五大连池药泉会为民俗节日，是黑龙江省五大连池风景区内的达斡尔族、鄂伦春族、蒙古族、满族和汉族人民以"敬天""娱人"为内容，以歌舞、祭祀为载体，含有历史、信仰、民俗、艺术等诸多文化内容的传统民间文化活动。200多年前，达斡尔族猎人在五大连池药泉山下发现矿泉水后，各族人民在每年农历五月初五端午节前后（夏历五月初四至初六共3天）举行纪念活动。主要包括祭祀、民俗表演、秧歌舞龙、竞技、篝火舞会、抹黑祈福、泉湖灯会、抢零点水、火把庙会、戏曲表演、钟灵素斋、敬拜黑龙、游园踏青、洗眼明目和弃石丢病等十几项活动。

<u>鄂温克族瑟宾节</u>。"瑟宾"为鄂温克语，意为"欢乐祥和"。瑟宾节是鄂

温克族重要的传统节日，起源于古代鄂温克人狩猎胜利时举行的部落庆典。讷河市兴旺鄂温克族乡的鄂温克人从狩猎生产逐渐变为游牧和农耕生产，庆典内容也由祭祀山神演变为赛马、射箭、摔跤、歌舞、宴会等活动。瑟宾节在中国鄂温克族曾经中断过，1993年在第三届鄂温克族研究会会员代表大会上，确定将每年6月18日作为鄂温克族的共同节日"瑟宾节"，将驯鹿定为吉祥物。

<u>朝鲜族花甲礼</u>。朝鲜族花甲礼又称"回甲宴"，是中国朝鲜族人生礼仪中最重要的庆祝仪式之一，是为60周岁的老人举行的生日宴会。其起源于朝鲜王朝，始为宫廷宴，后发展到朝廷大臣，再普及到平民百姓。中国朝鲜族花甲礼大体形成于17世纪中叶至18世纪中叶。花甲礼一般定在老人60周岁生日那天，摆寿宴、献寿是基本仪式：子女们为父母准备丰盛的宴席（摆大桌）；父母入座后主持人讲生平业绩，有来宾祝词；子女们按长子、次子、长女、次女顺序敬酒磕头；子女们载歌载舞祝福老人健康长寿；来宾祝歌，共同跳朝鲜族舞蹈祝贺。祝寿庆典结束后宾主共同饮酒，组织娱乐活动，演奏民族乐器。

<u>达斡尔族传统婚俗</u>。富拉尔基罕伯岱村是达斡尔族聚集村落，为黑龙江最早的达斡尔族原始部落。罕伯岱达斡尔族民俗婚礼融合了萨满信仰文化、民族文化、性文化教育、传统道德教育和传统习俗，是达斡尔族特有的礼仪、教育和繁衍后代的形式。此传统婚俗在提亲、定亲、相亲、过彩礼、定结婚日期、举办婚礼、入洞房、回门等环节都有相应的达斡尔族歌舞和酒文化相伴，再现了达斡尔族人民生产生活的独特习俗特点，已在族内世代传承了几百年，至今仍影响着现代达斡尔人的婚礼习俗。

[文旅资源]

目前全省拥有世界遗产1处：长城（黑龙江段）；国家5A级旅游景区7家：哈尔滨太阳岛、五大连池、镜泊湖、汤旺河区林海奇石景区、漠河北极村旅游景区、虎林市虎头旅游景区。

黑龙江省是北魏和辽、金、清朝的发祥地，其文化可溯源至鲜卑文化、渤海文化、金源文化和满族文化。黑龙江文旅资源丰富，有原生态的自然环境、标志性的地理位置、独特的地域文化、顶级的冰雪资源等。特殊的地理位置、气候条件、人文历史赋予黑龙江旅游自然、自在、神奇、浪漫的色彩。黑龙江省保留了较为丰富的人类文化遗存，如昂昂溪遗址和新开流遗址、唐代渤海国上京龙泉府遗址、金代上京会宁府遗址。以农耕为主的满族、朝鲜族，以捕鱼为生的赫哲族，以狩猎为生的鄂伦春族和以牧业为主的蒙古族、达斡尔族保留着北方少数民族所特有的民俗风情，是黑龙江省重要的民俗旅游资源。哈尔滨市是国家级历史文化名城，也是国家首批优秀旅游城市，有代表世界多种建筑风格的建筑物近百处，素有"东方小巴黎""东方莫斯科"之称。齐齐哈尔、宁安、依兰、阿城、呼兰等是省级历史文化名城。东北烈士纪念馆、侵华日军第七三一部队罪证陈列馆、虎林要塞陈列馆、瑷珲历史陈列馆、大庆铁人纪念馆是全国百家爱国主义教育基地。

黑龙江省著名的风景名胜区有国家级的五大连池、镜泊湖。黑龙江省大部分区域处于中温带，山区冬季雪量大，雪期长（120天左右），雪质好，适于滑雪旅游。滑雪资源主要集中在四大区域：哈尔滨市、伊春市、牡丹江市和大兴安岭地区。冰灯和冰雪游乐主要集中在哈尔滨、牡丹江、齐齐哈尔等大中城市。著名冰雪旅游项目有哈尔滨冰雪大世界游园会、牡丹江雪乡和漠河北极村冰雪游等。

[旅游核心城市]

城市	概况
哈尔滨市	黑龙江省省会，素有"冰城""东方莫斯科""东方小巴黎"之美称。又是一座具有优良革命传统的红色城市。在这里马克思主义在工人中传播最早、东北地区党组织建立最早、党领导抗日武装最早、全国解放最早。市区保留了巴洛克式、拜占庭式、哥特式等一大批历史建筑，是一座欧陆风情浓郁的城市，被誉为"万国建筑博物城"；是享誉中外的冰雪艺术之都，中国·哈尔滨国际冰雪节融文化、体育、旅游、经贸、科技等多领域活动为一体，连续多年被评为全国十佳冰雪旅游城市第一名；是我国传承现代音乐艺术最早的城市，诞生了国内第一支交响乐团、第一所音乐教育学校，被联合国授予亚洲唯一的"世界音乐之城"，中国·哈尔滨之夏音乐会，是中国三大音乐节之一；是我国啤酒产业的发源地，被中国酒业协会授予"中国啤酒之都·哈尔滨"称号。

续表

城市	概　况
齐齐哈尔市	达斡尔语"天然牧场"之意，又名鹤城，市鸟为丹顶鹤。获得"亚洲最佳冰球城市"称号。区内有名扬中外的新石器时代文化遗存"昂昂溪文化"；被列入《世界重要湿地名录》的扎龙自然保护区、被列入《中国重要湿地名录》的龙江哈拉海和甘南长吉岗湿地等。依托鹤文化、少数民族文化、历史文化、工业文化、冰球文化等独具特色的鹤城文化内涵，举办有达斡尔族抹黑节、"江湖"冬捕节、富拉尔基滚冰节、齐齐哈尔冰球节、碾子山奥悦青少年滑雪赛等近百项特色文旅活动。"跟着仙鹤去旅行，生态雪景醉人心""雪地温泉泡一泡，氤氲缭绕赛神仙""鹤城烤肉吃个够，舌尖盛宴等你来"等精品旅游线路。

[风物特产]

黑龙江省特产主要有人参、玛瑙雕、五常大米、桦川大米、克山马铃薯、克山大豆、东宁黑木耳。美食主要有烤冷面、得莫利炖鱼、杀猪菜、锅包肉、哈尔滨红肠、鸡西冷面、齐齐哈尔烤肉。目前，黑龙江省申报并得到国家市场监督管理总局审核批准的地理标志保护产品总数已达47个。"五常大米"获准加入国家与欧盟签署的"100+100"地理标志产品互认项目。

[特色产业]

黑龙江省是共和国工业摇篮。"一五"时期，国家实施的156个重点工业项目，22个布局在黑龙江。目前，黑龙江省能生产40个大类、162个中类、364个小类的上千种工业产品，拥有中国一重、哈电集团等一大批"共和国长子""大国重器"企业。黑龙江在大型电站成套机组、大型压力容器、重型数控机床、核电装备、支线客机和直升机，以及精密轴承、铁路货车、量具刃具等领域，都达到了国内领先或国际先进水平。装备工业、能源工业、石化工业和食品工业是黑龙江省传统的四大支柱行业。《黑龙江省工业强省建设规划》中提出，将打造"433"工业新体系：优先发展绿色食品、高端装备、新材料、生物医药四大战略性产业，重点培育新一代信息技术、新能源、节能环保三大先导性产业，优化提升化工、汽车、传统能源三大基础性产业。

作为维护国家粮食安全的"压舱石",黑龙江省粮食总产连续十二年位居全国第一,粮食总产占全国的九分之一,近四年均稳定在1500亿斤以上。"寒地黑土""绿色有机""非转基因",是黑龙江农业的3张金字招牌。黑龙江地处世界仅有的3大黑土带之一,土壤有机质含量是全国平均水平的1.5倍;全省绿色、有机食品认证面积达到8816万亩,连续多年居全国首位。黑龙江土地平坦集中连片,农业综合机械化率达98%,居全国第一。

黑龙江省农业生物资源全国第一,年产秸秆约9000万吨,是全国最大生物发酵氨基酸和生物质燃料乙醇生产基地。汇集中国农业科学院哈尔滨兽医研究所等一批生物技术领域前沿科研机构,拥有哈药集团1家百亿级企业,哈尔滨生物医药产业入选国家级战略性新兴产业集群。"十四五"期间,黑龙江省把生物经济作为战略性主导产业,将打造生物医药千亿级和生物制造、生物农业、生物能源、生物服务等产值规模超百亿元、产业链齐全、配套完善的生物产业集群,培育形成一批具有行业竞争力的龙头企业。

黑龙江是全国最早开发利用冰雪资源、发展冰雪产业的省份,冰雪大世界、雪乡、亚布力滑雪场等驰名中外。黑龙江借冬奥之风,不断拓展上下游产业。目前,已形成以索道、魔毯、造雪机等产品为主的冰雪场地装备和以冰刀、雪板、雪服、雪鞋、冰上娱乐器材等产品为主的冰雪运动器材两大制造体系。齐齐哈尔黑龙国际冰雪装备有限公司,依托不断改革创新,数字化冰刀生产线每年可生产冰刀300万副。

20世纪60年代开发的大庆油田是我国最大的油田,也是世界上为数不多的特大型陆相砂岩油田之一。油田位于黑龙江省中西部、松嫩平原北部,目前已成为我国最大的石油生产基地,是维护国家石油供给安全的重要基石。以铁人王进喜为代表的大庆铁人精神,是中国人民民族精神重要的组成部分。

第三章 华东地区各省市导游基础知识

章节练习
增值服务

学习目的

通过本章的学习，使考生**了解**上海市、江苏省、浙江省、安徽省、福建省、江西省和山东省的历史、地理、气候、区划、人口、交通、旅游等概况，各地代表性饮食的特点、主要美食和风物特产；**熟悉**这七个省（市）列入《世界遗产名录》的中国遗产地，列入《人类非物质文化遗产代表作名录》的中国非遗项目，国家5A级旅游景区和国家级旅游度假区，各地具有代表性的历史文化和民俗风情；**掌握**旅游核心城市、国内知名地域文化、民族民间文化及特色产业。

第一节 上海市基本概况与主要文旅资源

上海，简称"沪"，别称"申"。约6000年前，现在的上海西部即已成陆。相传上海曾经是春秋战国时期楚国春申君的封邑，故上海别称为"申"。公元4世纪至5世纪时的晋朝，因此地居民创造了一种竹编的捕鱼工具而得名"滬（沪）"。上海隔东海与日本九州岛相望，南濒杭州湾，北、西与江苏、浙江两省相接，总面积6340.5平方千米，辖16个市辖区，2024年年末，上海市常住人口2480.26万。

地方导游基础知识（第九版）

[地理、气候]

类别	内 容
地理	上海地处长江三角洲前缘，位于坦荡低平的长江三角洲平原，水网密布，西南部散见小山丘，平均海拔约4米，北界长江，东濒东海，南临杭州湾，西接江苏、浙江两省，长江由此入海，交通便利，腹地宽阔，地理位置优越，是一个良好的江海港口。
气候	上海属亚热带季风性气候，四季分明，日照充分，雨量充沛。气温最热的时候是在7月至8月；最冷的时候是1月下旬到2月初。6月中旬至7月上旬是梅雨季节，阴雨连绵；8月底到9月上中旬是台风多发季节，常有突如其来的狂风暴雨。春秋两季是前往上海旅游的最佳季节。3～5月的上海温度适中，草长莺飞，适合郊外踏青，观赏桃红柳绿；9～11月的上海秋意浓浓，此时，不能错过品尝膏足、肉美的大闸蟹。

[交通状况]

类别	内 容
铁路	上海地铁形成了20条轨道交通线（1～18号线、磁浮线、浦江线）的网络规模，运营总里程达831千米，车辆总数超过7300节，运营里程和列车数量双双位居世界第一。上海地区铁路里程490.9千米，有上海站、上海南站、上海虹桥站三座大型铁路客运车站。
公路	截至2025年3月，上海高速公路总里程突破844.7千米，已基本形成"两环、九射、一纵、一横、两联"的网络布局，通过高速公路实现市内快速到达，市外快速连接，有效覆盖市区的同时衔接国内交通枢纽。
水运	上海港是中国最大的枢纽港之一。
航空	2024年，上海浦东、虹桥两大国际机场全年共起降航班超过80万架次，进出港旅客达1.24亿人次，其中境外（含国际及港澳台）航线进出港旅客3501万人次，增长达89%。

[历史沿革]

　　上海地区原为一渔村，春秋属吴。1292年，元朝政府把上海镇从华亭县划出，批准设立上海县，标志着上海建城之始。16世纪中叶，明代的上海已成为全国棉纺织手工业中心。1685年，清朝政府在上海设立海关，对外开埠通商。清代设江海关，上海遂成为繁荣的港口。1840年鸦片战争后，上海被迫开为通商口岸，沦为"冒险家的乐园"，外国资本、官僚资本和民族资本在上海开设了一批造船、钢铁冶炼、机器和军工制造等企业，上海经济获得一定程度的发展。1927年7月7日，上海特别市成立，直辖于中央政府，上海始有直辖市一级建置。1930年7月，上海特别市改称上海市。1949年10月1日中华人民共和国成立，上海仍为中央直辖市。

1990年4月18日，党中央、国务院宣布开发开放上海浦东；2005年6月21日，国务院批准浦东在全国率先开展综合配套改革试点；2013年9月29日，中国（上海）自由贸易试验区在浦东挂牌。目前，上海在基本建成国际经济、金融、贸易、航运中心的基础上，已形成具有全球影响力的科技创新中心基本框架体系，并正向具有世界影响力的社会主义现代化国际大都市迈进，走出了一条具有特大城市特点的科学发展之路。

[民族民俗文化]

截至2024年年底，上海常住人口中，汉族为主体，少数民族人口仅39万，占总人口的1.6%。每年农历正月初五为财神（俗称"路头神"）诞辰。财神统"财"，人人有关，商家开业为财，故他们的庆祝最为隆重。商家接财神多供三牲：生猪头、鲤鱼、雄鸡。鲤鱼者，谐音"利余"，特别受欢迎。早年间，街巷中来自农村的乡人，向各家兜卖新鲜鲤鱼，鲤鱼又被称为"元宝鱼"，故被称为"送元宝"。初五子时，商家堂上正中挂起赵公元帅的新像，除三牲外，其余供品也极为丰盛。香烛燃起，光耀满堂。接着在户内外大放爆竹，此起彼伏，阖城轰响，声震百里，且连续不断，其声、势之烈竟过于初一正日的天明："爆竹相连不住声，财神忙煞共争迎。只求生意今年好，接送何妨到五更。"

[文旅资源]

截至2024年年底，上海拥有国家5A级旅游景区5家：浦东新区东方明珠广播电视塔、浦东新区上海野生动物园、浦东新区上海科技馆、中国共产党一大·二大·四大纪念馆景区、崇明区西沙明珠湖景区；人文景观主要是特色建筑，如外滩建筑群、上海弄堂；有上海文化，如"海派文化"；有革命遗址，如中共一大会址、中共二大会址；有名人故居，如孙中山故居、鲁迅故居等。

上海南自延安东路、北至苏州河畔，1500多米长的外滩建筑群荟萃着世界各国不同时期的多种建筑样式，有新古典式、文艺复兴式、巴洛克风格、近现代派等风格。同时它又有很大的兼容性，多数建筑为折中主义风格。折中主义是在一座建筑中，选择性地把历史上各时期的建筑融合在一起。这一风格在19世纪末20世纪初流行于西方。外滩建筑群大多定型于20世纪初，受到该风格的强烈影响，所以有"万国建筑博览"之称，在浦西形成了一条气势非凡的天际线。1966年11月20日，国务院将整个外滩建筑群列为全国重点文物保护单位。

如果说外滩建筑群展示了上海的时尚特征，那么弄堂建筑展示的则是上海人深厚的乡愁。上海弄堂是上海特有的民居形式。石库门和天井是石库门弄堂中最典型、最有代表性的空间元素和视觉元素。

上海的文化被称为"海派文化"。海派文化是在中国江南传统文化（吴越文化）的基础上，融合开埠后传入的对上海影响深远的源于欧美的近现代工业文明而逐步形成的上海特有的文化现象。海派文化是尊重多元化、个性，兼顾个人利益和社会利益，以契约精神为主导的理性的、较成熟的商业文化。海派文化既有江南吴越文化的古典与雅致，又有国际大都市的现代与时尚。区别于中国其他文化，具有开放而又自成一体的独特风格。

<u>中国共产党第一次全国代表大会会址纪念馆</u>。中共一大会址房屋建于1920年秋，为上海典型石库门式样建筑，外墙青红砖交错，镶嵌白色粉线，门楣有矾红色雕花，黑漆大门上配有铜环，门框围以米黄色石条，门楣上部有拱形堆塑花饰。1921年7月23日，来自各地的中国共产党早期组织代表李达、李汉俊、张国焘、刘仁静、何叔衡、毛泽东、董必武、陈潭秋、王尽美、邓恩铭、陈公博、周佛海、包惠僧及共产国际代表马林等人秘密会聚在上海法租界望志路106号（今兴业路76号），举行了中国共产党第一次全国代表大会。纪念馆的藏品主要是鸦片战争以来至社会主义革命和建设各个历史时期的文献、实物、报刊、书籍和照片。据2007年年底统计，共有藏品10余万件，珍贵文物2万余件，其中国家一级文物118套（416件）。

<u>上海国际电影电视节</u>。上海国际电影节创办于1993年，是中国唯一获

国际电影制片人协会认证的国际 A 类电影节，每年 6 月举办一届。上海电视节创办于 1986 年，是中国第一个国际性电视节，如今已成为亚洲地区最重要的国际电视交流平台之一，每年 6 月举办一届。主要活动包括白玉兰奖评选、国际电视节目展播、电视市场、白玉兰电视论坛、互联网影视峰会和"白玉兰绽放"颁奖典礼等。

中国上海国际艺术节。中国上海国际艺术节是中国唯一一个国家级综合性国际艺术节，由中华人民共和国文化和旅游部主办，上海市人民政府承办。艺术节创办于 1999 年，每年举办一次，集合舞台演出、展览博览、"艺术天空"系列演出、艺术教育、"扶持青年艺术家计划"暨"青年艺术创想周"、节目交易、论坛研讨、节中节等系列活动。作为中国历史文化名城，上海可以说是中国近现代史的"缩影"，许多重大的历史事件和革命活动曾在这里发生并影响全国。

龙华寺。位于上海西南郊、紧靠龙华古镇，是上海历史最长、规模最大的古刹。矗立于龙华寺前的龙华塔则是上海市区唯一的古塔，该塔被誉为申城"宝塔之冠"。与龙华寺一样蜚声中外的玉佛寺创建于 1882 年，建筑宏伟。

豫园原为明代上海人潘允端的私人花园，有大小景点 30 多处，1982 年 3 月被评为全国重点文物保护单位。

金茂大厦在 88 层楼设有观光厅，高度 340.1 米，面积 1520 平方米，是目前国内较大的观光厅，荣膺上海大世界基尼斯之最。

东方明珠广播电视塔高 468 米，位居亚洲第六、世界第九的高塔和左右两侧的南浦大桥、杨浦大桥一起，形成双龙戏珠之势，是上海改革开放的象征。

虽说上海的郊区不及市区繁华，没有南京路步行街那样的购物天堂，但坐拥如朱家角、枫泾这样的江南古镇。2016 年 6 月 16 日开幕的上海迪士尼度假区位于上海国际旅游度假区核心区内，是中国内地首个、亚洲第三个、全球第六个迪士尼度假区。如今的上海早已成为一座融古色古香和现代潮流于一体的旅游中心城市。

此外，截至 2024 年，有全国重点文物保护单位 40 处，博物馆 171 座。国家湿地公园 2 个：吴淞炮台湾国家湿地公园、上海明珠湖·西沙湿地。国家级自然保护区 2 个：崇明东滩鸟类自然保护区、九段沙湿地自然保护区。沪剧和越剧虽为地方剧种却影响深远；滑稽戏独树一帜；评弹在当地很受大众欢迎。

[风物特产]

上海中华商业第一街南京路以及时尚高雅的淮海路是闻名全国的商业大街，正大广场、徐家汇的港汇恒隆广场规模巨大，南京西路的恒隆广场、中信泰富广场等云集顶级品牌、时尚商品、大众用品等。

上海汇聚世界各国的饮食文化，开设有3万多家中式、西式、休闲型、快餐连锁型餐饮企业。西餐汇聚了意大利、法国、日本、葡萄牙、印度等30多个国家和地区的风味；中餐则汇聚了苏、锡、宁、徽等近20个地方风味，并拥有著名的老城隍庙、云南路、黄河路、乍浦路、仙霞路等饮食文化区。

上海人称的本帮菜，指的是上海本地风味的菜肴，特色可用浓油赤酱（油多、味浓、糖重、色艳）概括。常用的烹调方法以红烧、煨、糟为主，品味咸中带甜、油而不腻。本帮炒菜中，荤菜中的特色菜有响油鳝糊、油爆河虾、油酱毛蟹、锅烧河鳗、红烧圈子、佛手肚膛、黄焖栗子鸡等，真正体现本帮菜浓油赤酱的特点。上海小吃种类多而制作精，声名远扬，豫园商场（老城隍庙）更是上海小吃最集中的地方。

[特色产业]

产业	概　况
金融业	上海是我国国际经济、金融、贸易、航运、科技创新中心，金融业在上海经济中占据重要地位。2024年，上海金融市场成交总额达到3650.3万亿元，显示出其强大的金融交易规模和影响力。在国际金融中心城市指数排名中，上海综合排名第二，仅次于纽约，显示出其在全球金融中心的地位。上海拥有齐全的金融市场，包括股票、债券、货币、外汇、黄金、期货、保险、票据、碳市场等门类。这些市场集聚了登记、托管、结算、清算等金融基础设施，为各类金融交易提供了便利。此外，上海的金融市场成交总额和科创板的持续改革，为新质生产力和"硬科技"发展提供了重要支持。
碳金融	上海把碳金融作为国际金融中心建设的重要组成部分，以全国碳交易市场为基础，打造国际碳金融中心。推进碳金融业务创新，积极探索碳金融的现货、远期等产品，支持碳基金、碳债券、碳保险、碳信托等金融创新。构建碳达峰、碳中和的投融资机制，引导金融资源向绿色发展领域倾斜。加强金融风险防范，更好地服务企业绿色转型发展。

续表

产业	概况
工业支柱	上海工业以多元化体系为特征，船舶制造、高端装备制造、港口运营、重型装备制造等构成其核心支柱。上海是中国船舶工业的核心城市，拥有国内领先的造船企业和研发能力，涉及民用船舶、军用舰艇及特种船舶（如液化天然气运输船），江南造船、沪东中华等企业不仅满足国内需求，还承接国际订单，技术水平和产业规模在全球具有竞争力；高端装备制造领域聚焦智能制造、航空航天、新能源汽车等高附加值产业，上海已形成机器人产业集群，涵盖工业机器人、服务机器人等领域，在新能源领域，特斯拉超级工厂的落地进一步巩固了其在全球电动汽车产业链中的地位，同时国产大飞机 C919 的研发与制造也以上海为重要基地；上海港作为全球集装箱吞吐量最大的港口之一，依托洋山深水港等现代化设施，支撑了长三角乃至全国的进出口贸易，其智能化码头管理系统和高效的物流网络，使其成为连接国际供应链的关键节点，直接带动了临港装备制造、航运服务等关联产业；上海在电力设备（如核电装备）、冶金机械、工程机械等领域拥有技术优势，上海电气集团的产品覆盖火电、风电、核电全产业链，并出口至"一带一路"国家，重型装备制造的精密化、智能化趋势显著，成为工业升级的重要推动力。

第二节　江苏省基本概况与主要文旅资源

江苏，简称"苏"。1667 年因江南省东西分置而建省，取"江宁府"与"苏州府"之首字而得名。江苏省位于中国大陆东部沿海中心，总面积 10.72 万平方千米，辖 13 个地级市，95 个县（市、区），2024 年年末，江苏省常住人口 8526 万。省会南京市。

[地理、气候]

类别	内　容
位置	江苏跨江滨海，湖泊众多，地势平坦，地貌由平原、水域、低山丘陵构成；地跨长江、淮河两大水系。江苏省地处中国大陆东部，沿海地区中部，长江、淮河下游，东濒黄海，北接山东，西连安徽，东南与上海、浙江接壤，是长江三角洲地区的重要组成部分。
地形	以平原为主，占总面积的 86.90%，主要由苏北平原、黄淮平原、江淮平原、滨海平原、长江三角洲平原组成。江苏地势低平，河湖较多，平原、水面所占比例占江苏省的 90% 以上，甚至居中国各省首位。江苏是中国地势最低的一个省区，绝大部分地区在海拔 50 米以下，低山丘陵集中在西南部，占江苏省总面积的 14.3%，主要有老山山脉、云台山脉、宁镇山脉、茅山山脉、宜溧山脉。连云港的市郊云台山玉女峰为江苏最高峰，海拔 625 米。

续表

类别	内容
水系	水兼江河湖海，中国第一大河——长江横穿东西，江面辽阔；世界上最古老的运河——京杭大运河纵贯南北；我国第三大淡水湖——太湖及第四大淡水湖——洪泽湖烟波浩渺，苏南第二大湖泊——西太湖，碧波万顷。连云港的海滨浴场、南通盐城的湿地滩涂是江苏的沿海旅游资源。江苏的名泉有镇江中冷泉、无锡惠山泉及苏州虎丘的憨憨泉。
气候	属东亚季风气候区，处在亚热带和暖温带的气候过渡地带，气候同时具有南方和北方的特征。从11月到第二年3月大致是江苏各地的冬季。江苏各地的春季始于3月中、下旬，止于5月底6月初，历时约两个月。春季是冬、夏季风转换交替的季节，冷暖气流互相争雄，常常出现时寒时暖，乍晴乍雨的天气现象。从5月底到6月初，江苏由南向北先后进入夏季，夏季止于9月中旬，历时约4个月。总的来说，夏季全省各地气温高、降水多，但初夏和盛夏天气特征又各不相同。初夏江苏大部分地区为梅雨天气，云量多，日照少，气温不高，连续降雨，相对湿度大，出现"黄梅时节家家雨，青草池塘处处蛙"的景象。盛夏则为伏旱天气，云量少，日照强，温度很高，偶有阵雨，相对湿度较小。9月中旬以后，伴随着北方第一次较强的冷空气南下，江苏各地开始进入秋季。江苏的秋季一般短于春季。入秋后，常常出现风力微弱、阳光灿烂、秋高气爽的天气。但也有少数年份由于夏季风撤退较晚，加上台风侵袭，出现连续阴雨的"秋黄梅"。

[交通状况]

类别	内容
铁路	截至2024年3月，全省铁路总里程突破4500千米，其中高速铁路里程2541.4千米。8市开通城市轨道交通运营线路32条，运营里程952.5千米。
公路	江苏交通发达，截至2024年年末，全省公路里程15.9万千米，其中高速公路里程5128千米。
航空	全省拥有9个运输机场、8个A1类通用机场。累计建成综合客运枢纽37个，设区市实现全覆盖，连云港入选"十四五"首批国家物流枢纽。
水运	四级以上内河高等级航道里程3254千米，省干线航道达标里程达2419千米。

[历史沿革]

  商代末年，泰伯、仲雍兄弟从陕西周原迁到江南，建立勾吴国，徐国也从山东曲阜迁都泗洪。异域文化与土著文化的融合，加速了江苏经济社会的发展和崛起。徐国的偃王一度被东方各方国、部落拥为领袖。到春秋时期，吴国青铜器的冶炼及锻造业已相当出名。吴王阖闾筑邗沟北上争霸，吴国成为"春秋五霸"之一。

秦朝末年，下相（今属江苏宿迁）项羽在江东（今苏南）起兵反秦，沛丰邑（今江苏丰县）刘邦也在家乡高举义旗。秦国灭亡后，经过五六年的楚汉相争，刘邦最终统一天下，建立汉朝。刘邦之侄刘濞被封为吴王后，定都广陵（今扬州），统辖东南3郡53城，利用"东有海盐之饶，章山之铜，三江五湖之利"的有利条件，大规模铸钱，"煮海为盐"，国力强盛，富可敌国。

东吴、东晋和南朝的宋、齐、梁、陈，先后在今南京建都立国，江苏地区成为中国南方的政治、经济、文化中心。当时，北方战乱频繁，南方相对安定，大量北方难民纷纷南迁，带来黄河流域先进的生产技术和经营经验，有力促进了江苏经济社会的发展。隋唐时期，由于大运河的开凿，带动沿河经济带的形成。唐代"安史之乱"后，全国经济重心南移，形成"军国大计，仰于东南"的局面。

两宋时期，太湖地区兴治的圩田已形成由人力控制的排灌体系，江苏地区成为全国著名粮仓，南宋时已有"苏常熟，天下足"的民谚，到元代又进一步口语化为"上有天堂，下有苏杭"。

宋元之际，松江、苏州一带引进和推广海南岛种植木棉和纺纱织布新技术，促进苏南地区手工业经济繁荣发展。明初建都南京，南京再次成为全国政治、文化中心。明代中叶起，苏南地区已出现"机户出资、机工出力"的新型生产关系，苏州、南京和浙江的杭州三足鼎立，构成全国丝织业的三大中心。与此同时，苏州东山、西山的洞庭商帮以小博大，巧妙致富，号称"钻天洞庭"。清代，江苏全省粮、盐产量雄踞全国之首，田赋和盐税一度分别占全国的3/10和7/10。

清代末年，清政府被迫开放通商口岸，外国商品和资本主义生产方式通过上海大量进入江苏腹地。江苏人性格坚韧，不甘人后，在帝国主义经济侵略中努力汲取西方的工业文明，由此开启工商业近代化的历史进程，先后涌现出南通张謇、无锡荣氏等民族工业集团，以及棉纱大王、面粉大王、煤铁大王、电器大王、颜料大王等一系列工商业巨头。

1912年，孙中山在南京就任临时大总统，建立中华民国。1927年，国民政府定都南京，江苏又一次成为全国的政治中心。抗日战争和解放战争时期，苏北根据地与解放区在中国的民族独立和人民解放事业中作出了重要贡献。1949年4月23日，中国人民解放军解放南京，标志着中国革命取得决定性胜利。中华人民共和国成立后，特别是1978年后，江苏经济社会快速发展。到20世纪末，全省基本迈入小康社会，苏南部分地区在全国率先实现初步现代化。

[民族民俗文化]

据第七次全国人口普查数据显示，江苏省共有少数民族常住人口62.12万，少数民族流动人口68.72万。全省现有1个民族乡、1个享受民族乡待遇的镇，39个民族村（社区、居委会）。

江苏的民俗风情多姿多彩，令人眼花缭乱。如文化娱乐风俗：有昆山的昆曲、苏州的评弹、扬州的扬剧、无锡的锡剧、南京的白局。民间文学有神话、传说、民间故事、民谣、民歌、谚语、谜语。江南丝竹开始产生于明代的苏州一带。"丝"指丝弦乐器，如胡琴、月琴、琵琶、三弦、秦琴、扬琴等。"竹"指管乐器，如笛、箫、笙、唢呐等，演奏的乐曲来自婚丧、喜庆和庙会活动中的风俗音乐。

又如农事和节气的风俗：根据二十四个节气进行农事和安排生活。如"春打六九头，耕牛满地走"，元旦日如阴则"岁朝乌云秃，高低田稻一齐熟"。立春日举行探春、采春、迎春和打春及迎春牛和送"春牛图"。夏日有"雨打立夏，无水浇耙""小暑不见日头，大暑晒开石头"，立夏人们吃补食、称体重。秋季"雷打秋头，百事无收""八月十五云遮月，来岁元宵雨打灯"。寒冷的冬季主要是田间管理，"庄稼要收成，土地要冬耕""冬季清除田边草，来年肥多害虫少"。冬至大如年，人们吃年糕、做汤圆、穿新衣服、祭祀祖先。

还如农事的祭祀风俗：清明前后下稻，下稻要选时辰、选经验丰富的男性老农，说话要讨口彩。第一天插秧，谓"开秧门"，除一套程序外还须祭土地神，若干旱不雨，则去城隍庙祈求降雨。为了防治病虫害，正月半夜举行"甩火把"活动。太湖一带如遇上虫害，将扫帚插在田中，称为"扫虫"，或将刘猛将军请出来巡游。中秋节后举行土地会、青苗会、稻花会和庆丰会。

[文旅资源]

吴文化是中华文化的一个重要组成部分,而且它"个性"非常突出,生命力异常强盛,历史上曾长期繁荣发展,有卓越贡献,在世界文明史中也占有光辉独特的一页。它曾一次次创造历史性奇迹,周代吴国的历史就是一例。3100多年前,勾吴建立,逐步形成了吴文化。最初的政治中心在无锡、吴县交界处一带,2500年前吴国迁都苏州,大为兴盛,吴文化发展也有了飞跃性的变化,历史的奇迹从此反复出现。春秋时期,楚、晋、齐是大国,吴是偏居南方的小国,竟能以3万之师打败20万之众的楚国,占领其郢都。后来吴又大败齐军,威震晋国,夺得天下之霸主地位。

江苏历史上文化名人辈出,灿若繁星。政治家、军事家有孙武、伍子胥、刘邦、项羽、韩信等,科学家有祖冲之、沈括、徐光启、徐霞客等,文学家有刘勰、李煜(南唐后主)、范仲淹、秦观、范成大、施耐庵、吴承恩、曹雪芹、吴敬梓、冯梦龙、刘鹗等,艺术家、书画家有顾恺之、张旭、米芾、唐寅、文徵明、祝枝山和以郑板桥为代表的"扬州八怪",还有思想家顾炎武等。《水浒传》《西游记》《红楼梦》《儒林外史》等古典名著均出自江苏籍作者之手或与江苏有关。张謇、荣宗敬、荣德生、刘国钧等著名实业家,是我国近代民族工业的重要创始人。近代和当代著名的科学家有华罗庚、周培源、茅以升、钱伟长等,文化名人有柳亚子、朱自清、叶圣陶等,著名书画家有徐悲鸿、刘海粟、钱松嵒、林散之等,著名表演艺术家有梅兰芳、周信芳、赵丹等。老一辈无产阶级革命家周恩来、张太雷、恽代英、瞿秋白等都是江苏籍。

江苏绘画艺术以山水画、水印木刻版画和水彩水粉画见长,被称为"江苏三水"。东晋无锡顾恺之善画人物,有"画绝"之称。王羲之书法艺术出神入化,被后人尊为"书圣"。梁吴县张僧繇擅作壁画,成语"画龙点睛"就和他有关。唐苏州张旭运笔纵横捭阖,世人尊之为"草圣"。晚唐苏州杨惠之创"塑壁"新技法,被称为"塑圣"。常熟黄公望、无锡倪瓒和王蒙、吴镇并称元代山水画四大家。据统计,明代中国知名画家约4000人,江苏一省就有1700多人,几乎占有半壁江山。

昆剧，又称"昆曲""昆山腔""昆腔"，起源于江苏昆山。一般认为，明代嘉靖年间魏良辅吸收海盐腔、弋阳腔的音乐，加工提高昆山腔，影响逐渐扩大。魏良辅配合传奇作家梁辰鱼创作了《浣纱记》，使之成为符合昆腔音律的脚本，对昆剧的传播起了推动作用。昆腔曲调清丽柔婉，有"水磨腔"之称，表演时载歌载舞，程式严谨，集宋元以来戏曲艺术成就之大成，创造了最完整的表演体系，对许多剧种影响深远，因此被誉为"百戏之祖"。2001年被列入《世界非物质文化遗产名录》。南京云锦织造技艺是南京的传统技艺，被联合国教科文组织列入《人类非物质文化遗产代表作名录》，同时属于国家级非物质文化遗产。

江苏素有"二胡之乡"美誉，"江南丝竹"是最富代表性的民间音乐。古琴艺术在中国具有突出地位，先后形成常熟虞山琴派、扬州广陵琴派、南京金陵琴派等重要的地方性音乐流派。江苏流传至今的民歌有12800余首，如六合民歌《茉莉花》、二胡演奏曲《二泉映月》等，广为流传。历史上产生过大小曲种50余种，现尚存20余种，苏州评弹（苏州评话、苏州弹词）、扬州评话、扬州弹词、扬州清曲、徐州琴书、南京白局都是代表性曲种。

江苏民间舞蹈种类丰富，秧歌舞、花鼓舞、龙舞、狮舞、灯舞、傩舞、高跷等，均有深厚的文化内涵和鲜明的地域特点，具有代表性的有70多个品种、1600多个舞蹈。

中国古典园林的精华集中在江南。前人有所谓"江南园林甲天下，苏州园林甲江南"的说法。苏州的沧浪亭、狮子林、拙政园和留园，分别代表着宋、元、明、清四个朝代的艺术风格，被称为苏州"四大园林"。拙政园位于苏州市东北隅，明正德年间，由明代御史王献臣弃官回乡后拓建而成。王献臣曾请吴门画派的代表人物文徵明为其设计蓝图，形成以水为主、疏朗平淡、近乎自然的风景。拙政园占地5.2万平方米，是苏州现存最大的古典园林，也是苏州园林的代表作。全园以水为中心，山水萦绕，厅榭精美，花木繁茂，充满诗情画意，具有浓郁的江南水乡特色。全园分东、中、西三部分，各具特色。拙政园主要建筑有远香堂、雪香云蔚亭、留听阁、十八曼陀罗花馆、卅六鸳鸯馆等，布局疏落相宜、构思巧妙、风格清新秀雅、朴素自然。

中山陵位于南京市玄武区紫金山南麓钟山风景名胜区内，是中国近代伟大的民主革命先行者孙中山先生的陵寝及其附属纪念建筑群，陵寝面积8万余平方米，于1926年春动工，至1929年夏建成，整个建筑群依山势而建，由南往北沿中轴线逐渐升高，主要建筑有博爱坊、墓道、陵门、石阶、碑亭、祭堂和墓室等，排列在一条中轴线上，体现了中国传统建筑的风格，从空中往下看，像一座平卧在绿绒毯上的"自由钟"。中山陵建筑融汇中国古代与西方建筑之精华，庄严简朴，别具一格。

中国黄（渤）海候鸟栖息地（第一期）遗产地位于江苏省盐城市，主要由潮间带滩涂和其他滨海湿地组成，拥有世界上规模最大的潮间带滩涂，是濒危物种最多、受威胁程度最高的东亚—澳大利西亚候鸟迁徙路线上的关键枢纽，也是全球数以百万迁徙候鸟的停歇地、换羽地和越冬地。该区域为23种具有国际重要性的鸟类提供栖息地，支撑了17种世界自然保护联盟濒危物种红色名录物种的生存，包括1种极危物种、5种濒危物种和5种易危物种。2019年7月5日，中国黄（渤）海候鸟栖息地（第一期）获批入选《世界遗产名录》。2024年7月26日，在联合国教科文组织第46届世界遗产大会上，中国黄（渤）海候鸟栖息地（第二期）被列入《世界遗产名录》。第二期包括5处提名地：上海崇明东滩、山东东营黄河口、河北沧州南大港、辽宁大连蛇岛—老铁山和辽宁丹东鸭绿江口。

夫子庙秦淮风光带位于南京市秦淮区中部，以夫子庙古建筑群为中心、十里内秦淮河为轴线、明城墙为纽带，串联起众多全国重点文物保护单位和文物古迹，以儒家思想与科举文化、民俗文化等为内涵，集自然风光、山水园林、庙宇学堂、街市民居、乡土人情、美食购物、科普教育、节庆文化于一体，不仅是南京历史文化荟萃之地，也是中国最大的传统古街市。

江苏拥有丰富的旅游资源，自然景观与人文景观交相辉映，可谓是"吴韵汉风，各擅所长"。江苏的山虽不高，但多负盛名，其中有常州溧阳南山竹海；南京钟山；镇江北固山、金山；金坛和句容交界处的茅山；南通狼山；苏州天平山；徐州云龙山；新沂马陵山和连云港花果山等。截至2023年，江苏有世界遗产4处：苏州古典园林、明孝陵、京杭大运河（江苏段）、黄（渤）海候鸟栖息地（第一期）。有国家5A级旅游景区26家，如苏州园林、周庄古镇景区、同里古镇景区、中山陵风景名胜区、中央电视台无锡影视基地三国水浒城景区、夫子庙—秦淮河风景带等，总量居全国第一位。有国家级旅游度假区8家。

[旅游核心城市]

城市	概　况
南京市	简称宁，位于江苏省西南部、长江下游，相邻城市以安徽省的马鞍山、滁州和江苏省内的镇江、扬州为核心。得名"南京"与明朝迁都北京有关。明太祖朱元璋曾定都于此（当时称应天府），明成祖朱棣迁都北京后，于1421年将原都城改称"南京"，意为"南方的京城"，与北京形成地理和政治上的对称。历史上，南京市域范围内曾先后出现过"金陵""建康""石头城"等70多个名号，名称之多，不仅在中国，在世界也属罕见，其中年代最久远的名号是冶城。"南京文化"基因属于特色鲜明的长江文化，包括新石器时代的北阴阳营文化、薛城文化，青铜时代的湖熟文化，战国时代的吴文化、越文化、楚文化等。南京自古就有金陵四十景或四十八景之说，春游"牛首烟岚"，夏赏"钟阜晴云"，秋登"栖霞圣境"，冬观"石城霁雪"，主要旅游业态有文化旅游等。
苏州市	著名的江南水乡，是大运河沿线城市中唯一以古城概念申遗的城市。从春秋伍子胥建阖闾大城迄今，苏州城保持着"水陆并行、河街相邻"的双棋盘格局，以"小桥流水、粉墙黛瓦、史迹名园"为独特风貌，有"人间天堂"的美誉。作为"江南文化"的核心载体，苏州孕育的昆曲、评弹、园林和苏绣已成为世界辨识中国的鲜明符号。

[风物特产]

　　江苏是物产丰饶的鱼米之乡。繁体"蘇"字拆开，即为"鱼米"。江苏与粮食相关联的地名也不少，太仓、常熟、大丰等地名都寄托了人们对五谷丰登、仓廪殷实的愿望。自唐代以来，中央王朝供给便仰仗东南，号称"苏湖熟、天下足"。后来江苏稻米种植减少，桑棉增多，丝织业和棉织业获得快速发展，清朝便在江苏设了江宁、苏州两个织造府，足见当时纺织业之兴盛。虽然"苏湖熟、天下足"让给了"湖广熟、天下足"，却也赢回了一个"衣被天下"的美誉。

　　江苏的特产有云锦、苏绣、常州梳篦、泰州三麻、南京盐水鸭、水蜜桃、阳澄湖大闸蟹、宜兴紫砂壶、苏州碧螺春茶等。

　　苏菜（也叫淮扬菜）主要由淮扬菜（淮安、扬州、镇江）、金陵菜（南京）、徐海菜（徐州、连云港）及苏锡菜（苏州、无锡、常州）四种风味组成。与鲁菜、川菜、粤菜并称为中国四大菜系。淮扬菜，始于春秋，兴于隋唐，盛于明代，素有"东南第一佳味，天下之至美"之美誉。著名菜品有：松鼠鳜鱼、蟹粉狮子头、响油鳝糊等。

[特色产业]

江苏省港口货物通过能力、万吨级以上泊位数、货物吞吐量、亿吨大港数等多项指标均位列全国第一。全省共有一类港口口岸 17 个，直接与世界上 100 多个国家和地区港口有贸易往来。全省拥有港口生产性泊位数 6801 个，万吨级以上泊位数 598 个，港口综合年通过能力达 29.8 亿吨。

江苏拥有 18 个国家级高新区，汽车制造、电子信息、生物医药、新材料等产业比较发达，成为江苏经济的重要支柱。

第三节　浙江省基本概况与主要文旅资源

浙江省简称"浙"。浙江之名，源自浙江省境内的钱塘江。古时钱塘江被称为"浙江"，因其江流曲折蜿蜒，形如"之"字，故名"浙江"，又称"之江"。"浙江"作为地名始见于宋代，明代正式设省并设浙江布政使司，省名沿用至今。

浙江省地处我国东南沿海长江三角洲南翼，东临东海，南接福建，西与江西、安徽相连，北与上海、江苏接壤。陆域面积约 10.55 万平方千米，下辖杭州、宁波、温州、嘉兴、湖州、绍兴、金华、衢州、舟山、台州、丽水等 11 个地级市，37 个市辖区，20 个县级市，33 个县（其中一个自治县）。截至 2024 年年末，全省常住人口约 6670 万。省会杭州市。

[地理、气候]

类别	内　容
地形	浙江东西和南北的直线距离均为 450 千米左右，陆域面积 10.55 万平方千米，是中国面积较小的省份之一。全省陆域面积中，山地占 74.6%，水面占 5.1%，平坦地占 20.3%，故有"七山一水两分田"之称。地势南高北低，山地多呈东北、西南走向，大致可分为浙北平原、浙西丘陵、浙东丘陵、中部金衢盆地、浙南山地、东南沿海平原及滨海岛屿 6 个地形区。浙江省山脉自西南向东北成大致平行的三支。西北支从浙赣交界的怀玉山伸展成天目山、千里岗等；中支从浙闽交界的仙霞岭延伸成四明山、会稽山、天台山，入海成舟山群岛；东南支从浙闽交界的洞宫山延伸成大洋山、括苍山、雁荡山。龙泉市境内海拔 1929 米的黄茅尖为浙江省最高峰。

续表

类别	内 容
水系	主要有钱塘江、瓯江、灵江、苕溪、甬江、飞云江、鳌江、曹娥江八大水系和京杭大运河浙江段。有杭州西湖、绍兴东湖、嘉兴南湖、宁波东钱湖四大名湖及新安江水电站建成后形成的全省最大人工湖泊千岛湖。钱塘江是浙江省内第一大江。钱塘江有南、北两源，北源从源头至河口入海处全长 668 千米，其中在浙江省境内 425 千米；南源从源头至河口入海处全长 612 千米，均在浙江省境内。 浙江海域面积 26 万平方千米。面积大于 500 平方米的海岛有 2878 个，大于 10 平方千米的海岛有 26 个，是全国岛屿最多的省份。舟山群岛是我国最大的群岛，其中面积 502.65 平方千米的舟山岛为中国第四大岛。浙江海岸线总长 6715 千米，居全国首位。
气候	属于典型的亚热带季风气候。受其影响，浙江气候呈现出如下特点：季风显著，四季分明，年气温适中，光照充足，雨量丰沛，空气湿润，雨热季节变化同步，浙江 1 月、7 月分别为全年气温最低和最高的月份，5 月、6 月为集中降雨期，年平均气温 15～18℃；全省年平均降水量在 1100～2000 毫米，年平均日照时数 1100～2200 小时。浙江是我国受台风、暴雨、干旱、寒潮、大风、冰雹、冻害、龙卷风等灾害影响最严重的地区之一。夏季出游应注意防范台风等极端天气。

[交通状况]

浙江已形成陆、海、空三维立体式交通网络。

类别	内 容
公路	截至 2024 年年末，浙江全省公路总里程达 12.2 万千米，其中高速公路 5610 千米，实现"陆域县县通高速、市市通高铁"。主要高速有沈海、甬金、温丽、甬舟、沪杭、杭甬等；104、320 国道纵贯全省，329（杭州—舟山）、330（寿昌—温州）等国道贯穿省内。浙江还拥有多条景观公路，如千岛湖环湖路、四明山盘山公路、温州 331 省道泰顺段、雁楠公路，以及神仙居环线、天台寒山和合环线等，兼具交通功能与旅游观光价值。 杭州湾跨海大桥作为沈海高速的重要通道，2008 年通车，连接嘉兴与宁波，缩短宁波至上海陆路距离约 120 千米。该桥是我国自主建设的超级工程，获鲁班奖、詹天佑奖、国家科技进步奖等奖项，并入选中国 60 大地标和"世界 12 大奇迹桥梁"。
铁路	已建成杭沪、杭宁、杭甬、杭温、杭长、杭黄、合杭、杭台等线路，通达长三角及全国主要城市。在建的通苏嘉甬高铁将跨越杭州湾，建成后将拥有世界最长的跨海高速铁路桥，预计 2027 年竣工。
航空	全省设有杭州、宁波、温州、义乌、台州、衢州、舟山 7 个民用机场，其中杭州萧山、宁波栎社、温州龙湾为国际机场。2024 年，全省民航旅客吞吐量达 8453 万人次，发送旅客 4296 万人次。
水运	海运方面，宁波、上海与舟山群岛之间每日有多班客轮往返，构成中国最繁忙的海上客运"金三角"。浙江沿海拥有杭州湾、象山湾、台州湾、温州湾等多个深水港湾，建有万吨级以上泊位的港口包括北仑港、乍浦港、舟山港、海门港和温州港，其中北仑港规模最大。

[历史沿革]

浙江是中华文明的重要发源地之一，历史悠久，文化源远。早在旧石器时代，先民就已在浙江大地上繁衍生息。1963年在建德市乌龟洞发现了距今5万年的"建德人"化石，是浙江目前已知最早的人类遗存。

浙江新石器时代文化发达，遗址丰富，文化谱系完整。境内先后发现了上山文化、跨湖桥文化、马家浜文化、河姆渡文化、良渚文化等一系列重要文化遗址。上山遗址被誉为"世界稻源"和"远古中华第一村"，是中国最早的稻作农业和村落形态遗址；跨湖桥遗址出土了距今7000多年的独木舟，见证了古代水上交通发展；河姆渡文化反映了母系氏族社会的繁荣，榫卯构件和人工稻米的出土，体现出先民的建筑智慧和农业水平；良渚文化则是中国早期国家形态的重要代表，良渚古城遗址被认为是5000年前的区域性权力中心，印证了中华文明5000年的历史；湖州钱山漾遗址还出土了世界最早的丝麻织物，显示浙江先民早在四五千年前便已养蚕缫丝。

先秦时期，浙江境域春秋时分属吴、越，战国时期归楚。秦统一中国后，划归会稽郡、鄣郡、闽中郡等；汉代属扬州刺史部，三国时期入东吴版图；唐代先后属江南道、江南东道，并设浙江东道、浙江西道，浙江之名始见于行政区划；五代十国时期，杭州人钱镠建立吴越国，浙江为其核心统治区域；北宋设两浙路，南宋建都临安（今杭州），分置两浙西路、两浙东路；元代设江浙行中书省；明初正式设立浙江省，设浙江布政使司，省级行政区划基本形成；清康熙初年沿袭浙江省名称，延续至今。

[民族民俗文化]

浙江省少数民族人口总量不多，占常住人口比例较小。世居民族主要有畲族、回族、满族等，其中以畲族人口最多，呈"大分散、小聚居"格局，主要分布在温州、丽水、杭州、金华、宁波等地。丽水市景宁畲族自治县是浙江省唯一的自治县，也是全国唯一的畲族自治县。

畲族自称"山哈"，意为"山里的客人"，信奉祖先崇拜，节日民俗丰富,文化特征鲜明。畲族民歌是其代表性口头文学形式,《高皇歌》为其民族英雄史诗,内容讲述祖先迁徙奋斗的历程。2008年,畲族民歌被列入国家级非物质文化遗产扩展项目名录。畲族传统服饰"凤凰装"造型独特,色彩艳丽,常配以银饰,寓意祥瑞,极具民族辨识度。畲族传统饮食以米类、薯类为主,擅长制茶与酿酒,著名的"惠明茶"历史悠久,曾为贡品,并于1915年荣获巴拿马万国博览会金奖。"三月三"是畲族最重要的传统节日,活动内容包括对歌、赶集、体育竞技、共食乌米饭等,展现了其丰富多彩的民俗风情。

[文旅资源]

浙江省自然风光与人文景观交相辉映。境内山陵绵延起伏,平原阡陌纵横,江河滔滔不绝,海岛星罗棋布,构成了一幅幅绝美的画卷。截至目前,浙江省共有良渚古城遗址、杭州西湖文化景观、中国丹霞(江郎山)、中国大运河(浙江段)4处世界遗产;杭州西湖风景区、杭州西湖区西溪湿地旅游区等22家5A级旅游景区;淳安千岛湖旅游度假区和德清莫干山国际旅游度假区等9家国家级旅游度假区;11项入选联合国教科文组织非物质文化遗产名录的传统技艺和文化。浙江省国家级非物质文化遗产代表性传承人达271人,居全国首位。

浙江地形多样,山川秀丽,生态环境优良。境内拥有"东南第一山"雁荡山,海拔高峻、峰林奇特;双龙洞景区以壮丽的喀斯特钟乳石景观闻名。丰富的江河湖泊、森林资源构成浙江多样的生态系统,为省内生物多样性提供坚实保障。

浙江省拥有多处兼具自然景观与深厚文化内涵的著名景区,既展现了秀美的自然风光,也体现了悠久的人文历史。杭州西湖,素有"天下西湖三十六,就中最好是杭州"之誉,是国务院首批国家重点风景名胜区,也是全国首批十大文明风景旅游区和国家5A级旅游景区。作为"东方文化名湖",西湖不仅以湖光山色秀美著称,更是中国历代文化精英秉承"天人合一""寄情山水"的山水美学杰出典范。自南宋以来,西湖景观设计讲求"诗情画意",体现了佛教、道教文化及忠孝、隐逸、藏书、印学等中国古老文化传统的融合与传承。坐落于西湖孤山南麓的西泠印社，创建于清光绪三十年（1904年），由浙派篆刻大家丁辅之、王福庵等人发起，吴昌硕为首任社长。西泠印社以"保存金石，研究印学，兼及书画"为宗旨，是国际上历史最悠久、成就最高、影响最广的篆刻艺术团体，被誉为"天下第一名社"。

京杭大运河。作为世界最古老的人工运河之一，穿越浙江境内，将自然水系与人文历史完美融合，不仅是中国古代水利工程的奇迹，更是中华文明南北交流的重要纽带，促进了沿线经济文化的繁荣与融合。

普陀山。以其独特的海岛自然风光和丰富的佛教文化享誉海内外，被誉为"海天佛国"。普陀山不仅是佛教四大名山之一，更因其山海相依的自然景致和历史文化积淀，成为融合自然美景与宗教文化的典范。

乌镇。被誉为"中国最后的枕水人家"，拥有7000多年文明史和1300年建镇史，是典型的江南水乡古镇。乌镇以"鱼米之乡、丝绸之府"闻名，2014年成为世界互联网大会永久会址。乌镇由东栅、西栅、乌村和北栅丝厂等组成，拥有江浙分府、江南木雕陈列馆、茅盾故居、木心美术馆、余榴梁钱币馆、修真观等丰富文化遗迹。历史名人荟萃，如梁昭明太子、谢灵运、范成大、沈约、裴休、茅盾等，使乌镇不仅是水乡风貌的代表，更是人文荟萃之地。

浙江山川秀丽、人文荟萃，奇山异水哺育出一代代文学艺术大家。六朝以后，浙江文学逐渐兴起，谢灵运开创了中国古代山水诗派，南宋陆游作品数量和质量均为史上罕见。清龚自珍，民国王国维、鲁迅、郁达夫、茅盾等均为中国文学史上的重要人物。浙江还是"中国戏曲的摇篮"和中国电影的重要发源地，厚重的文化底蕴孕育了众多重要人文遗迹。

2005年，习近平同志在浙江省安吉县余村创造性地提出"绿水青山就是金山银山"的重要理念，推动浙江省美丽乡村建设和生态旅游发展走在了全国前列。莫干山镇作为中国"洋家乐"发源地，利用乡村闲置资源发展文化旅游度假新业态，以"裸心谷""裸心堡""法国山居"等为代表的"洋家乐"年营业收入突破20亿元。2019年开始，安吉县连续5年位居全国县域旅游综合实力百强县榜首。莫干山镇先后获全国美丽宜居小镇、首批中国特色小镇、首批省级旅游风情小镇、中国国际乡村度假旅游目的地等荣誉称号，并被《纽约时报》评选为全球最值得去的45个地方之一。

[旅游核心城市]

城市	概况
杭州市	杭州之名定于隋朝，隋开皇九年（589年）废钱唐郡，置杭州，杭州之名首次在历史上出现。自秦时（公元前221年）设县治以来，已有2200多年历史。杭州位于长江三角洲南翼，钱塘江下游，杭州湾西端，京杭大运河南端，是长江三角洲中心城市。作为首批国家历史文化名城，杭州是我国重要的风景旅游城市和江南文化代表城市。杭州文化底蕴深厚，以西湖文化、运河文化、钱塘江文化为核心，历经千年在开放与创新中不断融合发展。杭州的代表性文旅资源包括世界文化遗产西湖、京杭大运河（杭州段）和良渚古城遗址。此外，西溪国家湿地公园、灵隐禅寺、六和塔、宋城景区及河坊街历史文化街区等，充分展现了杭州的历史风貌与自然景致。作为"茶都"，杭州拥有中国茶叶博物馆和著名的龙井村，传承着悠久的茶文化。与此同时，以阿里巴巴为代表的数字经济为这座古城注入现代活力，形成了传统与现代交融的独特城市魅力。
绍兴市	古称於越，亦称大越，简称"越"。南宋高宗赵构取"绍奕世之宏休，兴百年之丕绪"之意，于建炎五年改元绍兴，升越州为绍兴府，是为绍兴名称之由来。绍兴从新石器时代中期的小黄山文化开始，至今已有约9000年历史。越国古都建于公元前490年，距今已有2500多年建城史。绍兴市位于浙江省中部，杭州湾南岸。绍兴是春秋越国都城，又有水乡、桥乡、酒乡、书法之乡、戏曲之乡、名士之乡的美称，是首批中国历史文化名城。绍兴文旅资源丰富而独特，有世界文化遗产大运河（绍兴段）和浙东古运河，以及鲁迅故里景区、兰亭景区（王羲之书法圣地）、大禹陵景区等核心文化景点。作为典型的江南水乡，绍兴保留着仓桥直街历史街区、安昌古镇、八字桥历史街区等原汁原味的水乡风貌。此外，绍兴黄酒文化、越剧艺术、绍兴师爷文化等非物质文化遗产也极具特色。东湖风景区、柯岩风景区、会稽山旅游度假区等则展现了绍兴优美的自然山水景观。沈园景区以其陆游与唐琬的爱情故事闻名，是宋代园林的代表作。这些资源共同构成了绍兴"一座没有围墙的博物馆"的独特魅力。

[风物特产]

浙江气候温润，四季分明，雨量充沛，物产极其丰富，茶叶、蚕丝、水产品、柑橘、竹制品等在全国占有重要地位。名茶有西湖龙井、径山香茗、湖州熏豆茶、普陀佛茶、开化龙顶茶和景宁惠明茶等。其中，西湖龙井茶色泽翠绿，香气浓郁，味道甘醇爽口，形状似雀舌，具"色绿、香郁、味甘、形美"四绝，是我国十大名茶之一，拥有1200多年历史。明代即列为上品，清顺治年间成为贡茶。清乾隆皇帝游历西湖时，曾将狮峰山下胡公庙前的十八棵茶树封为"御茶"。龙井茶产地主要分布于西湖、钱塘和越州三处地区，其中西湖产区面积约168平方千米，所产茶叶被称为"西湖龙井"，其他两地产茶统称为浙江龙井茶。

浙江名酒以黄酒著称，绍兴加饭酒与女儿红、金华寿生酒以及建德致中和五加皮均为酒中佳品。中药材方面，"浙八味"中药材享誉海内外，包括杭白菊、浙贝母、白术、白芍、元胡、玄参、麦冬和郁金等，是浙江传统的名贵中药材。其他特色农产品多样，如昌化山核桃、楚门文旦、黄岩蜜橘、金华火腿、太湖银鱼、太湖蟹以及千岛湖淡水鱼等。值得一提的是，舟山海鲜也极为丰富。

浙菜历史悠久，南宋临安时期饮食业繁荣，为浙菜的发展奠定了基础。浙菜主要由杭帮菜、宁波菜、绍兴菜、温州菜和金华菜五大地方菜系组成。杭帮菜作为代表，口味清鲜适中，带有淡淡的甜味，风格清爽淡雅，传统名菜包括西湖醋鱼、龙井虾仁、东坡肉、宋嫂鱼羹、干炸响铃、蜜汁火方和西湖莼菜汤等；宁波菜以海鲜为主，口味较重，讲究"鲜咸合一"，代表菜有冰糖甲鱼、苔菜拖黄鱼、雪菜大黄鱼和新风鳗鲞；绍兴菜善用鱼虾及家禽，常用绍兴黄酒烹饪，菜品香味浓烈，如霉干菜焖肉、清汤越鸡和清蒸鳜鱼；温州菜主打海鲜，注重轻油轻芡重刀工，代表菜有三丝敲鱼、爆墨鱼花和炸蛏子筒；金华菜以火腿入菜闻名，品种丰富，名菜有火腿荷花爪、蜜汁火腿和金华筒骨煲。

[特色产业]

浙江省是中国著名经济强省，民营企业发达，制造业先进，已形成杭州、宁波、温州、金华—义乌等多个都市圈。绿色石化产业、互联网经济、小商品制造业优势显著。

产业	概况
绿色石化业	浙江省规模最大的支柱产业，目前已形成从石油炼制到基础化工原料、化工新材料、高端专用化学品的完整产业链。
互联网经济强省	浙江是中国互联网经济强省，物联网、大数据、云计算、人工智能等现代信息技术突飞猛进，数据经济、共享经济蓬勃发展，以阿里巴巴集团为代表的电子商务、网上购物、移动支付等一批新模式引领世界潮流，深刻改变了现代生产、生活方式。2024年，浙江新能源汽车产业集群营收突破万亿元，比上年增长19.5%，增速位列全省15个特色产业集群第一，同时也成为浙江继绿色石化、现代纺织与服装、高端软件、智能物联四大万亿产业集群之后第五个产值突破万亿元的特色产业集群。

产业	概况
小商品制造业	浙江的小商品制造业在全球享有盛誉。义乌小商品市场、海宁皮革市场和绍兴轻纺市场是世界知名的小商品集散地。义乌国际商贸城作为全球最大的小商品集散中心，拥有 210 多万种商品，销往全球 230 多个国家和地区，被誉为"无所不有"的世界超市和"小商品海洋，购物者天堂"。
"义乌中国小商品城"品牌	近年来，义乌积极推进"义乌中国小商品城"品牌出海计划。2023 年，该计划已在 20 多个国家落地，帮助近 5000 家经营主体拓展海外市场，进一步巩固了义乌作为全球小商品贸易枢纽的地位。

第四节　安徽省基本概况与主要文旅资源

安徽省简称"皖"。"皖"原为古国名，春秋时期位于今安徽潜山一带，因地有皖山、皖水（今潜水）得名。清康熙六年（1667 年）设安徽布政使司，取辖区内"安庆""徽州"两地首字，正式定名为"安徽"。

安徽省地处长江、淮河中下游，长江三角洲腹地，总面积约 14 万平方千米，下辖 16 个地级市，59 个县（市），45 个市辖区。截至 2024 年年底，全省常住人口约 6123 万。省会为合肥市。

[地理、气候]

类别	内容
地理	安徽省地跨长江、淮河、新安江三大流域，世称江淮大地。横贯东西的长江、淮河将全省分为淮北平原、江淮丘陵、皖南山区三大自然区域。淮河以北是一望无际的大平原，土地平坦肥沃；长江、淮河之间丘陵起伏，河湖纵横；长江以南的皖南地区山峦起伏，以黄山、九华山为代表的山岳风光秀甲天下，甚至有"五岳归来不看山，黄山归来不看岳"的美誉。安徽主要山脉有大别山、黄山、九华山、天柱山，最高山峰为黄山莲花峰，海拔 1864 米。安徽省境内湖泊众多，较大的有巢湖、龙感湖、南漪湖。其中巢湖面积近 800 平方千米，为中国五大淡水湖之一。
气候	安徽地跨中国南北气候分界线淮河，呈现暖温带向亚热带过渡的气候特征。其中淮河以北属暖温带半湿润季风气候，淮河以南为亚热带湿润季风气候。全省年平均气温在 14～17℃，平均日照 1800～2500 小时，平均无霜期 200～250 天，平均降水量 800～1800 毫米。四季分明，雨量充沛，气候宜人，适游期较长。

[交通状况]

安徽省在国家交通运输网络中起承东启西、连南接北的作用。

类别	内 容
公路	是我国省级行政区中修建高速公路时间最早的省份之一,首条高速公路合宁高速公路于1991年4月建成通车,是全国第三条高速公路。这些年,安徽的交通物流条件快速改善,在全国率先实现了"市市通高铁、县县通高速"。安徽省已基本建成"五纵十横"高速公路网,实现了高速公路省际互通和市际互通。2024年末,全省高速公路总里程突破6000千米大关。全省已建成京沪高铁、合蚌高铁、合福高铁、宁安高铁、徐郑高铁、杭黄高铁等高速铁路网络。安徽有大别山国家风景道(霍山段)、江淮分水岭风景道(滁州江淮岭脊线)、皖南318风景道(宁国市青龙乡至泾县蔡村镇段)、黄山世界遗产旅游风景道(黄山景区—宏村—西递)、皖浙1号旅游风景道(歙县段)等特色风景公路。
航空	现有民用机场6个,其中合肥新桥机场、黄山屯溪机场为国际机场。开行低空短途运输航线7条、无人机邮政物流航线9条,黄山风景区使用无人机运送物资上山常态化。
水运	过去十年里,安徽水路货运量常年位居全国第一位。截至2024年年底,安徽省内河航道通航里程超过5800千米。2023年9月,江淮运河航道全线试运行,长江与淮河实现历史性"牵手"。近年来,安徽省积极推进新安江旅游航道的发展,2022年10月,"新安江—千岛湖皖浙省际航线"作为安徽省唯一的"特色文化游"航线入选国内水路旅游客运精品航线试点。

[历史沿革]

安徽省是中国史前文明的重要发祥地之一。繁昌县人字洞发现了距今约250万年的古人类活动遗址;和县龙潭洞出土的"和县猿人"遗存,距今30万至40万年,表明安徽是我国人类早期进化的重要区域之一。淮河流域的双墩遗址(蚌埠市),距今约7000年,是目前淮河中游地区发现的最早、保存最完整的新石器时代文化遗址,展示出早期稻作农业和聚落文明的发展。位于含山县的凌家滩遗址,被誉为"中华文明的曙光",代表了"古国时代"第 阶段,是探索长江下游文明化进程的关键节点。

夏朝时期,安徽属于九州中的豫州、徐州和扬州之地。秦汉时期,安徽境内设九江、庐江、会稽等郡。公元前209年,秦末农民起义爆发,陈胜、吴广在安徽宿州大泽乡揭竿而起,揭开中国两千余年农民战争史的序幕,对中国历史发展产生深远影响。三国时期，安徽为魏吴争霸的前线，合肥、濡须口等地成为重要战场。晋代著名的"淝水之战"就发生于今安徽寿县，是中国古代以少胜多、扭转南北政局格局的重要战役。隋唐以来，安徽地区属淮南道，交通通达，经济活跃。宋元时期，属淮南东、西路和江淮行省，逐步形成今天安徽的行政区域雏形。

明朝开国皇帝朱元璋出生于濠州钟离（今安徽凤阳），他自红巾军起兵，统一全国，奠定了明朝三百年基业。清康熙六年（1667年），正式设立安徽省，取安庆、徽州两府首字命名，安徽由此成为独立省份。民国时期，安徽设芜湖、安庆、淮泗三道，战乱频仍。1941年，国民党军袭击正在北移的新四军军部，发生震惊中外的"皖南事变"，新四军将士大部壮烈牺牲。

解放战争期间，安徽既是淮海战役的主战场之一，也是渡江战役的重要突破口，为中华人民共和国的建立作出重大贡献。中华人民共和国成立后，安徽初设皖北、皖南两个行政公署，分别驻合肥、芜湖。1952年，两署合并，正式设立安徽省，省会设于合肥。改革开放初期，安徽凤阳县小岗村率先实行"包产到户"制度，点燃农村改革的火种，催生出举世闻名的"小岗精神"，为中国改革开放提供了重要启示。

[民族民俗文化]

安徽省世居少数民族有回族、满族、畲族。其中回族是安徽人口最多、分布最广的少数民族，省内各地都有分布。满族主要分布在肥东县完牌坊一带，以"完颜"为姓，自明朝初期就生活在这里。畲族是清光绪年间从浙江桐庐、兰溪、淳安等县迁来安徽的，落脚于宁国市云梯乡一带，另有少量来自福建省浦城等地。

安徽省东近吴越，西接荆楚，北邻齐鲁，春秋时称为"吴头楚尾"，民俗习惯因受周边各省影响而南北迥异。其中楚国统治安徽300余年，楚文化留给安徽的印迹较深，如对太阳的崇拜、对火的崇拜、对凤鸟的崇拜等。楚人以六月六日为太阳生日，安徽民俗至今保留了太阳会和有关太阳的禁忌；楚人有拜火之俗，安徽有"三十的火，十五的灯"的说法，而且皖西潜山一带还有婚嫁之日要沿路向人家索取火种习俗。拜日、崇火，必然尚赤，安徽民间千百年来以"红"为喜庆之色。楚人崇凤，视凤为日中之火鸟，不少地名也冠以"凤"字，如凤台、凤阳等。不过安徽民间既崇凤又尊龙，反映安徽民俗还受越人和周人崇龙的影响。

对安徽民俗文化影响至深者还有南宋之后盛行的程朱理学，特别是皖江和徽州地区，形成"儒风独茂"的社会景观，不仅造就了影响中国文坛数百年之久的"桐城文派"和一大批享誉华夏的文人学士，而且使社会风俗为之大变，理学成为立身处世之道。如徽州商人"贾而好儒"，以"仁义礼智信"为商业伦理；徽州民间也大批出现为传统礼教而殉身的"贞女烈妇""孝子贤孙"。由此可见，程朱理学对安徽皖南民俗文化的影响非常深刻。

[文旅资源]

安徽省自然与人文景观交相辉映，旅游资源富集、特色鲜明。截至2025年5月，安徽拥有世界遗产3处：黄山风景名胜区、皖南古村落——西递和宏村和大运河（安徽段）。其中黄山为世界自然与文化双重遗产，以"奇松、怪石、云海、温泉、冬雪"五绝著称。有国家考古遗址公园6处，黄山风景区、九华山风景区、皖南古村落——西递宏村、天柱山风景区等5A级旅游景区13家，国家级旅游度假区2家，其中黄山黟县国际乡村旅游度假区是全国首个以"村"字号命名的国家级旅游度假区。安徽入选联合国教科文组织非物质文化遗产代表作名录项目3项，分别为"宣纸制作技艺""中国珠算"以及作为"中国传统木结构建筑营造技艺"代表之一的"徽州木结构营造技艺"。

安徽自然景观山水相连，尤以"皖南四大名山"黄山、九华山、天柱山、齐云山最具有代表性。巢湖是中国五大淡水湖之一，打造了巢湖国家湿地公园。宿州黄河故道、滁州琅琊山森林公园、萧县圣泉、怀远白乳泉等自然资源也具较高的观赏价值与科学价值。

安徽文化底蕴深厚，涌现出老子、庄子、管子、朱元璋、李鸿章、丁汝昌、刘铭传、詹天佑、陈独秀、胡适、陶行知、朱光潜、吴作人、黄宾虹等历史文化名人，还有邓稼先、杨振宁等科学家。作为中国古代最负盛名的浪漫主义诗人之一，李白曾多次登临马鞍山市的采石矶。传说他"因醉入水中捉月而死"，后人于江边建成李白衣冠冢，使此地成为诗仙文化的重要传承地。如今，采石矶已建设为国家 5A 级旅游景区，吸引众多游客前来凭吊缅怀，感受"斗酒诗百篇"的豪情逸韵。

安徽素有"中国戏曲之乡"之称，现存地方戏种 30 余种，黄梅戏、徽剧、凤阳花鼓等影响广泛。徽商文化同样源远流长，作为中国十大商帮之一，徽商在明清时期称雄商界，活动遍及全国。徽商兴盛带动徽派建筑的发展，形成了以民居、祠堂、牌坊为代表的"徽派古建三绝"，粉墙黛瓦、马头墙是徽派建筑重要特征。西递、宏村作为徽派古村落的典型代表，吸引大量游客前来观赏。

[旅游核心城市]

城市	概　况
合肥市	因东淝河与南淝河均发源于此而得名。"合肥"之名，最早出现在司马迁的《史记·货殖列传》中："合肥受南北潮，皮革、鲍、木输会也。"合肥地处安徽中部、江淮之间，承东启西、连南接北，靠山抱湖、临江近海。地处长江三角洲西翼，属于"长三角"城市群，是沿海的腹地、内地的前沿。以合肥为中心的环巢湖流域，是中华文明的重要发祥地之一，有 3000 多年的建城史，历史文化悠久，人文底蕴丰厚。自古以来，中原文化、楚文化、吴越文化和巢湖文化交融辉映，形成了巢氏文化、三国文化、包公文化、淮军文化等特色文化。拥有包公园、国家 5A 级旅游景区三河古镇景区、李鸿章故居陈列馆、安徽博物院、巢湖等知名文旅景点。
黄山市	简称"黄"或"徽"，古称新安、歙州、徽州，1987 年撤销徽州地区设立地级黄山市，突出黄山世界自然文化双遗产地位。黄山市位于安徽省最南端，与浙江、江西交界。秦统一中国后，此地隶属于会稽郡，设立黝（宋以后称黟）、歙二县，属鄣郡，已经有 2200 余年建城史。黄山市是徽州文化发源地，完整保存了以世界文化遗产西递、宏村古村落为代表的徽派建筑群，孕育了新安画派、徽州四雕（砖雕、木雕、石雕、竹雕）等艺术瑰宝，形成了徽菜、徽剧、徽商文化等特色文化。主要文旅资源包括世界文化与自然双遗产黄山风景区、国家级历史文化名城歙县徽州古城、全国重点文保单位棠樾牌坊群·鲍家花园、屯溪老街历史文化街区，以及徽州文化博物馆、呈坎古村落等典型徽文化载体。

[风物特产]

安徽特产名品以茶和酒两大类饮品最为知名。作为全国重要产茶省份之一，安徽茶叶品种丰富、品质优良，历史悠久，代表名茶包括黄山毛峰、祁门红茶、太平猴魁和六安瓜片等。其中，黄山毛峰产自黄山高海拔地区，外形细秀、色泽嫩绿、香气清雅；祁门红茶色泽乌润，汤色红亮，芳香浓郁；太平猴魁和六安瓜片则分别以挺秀外形和清香口感著称，均为中国著名的高品质茶叶。安徽名酒亦声誉卓著，包括口子窖、古井贡酒、迎驾贡酒、文王贡酒等。其中古井贡酒传承历史悠久，以其"色清如水晶、香纯似幽兰、入口甘美醇和、回味经久不息"而广受欢迎，代表了皖酒文化的独特魅力。

安徽菜简称徽菜，是中国八大菜系之一，主要以皖南菜为代表，包括皖江菜、合肥菜、淮南菜和皖北菜等。徽州菜起源于歙县（古徽州），主要风味特色以咸鲜为主，突出本味，讲究火功，注重食补。在烹调方法上以烧、炖、焖、蒸、熏等技艺为主，代表菜肴有沙地马蹄鳖、雪天牛尾狸、问政山笋、臭鳜鱼、凤炖牡丹等。

安徽农产品资源丰富，粮、棉、油产量均居全国前列。歙县被称为"枇杷之乡"，有上千年的枇杷种植史。宁国市被称为"山核桃之乡"，砀山被称为"酥梨之乡"，祁门被称为"红茶之乡"。

[特色产业]

安徽是中国制造业大省，新能源汽车、先进光伏和新型储能、新一代信息技术、人工智能等产业迅猛发展，形成了多元协同、集群化发展的产业格局。合肥集聚了大众安徽、蔚来汽车、长鑫存储、联宝电子等一批头部企业，形成了新能源汽车、新型显示等产业集群。芜湖也在新能源和智能网联汽车、工业机器人等领域处于国内领先地位。2024年安徽汽车产量历史性突破300万辆，达357万辆、居全国第二位，其中新能源汽车产量168.4万辆、居全国第二位；汽车整车出口量跃居全国首位，全国每出口4辆汽车就有1辆安徽造。安徽的优质企业也不断融入沪苏浙产业链，国产大飞机C919即采用了安徽研发的陶铝新材料，体现了安徽造的高端化与科技化水平。

在家电产业方面，安徽的制造规模位居全国第二，品牌集中度居全国第一，聚集了国内几乎所有知名家电品牌。美菱、荣事达等本土品牌发展稳健，美的、格力、博西华等行业巨头纷纷在安徽布局。当前，安徽家电制造正向绿色化、国际化、高端化、智能化方向加速升级，全面推进传统优势产业的转型发展。

第五节　福建省基本概况与主要文旅资源

福建省简称"闽",位于祖国东南沿海,长江三角洲和珠江三角洲之间。其东北与浙江省毗邻,西部、西北是江西省,西南连通广东省,东隔台湾海峡与台湾省相望。全省陆地面积约12.4万平方千米,海域面积13.6万平方千米,共辖有福州、厦门、泉州、漳州等9个地级市和平潭综合实验区,县市区84个(含金门),截至2024年年底,常住人口4193万。省会为福州市。

[地理、气候]

类别	内　容
地形	福建的地理特点是"依山傍海",地势总体上西北高、东南低,山地、丘陵面积大概占全省土地总面积的80%,享有"东南山国"之称,也被称为"八山一水一分田"。这里的"八山一水一分田"并不是特指某一山、水或田,而是指福建山多地少。福建境内峰岭耸峙,丘陵连绵,河谷、盆地穿插其间,也造就了丰富的自然资源。福建以侵蚀海岸为主,陆地海岸线长达3752千米,位居全国第二,海岸曲折率居全国第一位。岛屿众多且星罗棋布,共有岛屿1500多个,平潭岛为全省第一大岛。
气候	福建靠近北回归线,受季风环流和地形的影响,形成暖热湿润的亚热带海洋性季风气候,热量丰富,雨量充沛,光照充足,平均降水量1400~2000毫米,是中国雨量最丰富的省份之一;由于海洋的调节作用,冬季较温和,夏季较凉爽,年平均气温17~21℃。福建旅游最佳期集中在春、秋两季,但存在地域差异,夏季闽西北(武夷山、泰宁等地)以及闽东北(福鼎、屏南等地)适合避暑,冬季闽东南地区气候温和,适合度假。福建多温泉,寒冷地区冬季可开发温泉旅游。

[交通状况]

类别	内　容
铁路	铁路运营里程超过4700千米,路网密度超全国平均水平的2倍,所有设区市实现高速铁路环线贯通。福建省成为全国第一个市市通高铁的省份。2023年9月,福厦高铁开通运营后,福州、厦门实现"一小时生活圈",厦门、漳州、泉州形成"半小时交通圈"。推动海峡西岸经济区与长三角、大湾区城市群间互联互通。

续表

类别	内　容
公路	高速公路里程超过6100千米，综合路网密度居全国各省第3位，所有县市15分钟内上高速、82%陆域乡镇30分钟内上高速。已建成平潭、厦门、东山等多条环岛旅游路，多个主题鲜明的公路服务区，如上杭古田服务区以"红色文化、客家风情"为主题，宁德林厝服务区以畲族文化为主题，武夷山服务区主打"武夷山下会客室"主题，还有槐植服务区的八闽好物馆、岵山服务区的非遗文化馆、适中服务区的客家文化体验区、朴里服务区的品牌服饰展等。
航空	民用运输机场共计6个：福州长乐国际机场、厦门高崎国际机场、泉州晋江国际机场、武夷山机场、连城冠豸山机场、三明沙县机场。福建省民用运输机场有航线360多条通达世界主要城市。
水运	福建水系密布，河流众多，闽江为全省最大河流，全长577千米，流域面积60992平方千米，是中国东南沿海地区流域面积最大的河流。内河航运则主要以闽江为主。福建位于东海与南海的交通要冲，是历史上海上丝绸之路和郑和下西洋的起点，也是海上商贸集散地。"海丝"和"陆丝"实现陆海联动，水陆、水铁等多式联运发达，开通"中欧班列"的城市达到6个，"丝路海运"可通达全球43个国家的131座港口。拥有厦门港、福州港、湄洲湾3个亿吨大港。

[历史沿革]

据《禹贡》记载，福建古属扬州。周朝为七闽地，春秋以后为闽越地。秦南平百越，置闽中郡。唐朝福建属江南道。北宋时期，置福建路，行政区划为福、建、泉、漳、汀、南剑六州及邵武、兴化二军。此后，福建长期保持8个州府级的行政区划，故称"八闽"。元朝时期，置福建等处行中书省。明洪武九年（1376年），置福建等处承宣布政使司。清康熙元年（1662年），郑成功驱逐荷兰殖民者后，改台湾为东都，又在澎湖设安抚司。郑成功理台湾时，把东都改名东宁。清康熙二十三年（1684年），清廷统一台湾后增设台湾府，属福建统辖，下设三县一厅。辛亥革命后，历届中央政权均置福建省。中华人民共和国成立后，福建省人民政府驻福州市，直辖福州、厦门2市，分设8个专区、67个县。

[民族民俗文化]

世居福建的少数民族主要有畲族、回族、满族、蒙古族。福建省畲族人口全国最多，也是祖国大陆高山族人口较多的省份之一。其中：畲族人口36.55万，占全国畲族人口的51.58%，全省有民族乡19个（其中畲族乡18个，回族乡1个），民族村571个，畲族经济开发区1个。

畲族的节日主要有"二月二"的"会亲节"，"三月三"的"乌饭节"、牛歇节等，祭祖是畲族最隆重、最虔诚的信仰习俗活动，盘唱民歌是畲族民间最流行的文娱活动。畲族婚俗最大的特点是"俗不离歌"，畲族世代以女性为尊，婚礼上有"男拜女不拜"仪式，霞浦畲族婚俗列入《国家级非物质文化遗产名录》。畲族的女性服饰造型美观、色彩斑斓、风格独特，被称作"凤凰装"，罗源畲族服饰入选《国家级非物质文化遗产名录》。畲族武术与畲族医药也是畲族人民智慧的结晶。

福建各地过汉族传统节日，如春节、元宵节、端午节等，习俗多样、异彩纷呈。2024年，春节列入《人类非物质文化遗产代表作名录》，其中有9项国家级非遗福建项目参与申报：漳州木版年画、灯彩（泉州花灯）、元宵节（马尾—马祖元宵节俗）、灯会（南安英都拔拔灯）、元宵节（泉州闹元宵习俗）、元宵节（闽台东石灯俗）、龙舞（大田板灯龙）、元宵节（枫亭元宵游灯习俗）、元宵节（闽西客家元宵节庆）。端午节富有地方色彩，如福州地区风俗众多，有贴午时书、制午时茶习俗；长乐区江田镇三溪村有全国独有的夜赛龙舟；连江定海有400多年历史的海上赛龙舟等。福建安海端午"嗦啰嗹"习俗和石狮端午闽台对渡习俗入选《国家级非物质文化遗产名录》。此外，福建特有的民俗节庆还有福州的"拗九节"、厦门的"中秋博饼"、莆田的妈祖节、周宁浦源村的护鱼习俗、南平漳湖镇的崇蛇习俗等，这些习俗都是福建宝贵的旅游资源。

福建海岸曲折绵长，泉州和莆田的海边有着美丽的三大渔女（惠安女、蟳埔女和湄洲女），她们勤劳、能干，还以各自漂亮的服饰和独特的头饰吸引着世界的目光。其中，惠安女服饰和蟳埔女习俗被列入《国家级非物质文化遗产名录》。各地游客前来体验泉州蟳埔簪花，大力推动了当地旅游业发展。

[文旅资源]

福建省的形象宣传是"清新福建"。福建九市一区全部获评国家森林城市，森林覆盖率65.12%，连续46年保持全国第一，是全国最绿的省份，空气、水质优良；山海兼备，自然环境清新。福建文化旅游资源灿烂辉煌，悠久的历史，体现了社会人文环境清新。

福建旅游鲜明的特色是"山海一体，闽台同根，民俗奇异，宗教多元"。目前，福建拥有世界遗产项目5处：武夷山、福建土楼、鼓浪屿历史国际社区、泉州：宋元中国的世界海洋商贸中心、中国丹霞（福建泰宁）。世界地质公园3处：泰宁、宁德、龙岩。福建拥有5个中国历史文化名城：泉州、福州、漳州、长汀、莆田。作为非遗资源大省，福建共有10个项目入选《联合国教科文组织非遗名录》（名册），是全国唯一实现代表作名录、急需保护名录、优秀保护实践名册三个名录系列"大满贯"的省份。其中南音、中国剪纸、妈祖信俗、中国传统木结构营造技艺、送王船、中国传统制茶技艺及其相关习俗、木拱桥传统营造技艺、春节等8项被列入《人类非物质文化遗产代表作名录》；水密隔舱福船制造技艺被列入"急需保护"的非遗项目；还有全国首项被列入世界非遗优秀实践名册的"福建木偶戏后继人才培养计划"。福建省是全国第二个实现市市有5A的省份，目前已拥有国家5A级旅游景区总数达12家13处。2022年，福建闽江河口湿地入选世界遗产预备项目，2023年，闽江河口湿地入选了国际重要湿地名单。每年在此迁徙停歇的水鸟总数超过5万只，包括"闽江三宝"——中华凤头燕鸥、勺嘴鹬和黑脸琵鹭。

福建各地以汉族民俗为主，过春节、元宵节、端午节等，但习俗异彩纷呈。2024年我国的春节被列入《人类非物质文化遗产代表作名录》，福建省有漳州木版年画、龙舞（大田板灯龙）等9项国家级非遗项目参与申报，其中仅元宵节就有马尾—马祖元宵节俗、泉州闹元宵习俗、闽台东石灯俗、枫亭元宵游灯习俗、闽西客家元宵节庆等项。此外，福建特有的民俗节庆还有福州的"拗九节"、厦门的"中秋博饼"、莆田的妈祖节、周宁浦源村的护鱼习俗、南平漳湖镇的崇蛇习俗等，是开展民俗旅游宝贵的资源。

福建省拥有丰富的红色旅游资源，如上杭县古田镇古田旅游区、毛主席率领红军攻克漳州纪念馆、建宁中央苏区反"围剿"纪念馆、长汀县瞿秋白烈士纪念碑等，其中古田旅游区是红四军第九次代表大会会址，通过了具有历史意义的古田会议决议案，是思想建党、政治建军的发源地，目前已经建成国家5A级旅游景区。福建人杰地灵，英才辈出，有宋代四大书法家之一蔡襄、北宋著名词人柳永、北宋天文学家苏颂、南宋理学大师朱熹、南宋法医学鼻祖宋慈、民族英雄郑成功、"睁眼看世界第一人"林则徐、船政之父沈葆桢、"西学第一人"严复、华侨旗帜陈嘉庚、"哥德巴赫猜想第一人"陈景润等历代名人光耀史册，造就了福建辉煌的历史，灿烂的文化。

客家文化。福建客家文化是中原汉人南迁形成的独特民系文化，以闽西为核心区域。客家人聚族而居，福建土楼被称为中国传统民居的瑰宝，体现了宗族凝聚力，被列入《世界遗产名录》。客家方言保存了古汉语音韵，被学术界认定为"古汉语的活化石"，民俗活动丰富多彩，有长汀百壶宴、连城北团镇游大粽活动等，其中石壁客家祭祖习俗、姑田游大龙、闽西客家木偶戏等被列入《国家级非物质文化遗产代表性项目名录》。饮食中盐酒鸡、酿豆腐等菜肴凸显咸香醇厚的风味。客家人在迁徙中形成坚韧、团结、重教的民系品格，成为中华文化多元一体的重要组成部分。

朱子文化。朱熹（1130~1200年），宋朝著名的理学家、思想家、哲学家、教育家、诗人。朱熹祖籍徽州府婺源县（今江西省婺源），出生于福建省尤溪县。他生于闽，长于闽，终老于闽，其门人也多为闽人，其学也称为闽学，他是闽学派的代表人物，世尊称为朱子。朱熹作为宋代理学的集大成者，其所创立的闽学体系包含丰富的哲学思想、人文精神、道德理念，被称为朱子文化。朱子文化是中华传统文化的重要组成部分之一，对后世影响深远。

闽南文化。闽南文化是中国东南沿海的特色地域文化，以福建南部为核心，涵盖漳州、泉州、厦门等地。以闽南语为纽带，融合中原文化与海洋特色。建筑以红砖古厝为代表，融合中西风格，燕尾脊、雕花砖墙独具特色。饮食以鲜甜清淡为主，蚵仔煎、土笋冻、沙茶面等闻名，茶文化深厚，铁观音享誉全球。非遗内容丰富多样，有德化瓷烧制技艺、惠安女服饰、蟳埔女习俗、拍胸舞、"拜天公"等，其中南音、闽南民居营造技艺、水密隔舱福船制造技艺、福建木偶戏传承人培养计划、"送王船"、铁观音制作技艺、春节（泉州项目）等被列入《人类非物质文化遗产代表作名录》。

妈祖文化。妈祖是中国沿海地区的传统民间信仰，起源于福建莆田湄洲岛，妈祖本名林默，生于北宋建隆元年（960年），因救助渔民不幸遇难，年仅28岁。乡民感念其恩德，立庙奉祀，妈祖成为人们信奉的海上女神。妈祖文化是劳动人民千百年来尊崇、信仰妈祖过程中遗留和传承的物质及精神财富的总称，是中华民族的重要文化瑰宝之一。妈祖文化肇于宋、成于元、兴于明、盛于清、繁荣于近现代，其核心是"立德、行善、大爱"的精神。2009年，"妈祖信俗"被联合国教科文组织列入《人类非物质文化遗产代表作名录》。

船政文化。福州马尾是船政文化的发祥地。船政文化是中国近代化进程中形成的独特文化现象，源于1866年左宗棠、沈葆桢在福州马尾创办的福建船政。船政开展了建船厂、造兵舰、制飞机、办学堂、引人才、派学童出洋留学等一系列"富国强兵"活动，培养了一批优秀的中国近代工业技术人才和杰出的海军将士。船政始于左宗棠，成于沈葆桢，开创了近代中国新式教育、军事工业、海军建设、矿山开采、机器制造、电信建设、铁路建设，开启了社会科学领域的科研、教育、翻译事业及对外交往活动，影响近代社会风气的转变。船政象征着中华民族探索自强之路的缩影，对当代科技兴国、海洋强国战略仍有启示意义。

[旅游核心城市]

城市	概况
福州市	简称"榕"，福建省省会，得名源于唐开元十三年（725年），"因州西北有福山，故名"。位于福建省东部、闽江下游，东濒东海。自公元前202年，闽越王无诸建冶城始，至今有2200多年。这座国家历史文化名城孕育了昙石山文化、三坊七巷文化、船政文化、寿山石文化，形成"海纳百川、有容乃大"的城市精神。福州是郑和下西洋的驻泊地和开洋地，是经济特区、自由贸易试验区、综合实验区、21世纪海上丝绸之路核心区、两岸融合发展示范区。荣获全国首届可持续发展城市奖。 福州号称"中国温泉之都"，有众多景点：福州第一张名片——三坊七巷、鼓岭、鼓山、上下杭、烟台山、福谯等，拥有16项国家级非遗项目，如寿山石雕、脱胎漆器、软木画、佛跳墙制作技艺、福州茉莉花茶窨制工艺等。
厦门市	简称"厦"或"鹭"，位于福建省东南端，西接漳州，北邻泉州，东南与大小金门和大担岛隔海相望，通行闽南方言。厦门市是中国四大经济特区之一，经济发达，拥有繁荣的旅游业和高科技产业。是东南沿海重要的中心城市，知名的会议展览目的地，"会展友好型城市"，也是国际滨海旅游目的地以及海峡两岸交流合作重要承载地。厦门港是海峡性天然良港，是对外贸易的重要口岸。厦门被称为海上花园城市。主要景点有：世界文化遗产鼓浪屿、南普陀寺、万石植物园、胡里山炮台、郑成功纪念馆、厦门方特旅游度假区、鹭江夜游等。厦门以闽南文化为著称，特色美食有沙茶面、土笋冻、炸五香、面线糊等。厦门的南普陀素菜，已有百年历史，被誉为"天下第一素宴"。

地方导游基础知识（第九版）

[风物特产]

类别	内容
名茶	福建是乌龙茶、红茶、白茶、茉莉花茶的发源地。乌龙茶的主要代表有安溪铁观音和武夷岩茶，武夷岩茶是具有岩韵（岩骨花香）品质特征的乌龙茶，大红袍则是武夷岩茶的精品；红茶：武夷山"正山小种"、福安"坦洋工夫"等；白茶：白毫银针、白牡丹等；花茶：福州茉莉花茶等。
农副土产	各地市的土特产众多，如福州的橄榄、线面、金鱼；莆田的龙眼、荔枝、枇杷；泉州的永春香、永春老醋；厦门的南普陀素饼，漳州的片仔癀、水仙花、平和蜜柚；三明的建宁莲子；宁德的宁德大黄鱼、古田银耳、柘荣太子参；龙岩的沉缸酒、长汀河田鸡；南平的顺昌海鲜菇、浦城桂花等。还有著名的闽西八大干：明溪肉脯干、长汀豆腐干、连城地瓜干、宁化老鼠干、清流笋干、上杭萝卜干、武平猪胆干、永定菜干。
工艺品	福建工艺品及技艺已入选《国家级非物质文化遗产代表性项目名录》的有福州的寿山石雕、脱胎漆器髹饰技艺、软木画；厦门的蔡氏漆线雕技艺；漳州的木偶头雕刻、漳州木版年画；泉州的德化瓷烧制技艺、惠安石雕、泉州花灯、安溪竹藤编；莆田的留青竹刻、莆田木雕；南平的建窑建盏烧制、浦城剪纸；宁德的畲族银器锻制等。而中国剪纸（含漳州漳浦剪纸、宁德柘荣剪纸）则入选《人类非物质文化遗产代表作名录》。此外，"福州茉莉花与茶文化系统""安溪铁观音茶文化系统"分别入选联合国粮农组织的"全球重要农业文化遗产"；"中国传统制茶技艺及其相关习俗"列入联合国教科文组织《人类非物质文化遗产代表作名录》。
美食	福建菜，简称闽菜，是我国八大菜系之一，闽菜是以闽东、闽南、闽西、闽北、闽中地方风味菜为主形成的菜系，以闽东和闽南风味为代表。闽东菜代表名菜有：佛跳墙、鸡汤氽海蚌、鸡茸金丝笋、淡糟香螺片、荔枝肉、醉糟鸡等。闽南菜主要名菜有：红烧通心鳗、沙茶焖鸭块、"东璧龙珠"、加力鱼煲白菜、八宝芙蓉蟳等。福建小吃以用料讲究、制作精细、品种丰富而闻名。如三明沙县扁肉、福州鱼丸、光饼、芋泥、捞化、肉燕、莆田卤面、宁德福鼎肉片、厦门沙茶面、泉州安海土笋冻、厦门南普陀素饼等。

[特色产业]

近年来，我国通过支持建成一批年产值超过 100 亿元的优势特色产业集群。自 2020 年以来，福建省已有武夷岩茶、福建珍稀食用菌、"福九味"中药材产业集群等五项列入农业农村部、财政部的优势特色产业集群建设名单。目前，闽南乌龙茶和福建大黄鱼入选了 2025 年拟立项名单。

福建是产茶大省，制茶业在全国占有重要地位，主要产制乌龙茶、绿茶、红茶、白茶四大茶类及再加工类的花茶，其中除绿茶外均是福建首创。

食用菌是福建省优势特色产业，长期以来占据全国领先地位。福建全省栽培食用菌 50 余种，其中商业化规模栽培 30 多种，珍稀种类近 20 种，是全国栽培种类最多的省份。

药食两用是福建中药材的特色。"福九味"为福建道地药材，具有区域发展特色和优势，福九味即金线莲、铁皮石斛、太子参、建莲子、薏苡仁、巴戟天、黄精、灵芝、绞股蓝。

此外，晋江已成为中国乃至世界的重要鞋业生产基地，不仅拥有超一流的生产设备和完整的企业链，更汇聚了众多名牌企业。安踏、特步、361 度、匹克等一系列本土运动品牌从此诞生，远销至全球 80 多个国家和地区。2007 年 12 月 18 日，国家体育总局将国家体育产业基地落户福建晋江，这是继深圳、成都之后第三个获此殊荣的城市。

第六节　江西省基本概况与主要文旅资源

江西省，位于祖国东南部，东邻浙江省、福建省，南连广东省，西接湖南省，北毗邻湖北省、安徽省而共接长江，属于华东地区，是"江南鱼米之乡"，古有"吴头楚尾，粤户闽庭"之称。因 733 年唐玄宗设江南西道而得省名，又因省内最大河流为赣江而简称"赣"，别称"赣鄱大地"。江西省共辖南昌、景德镇、九江市、鹰潭、宜春等 11 个地级市、100 个县（区、市）。江西省面积约 16.69 万平方千米，截至 2024 年年底，江西常住人口为 4502.01 万，省会为南昌市。

[地理、气候]

类别	内　容
地理	江西省东、西、南三面环山，中部丘陵和河谷平原交错分布，北部则为鄱阳湖平原。赣中南以丘陵为主，多由红色砂页岩及部分千枚岩等较松软岩石构成，经风化侵蚀，呈低缓浑圆状，海拔平均为 200 米。丘陵间夹有盆地，多沿河呈带状延伸，较大的有吉泰、赣州等盆地。山地大多分布于省境边缘。 江西省素有"六山一水两分田，一分道路和庄园"的说法，指的是江西境内以丘陵、山地为主，可占全省总面积的 60% 以上，也展现江西以山地为主、拥有稳定的水资源、耕地资源适中和交通及建设相对平衡的特点。

续表

类别	内　　容
气候	江西位于长江以南，属亚热带季风湿润气候，四季分明且天气复杂多变。年平均气温16.3~19.5℃，冬季冷空气活动频繁；春季多对流性天气；4~6月降水集中，是江西的雨季，这一时期易发生洪涝灾害；雨季结束后全省主要受副热带高压控制，天气以晴热高温为主，常有干旱发生。7~8月有时受台风影响会出现较明显降水。秋季晴天多、湿度较小、气温适中，是江西省一年中最宜人的季节。

[交通状况]

江西为长江三角洲、珠江三角洲和闽南三角地区的腹地，与上海、广州、厦门、南京、武汉、长沙、合肥等各重镇、港口的直线距离，大多在600~700千米。

类别	内　　容
铁路	2023年12月，昌景黄高铁开通，江西成为全国首个市市通时速350千米高铁的省份。沿途的站点：英雄城南昌、世界瓷都景德镇、鄱阳湖国家自然保护区、世界文化遗产西递宏村、世界文化与自然遗产黄山等，一条线路串起多个国家级和世界级旅游风景区。目前，江西铁路运营里程突破5000千米，高铁里程已突破2000千米。南昌国际陆港已开通了12条中欧（亚）国际班列线路和12条铁海联运线路，覆盖80多个国家和地区。
公路	江西是全国第三个实现全省高速县县通的省份，高速公路通车里程达6838.2千米。江西省建成了一批特色旅游公路，包括鹰潭市余江区大桥至司马源公路，入选"十大最美农村路"。九江市鄱阳湖有国内首个开发的水上公路，全长5.05千米，可承载车辆通过。庐山西海高速公路大部分路段沿庐山西海水面上穿行，被誉为最美水上高速公路。庐山西海服务区集交通中转、休闲度假于一体，是"全国百佳示范服务区"。
航空	江西目前有南昌昌北国际机场、赣州黄金机场、吉安井冈山机场、景德镇罗家机场、宜春明月山机场、上饶三清山机场和九江庐山机场，南昌昌北国际机场是中国重要的枢纽干线机场、国际客运及货运的航空枢纽。
水运	江西水路运输发达，拥有一江（长江中下游156千米）、五河（赣江、信江、抚河、饶河、修河）、一湖（全国最大的淡水湖——鄱阳湖）为主干线的水运资源，河流总长1.84万千米。全省航道总里程5716千米，全省高等级航道里程达960.6千米。沿江环湖有九江、南昌两个全国内河主要港口，九江港是江西省第一大港口、长江十大港口之一。

[历史沿革]

江西发展的历史，可以追溯到距今1万年以前。江西作为明确的行政区域建制，始于汉高祖初年（约前202年），时设豫章郡（赣江原称豫章江），郡治南昌，与后来的江西省区大致相当。汉武帝时划全国为13个监察区，称13部州，此时的江西属扬州部。西晋永平元年（291年），改设江州，其主体为江西地区原有郡县。宋代在州之上改道为路，其大部分隶属于江南西路，另有一部分隶属于江南东路。元朝开始确立行中书省制度（简称行省或省）。江西行省辖区远远大于今天的江西省区，行中书省为布政使司（习惯上仍然称省），改路为府、改州为县。江西布政使司辖13府78县，地域基本等同今天的江西省区。清代改江西布政使司为江西省，行政区域基本承袭明建制。1934年从安徽划婺源县并入江西，1947年划回安徽，1949年再次划归江西。

江西是中国革命的摇篮和中国工人运动的策源地，江西孕育了伟大的井冈山精神、苏区精神、长征精神，承载着中国共产党人的初心使命。

1922年，安源路矿工人大罢工震惊中外，这是中国共产党第一次独立领导并取得完全胜利的工人斗争，是中国工人运动史上的一次壮举。1927年8月，随着南昌城头一声枪响，打响了武装反抗国民党反动派的第一枪，南昌起义标志着中国共产党创建军队的开始。1927年9月9日，毛泽东领导工农革命军（红军）举行秋收起义，这是继南昌起义之后，中国共产党领导的又一次著名的武装起义。1927年10月，毛泽东率领秋收起义的工农革命军到达井冈山，创建中国第一个农村革命根据地——井冈山革命根据地。1931年11月7日，中华苏维埃共和国在瑞金宣告中国第一个红色中央政权成立。红军在中央革命根据地（瑞金），粉碎了敌人的四次"围剿"。1934年10月，由于第五次反"围剿"的失败，中共中央机关率领红军8万多人从瑞金出发，开始长征，留在南方八省的红军和地方游击队继续斗争，进入艰苦卓绝的三年游击战争阶段。1949年，人民解放军在东起江苏江阴，西至江西湖口的千里战线上，横渡长江，摧毁了国民党苦心经营的长江防线。在革命期间，红色的江西一共诞生了325位开国将军，占全国开国将军总数的1/5，开国将军人数位列全国第一。

[民族民俗文化]

江西省少数民族分布广泛且具有多样性，共有 8 个少数民族乡和 82 个少数民族行政村。畲族是江西唯一聚族而居的少数民族，主要集中在赣中南和赣东北地区。

畲族青年男女如今获得了自由恋爱的权利。在南康地区，畲族还保留着一种富有民族特色的古老的结婚仪式——对山歌。畲族的主食以稻米为主，包括各种米饭和糕点。特色食品有"豆腐酿"和自家酿制的糯米酒。畲族的传统服饰色彩斑斓，崇尚青蓝色，且多在重大节日或活动中穿着。妇女的服饰更具有鲜明的民族特色，如头戴凤冠、衣领和袖口镶有花边等。

江西人口以汉族为主，但在许多山乡农村仍保留着各自的传统乡土风情习俗。南丰县遍布各乡、村的民间傩舞，为国内所罕见，乡人于春节期间头戴面具、身穿仿树皮或树叶状舞衣，走村串户"跳傩"（傩舞）。此外，江西还有景德镇瓷俗、婺源的茶俗、樟树药俗、鄱阳湖畔的渔村风情（特色的捕捞方式有沉船捕鱼、栈湖捕鱼和开港捕鱼等）、贵溪河上渔翁与鸬鹚捕鱼、竹排载客以及古越族悬棺葬俗、宜春地区偏僻山乡的传统庙会以及物资交流集会、南昌市西山万寿宫庙会、进贤县文港笔市和皮毛市、萍乡市的烟花节等、鄱阳湖国际观鸟季活动、景德镇陶瓷节等传统民俗。

[文旅资源]

江西省旅游宣传口号："江西风景独好"。主要目的是凝聚江西旅游特色、展现江西旅游优势、塑造江西旅游品牌、提升江西旅游形象。江西历史悠久，旅游资源丰富。目前，全省拥有庐山、三清山、龙虎山、龟峰、武夷山（江西铅山）等 5 处世界遗产项目，有庐山、龙虎山、三清山、武功山等 4 处世界地质公园，国家 5A 级旅游景区 15 家。红色是江西最亮的品牌，绿色是江西最大的优势。江西的旅游资源可以概括为："四大摇篮、四大名山、四个千年、六个一"。

四大摇篮：中国革命的摇篮井冈山、人民军队的摇篮南昌、共和国的摇篮瑞金、工人运动的摇篮安源。

四大名山：匡庐奇秀甲天下的庐山、养生福地井冈山、峰林奇观三清山、道教祖庭龙虎山。

四个千年：千年瓷都景德镇、千年名楼滕王阁、千年书院白鹿洞、千年古刹东林寺。

六个"一"：一湖（中国最大的淡水湖鄱阳湖）、一村（中国最美乡村婺源）、一海（庐山西海）、一峰（龟峰）、一道（小平小道）、一城（共青城）。

江西历来文风昌盛、名人辈出，有东汉时期著名高士贤人徐孺子，东晋田园诗人代表陶渊明，北宋婉约词人代表晏殊，北宋文坛领袖欧阳修，北宋散文家曾巩，北宋著名改革家、文学家王安石，北宋著名诗人、书法家黄庭坚，南宋理学集大成者朱熹，南宋心学创始人陆九渊，南宋政治家、文学家、抗元名臣文天祥，明代文学家、戏剧大师汤显祖，明代科学巨匠宋应星等。其中欧阳修、曾巩、王安石同属于"唐宋八大家"之列。还有朱耷、陈三立、詹天佑等一大批学识渊博、才华横溢的历史名人，如群星璀璨，光耀史册。江西文化旅游资源灿烂多元，悠久的历史孕育了书院文化、陶瓷文化、茶业文化、红色文化、药业文化、宗教文化、客家文化、稻作文化、矿冶文化、商帮文化、戏曲文化、风水文化等多种文化。

书院文化。书院是中国古代开展教育教学的场所，也是学术思想交流的中心，更是中华优秀传统文化的重要载体。江西作为中国书院文化的起源地和重要发展地，其书院创办之早、延续之长、数量之多、影响之大，在中国书院发展史占重要地位，有"江右书院甲天下"之说。江西的书院以白鹿洞书院、鹅湖书院、白鹭洲书院等最为出名。宋代白鹿洞书院是中国四大书院之一，有"天下书院之首""海内书院第一"的美誉。白鹿洞书院是书院模式的成熟标志，理学大师朱熹制订的《白鹿洞书院揭示》是我国大学最早的章程，成为后世书院遵行的准绳和法规；鹅湖书院首创学术自由争辩之风；白鹭洲书院以人才辈出、延续办学800年而著称，出自白鹭洲书院的文天祥更是自古节义之大臣，忠义贯日月的典范。现存127处书院类不可移动文物中已有9处列为全国重点文物保护单位，如白鹿洞书院、白鹭洲书院、鹅湖书院、同文书院、濲江书院等。

陶瓷文化。"昌南瓷名天下"。陶瓷是江西闻名于世界的一张亮丽的名片。江西是我国陶器文化最早的发源地之一,万年仙人洞出土了中国最早的陶片;吴城遗址中发现中国目前最早的原始瓷器和已粗备瓷器烧造条件的六座龙窑;鹰潭角山窑址是至今我国最大的商代窑炉;丰城洪州窑是全国研究青瓷起源和发展的主要窑场之一;吉州窑是宋代著名的兼收南北名窑制瓷技艺的综合性大瓷窑,其生产的黑釉瓷和彩绘瓷独具风格,尤其彩绘技术对景德镇元青花瓷的产生和发展起了承前启后的作用;景德镇更是举世闻名的"千年瓷都"。

红色文化。 江西有中国革命的摇篮井冈山、人民军队的摇篮南昌、共和国的摇篮瑞金、工人运动的摇篮安源。第二次国内革命战争期间,中国共产党领导人民群众先后在江西建立了大片革命根据地。其中著名的有赣西井冈山革命根据地、湘赣革命根据地、赣东北革命根据地(后发展为闽浙赣革命根据地)以及包括铜鼓、修水、万载、宜丰等县在内的湘鄂赣革命根据地。当时的中央革命根据地在赣南和闽西地区的有21县,中华苏维埃共和国临时中央政府设在瑞金,故瑞金有"红都"之称。江西红色资源丰富,开国将军数量最多,第二次国内革命战争时期,江西籍有名有姓的革命烈士就有25万多人,占全国的六分之一,为中国革命胜利作出了重大贡献。

江西全省有11个全国红色旅游系列经典景区:南昌市红色旅游系列景区(南昌八一起义纪念馆、方志敏纪念馆、南昌新四军军部旧址、江西革命烈士纪念堂)、赣西红色旅游系列景区,井冈山红色旅游系列景区,赣州市、吉安市、抚州市中央苏区政府根据地红色旅游系列景区,上饶市上饶集中营革命烈士陵园,赣东北红色旅游系列景区,吉安市红色旅游系列景区,九江市红色旅游系列景区,赣州市红色旅游系列景区,南昌市新建县小平小道陈列馆,吉安市永新县湘赣革命根据地中心旧址。

赣南客家文化。 客家是汉民族共同体的一个分支,祖籍中原,由于战乱、灾荒等原因,自东晋以后,客家先民举族而迁,定居在赣、闽、粤三省毗邻的山区,并发展成为既保留古代中原文化传统,同时又适应南方山区生产生活的客家人。赣州是客家先民中原南迁的第一站,是客家民系的发祥地和客家人的主要聚居地之一,赣州市的客家人口占95%以上,赣南是目前海内外最大的客家聚居地,世称"客家摇篮"。这里保留着完整的客家社会形态、客家风情以及丰富的客家人文景观。客家围屋又被称为"东方城堡",

是一种融祠、家、堡为一体，具有鲜明防卫特征的封闭式客家建筑。赣南客家文化最突出的特点就是客家方言。赣南擂茶是独具特色的客家茶俗。还创造出客家山歌、赣南采茶戏等文化艺术，客家山歌中，兴国客家山歌最为著名，采茶戏、兴国山歌都被列入《第一批国家级非物质文化遗产名录》。

江西有"戏曲之邦""戏曲重要发源地"之誉。弋阳腔、青阳腔、广昌孟戏（婺源）、徽剧、宜黄戏、赣南采茶戏等6个剧种于2006年入选《第一批国家级非物质文化遗产名录》。弋阳腔是江西省弋阳县的地方传统戏剧。弋阳腔的曲调和演唱方式在地方戏剧中独具特色，它通过唱腔、表演和音乐等元素来讲述故事情节，吸引观众的关注，展示了江西省丰富的文化多样性。九江湖口县青阳腔戏曲的音乐基本保持了弋阳腔"一唱众和、锣鼓帮腔"等风格，并在弋阳腔"滚唱"的基础上发展出"滚调"。广昌孟戏是中国古代戏曲声腔的"活化石"。广昌孟戏是一种演唱孟姜女故事的戏曲，至今传承演出了500余年。广昌孟戏运用高腔演唱，经专家考证，其中包含明代四大声腔之一的海盐腔遗响。

[旅游核心城市]

城市	概　况
南昌市	简称"洪"或"昌"，江西省省会，位于江西省中部偏北，赣江、抚河下游，鄱阳湖西南岸，是长江中游城市群重要节点。南昌之名始于西汉高祖五年（前202年），寓"昌大南疆"之意，由大将灌婴筑城时命名，寄托汉王朝对南方疆域繁荣稳定的期望，奠定南昌2200余年建城史。南昌是国家历史文化名城，有汉代海昏侯国遗址、滕王阁、豫章书院遗址等。南昌也是英雄城，有八一起义总指挥部旧址、八一起义纪念馆等。生态景观有观鸟胜地鄱阳湖、梅岭国家森林公园等，非遗文化璀璨夺目，有赣剧、南昌瓷板画、万寿宫庙会等，南昌的美食有拌粉配瓦罐汤、藜蒿炒腊肉等。南昌以"一江两岸"的都市风貌，"一古一红"串联古今，展现"物华天宝、人杰地灵"的独特魅力。
景德镇市	位于江西省东北部，紧邻上饶市，东邻鹰潭市。北宋景德年间，昌南镇烧制的瓷器被选为贡品，真宗以年号"景德"赐名。景德镇拥有2000多年的冶陶史、1000多年的官窑史和600多年的御窑史，被誉为"世界瓷都"。景德镇陶瓷始于汉，清康、雍、乾三朝瓷器发展到历史巅峰。以白瓷著称，素有"白如玉，明如镜，薄如纸，声如磬"之誉，代表品种有青花瓷、粉彩瓷、玲珑瓷和颜色釉瓷等。景德镇是首批国家历史文化名城，被联合国教科文组织授予"世界手工艺与民间艺术之都"，也是中国直升机工业的摇篮。主要旅游景点有：景德镇中国陶瓷博物馆、御窑厂考古遗址公园、景德镇御窑博物馆、古窑民俗博览区、陶溪川、瑶里古镇、江西直升机科技馆、浮梁古县衙景区等。

[风物特产]

景德镇的瓷器源远流长。樟树的四特酒被周恩来总理赞誉为"清、香、醇、纯",四特酒由此而得名。江西是首个全国绿色有机农产品示范基地试点省,赣南脐橙、南丰蜜橘、庐山云雾茶、赣南茶油、婺源绿茶、狗牯脑茶等入围2024年区域品牌(地理标志)价值百强榜单,其中赣南脐橙年产量达百万吨,原产地赣州市是全国最大的脐橙主产区,脐橙种植面积世界第一、年产量世界第三,被誉为"世界橙乡"。江西最具代表性的名茶是"四绿一红":庐山云雾茶、狗牯脑茶、婺源绿茶、浮梁绿茶和修水宁红茶。狗牯脑茶叶,曾获巴拿马国际食品博览会金奖。此外,江西列入中国著名商标的品种有159件,如,庐山云雾茶、中华猕猴桃、赣南脐橙、南安板鸭、泰和乌鸡、江铃汽车、金圣卷烟等。

江西菜包括南昌、九江、景德镇以及井冈山山区等地的特色风味。赣菜传统菜肴因料施艺、物尽其用闻名遐迩,有入选"奥运菜单"的"藜蒿炒腊肉",以文天祥名字命名的"文山肉丁",毛泽东命名的"四星望月",还有宁都三杯鸡、莲花血鸭、余干辣椒炒肉、井冈烟笋、鳜鱼煮粉等。"江西小炒"作为赣菜代表,是江西的一张新名片。江西点心有南昌白糖糕、丰城冻米糖、弋阳年糕、贵溪灯芯糕、南酸枣糕、九江茶饼、鹰潭桃酥等。

[特色产业]

类别	内容
农业	江西农业在全国占有重要地位,是中华人民共和国成立以来全国两个从未间断向国家贡献粮食的省份之一。有机食品、绿色食品、无公害食品均位居全国前列。
烘焙业	江西是中国烘焙业大省。江西资溪县被称为"中国面包之乡",杨坊村是"中国面包第一村",成立鲍师傅、泸溪河、詹记等多个知名品牌;鹰潭市有"中国烘焙之乡""中式糕点之乡""中国桃酥之乡"的美誉。
中药产业	江西省中药产业历史悠久,拥有樟树千年南国药都,在中国四大传统中药炮制流派中,江西"樟帮""建昌帮"占据其二,在海内外影响深远。樟树中医药产业集群是江西省五星级产业集群之一。

续表

类别	内　容
制瓷业	江西制瓷业是全国知名的特色产业。以景德镇为中心，着力打造千亿级陶瓷产业集群。当前已大力实施陶瓷龙头企业培育工程，建成了国内最大的陶瓷交易综合体"陶博城"，实现了陶瓷交易"买全球、卖全球"。
矿产资源	江西是我国战略性矿产资源的集大成者，目前江西已发现各类矿产193种（含亚矿种），查明资源量的有153种，保有资源量居全国前十的有80种。拥有最具优势的"七朵金花"——钨、铜、铀、钽、稀土、金、银，享有"世界钨都""稀土王国""中国铜都""有色金属之乡""亚洲锂都"等多个美誉。江西省稀土产业发达。稀土是国家战略资源，也是江西省特色资源。江西建立了全国规模最大、结构最完整的稀土产业体系。
新型工业化	目前，江西大力实施以新型工业化为核心的发展战略，有色产业、电子信息、医药、汽车、航空、食品、纺织、光伏、锂电、钢铁、石化、建材等产业呈现了良好的发展势头。

第七节　山东省基本概况与主要文旅资源

　　山东省位于华东地区东部，简称"鲁"，陆域面积约16万平方千米，截至2024年年底，山东省共有济南、青岛、烟台、淄博、泰安等地级市16个，县级政区136个，常住人口约1亿。省会济南市。

[地理、气候]

类别	内　容
地理	山东地处中华民族的摇篮——黄河的下游，东临海洋，西靠大陆。水平地形分为半岛和大陆两部分。东部的山东半岛突出于黄海、渤海之间，隔渤海海峡与辽东半岛遥遥相对。庙岛群岛屹立在渤海海峡，是渤海与黄海的分界处，扼海峡咽喉，成为拱卫首都北京的重要海防门户。西部大陆部分自北向南依次与河北、河南、安徽、江苏4省接壤。
气候	山东省气候温和，雨量集中，四季分明，属于暖温带季风气候。夏季盛行偏南风，炎热多雨，冬季刮偏北风，寒冷干燥；春季天气多变，干旱少雨多风沙；秋季天气晴爽，冷暖适中。全省气候地区差异东西大于南北。

[交通状况]

类别	内容
铁路	截至 2024 年年末,高速铁路里程达到 3047 千米,高速铁路通车里程跃居全国前列,全省高铁运营里程达到 2446 千米。
公路	高速公路达到 8755 千米。
航空	山东省有 16 座通用机场,济南、青岛、烟台、威海 4 座机场为国际空港,已有法兰克福、洛杉矶、大阪、曼谷、新加坡、釜山、东京等众多国际航线。
水运	京杭运河济宁以南至鲁苏界段 178 千米主航道达到二级航道标准。沿海主要海港有青岛港、日照港、烟台港、威海港、东营港、龙口港、潍坊港、滨州港。

[历史沿革]

目前发现的最早的山东人——"沂源人",可以把山东的历史上推到四五十万年以前。新石器时代早、中期的滕县北辛文化,距今也有 7000 年左右。举世闻名的原始社会末期的大汶口文化、龙山文化都是在山东首先发现的。

大汶口文化是分布于黄河下游一带的新石器时代文化,因山东省泰安市大汶口遗址而得名,距今 4500～6500 年,延续时间约 2000 年。大汶口文化盛行枕骨人工变形以及拔牙。早期以红陶为主,晚期发展为轮制陶器,出现了硬质白陶。彩陶较少但富有特色,石器磨制精美。中期以后出现了制作精良的玉器。

商朝建立以前,山东是商族活动的中心,商前期的五次迁都,有三次在山东境内。商朝建立后,山东仍是其统治的中心地区。西周实行"封邦建国"之策,封吕尚于齐,封周公旦于鲁,另外尚有曹、滕、卫诸国。齐国"通商工之业,便鱼盐之利,而人民多归";鲁国融合周文化与东方文化,为"礼仪之邦"。春秋时期鲁国人孔丘是中国儒家文化的集大成者,被后世奉为"圣人"。秦统一后,始皇帝东巡至山东泰山,首次举行泰山封禅大典。此后汉武帝、光武帝、唐高宗、唐玄宗和宋真宗都曾封禅泰山,既炫耀其文治武功,更代表其皇位"受命于天"。这些封禅行为客观上奠定了泰山"五岳之首"的崇高地位。金大定八年(1168 年)置山东东、西路统军司,山东遂成为正式行政区划名称。明代山东布政司（又称行省）管辖 6 府 104 县，大致奠定了今山东省行政区域范围。清代山东基本沿袭明代山东的版图，称山东省。1949 年 3 月，山东省政府改称山东省人民政府。

[民族民俗文化]

山东省是少数民族散居省份，56 个民族齐全，根据第七次全国人口普查数据，少数民族常住人口 90.5 万。

山东素称"齐鲁之邦，礼仪之乡"，鲁中平原以农耕文化为特色，潍坊风筝、杨家埠年画散发着浓郁的乡土气息；胶东沿海渔家风情浓郁，粗犷奔放；鲁西地区传统深重，是孔孟之乡。在特有的地域文化熏陶下，山东的民俗风情风格多样、生生不息。在这片土地上，山东民俗艺术享誉全国。

高密扑灰年画全国独此一家，年画艺人用柳木炭条起线稿，再用画纸在线稿上扑抹印，一稿可扑数张，因这一招，便有"扑灰"之名。扑灰起稿之后，再加手绘一整套工序，才能画出一张漂亮的画来。扑灰年画起源于明初，最初的作品大多是神像和墨屏花卉。到乾隆末年，地方上作扑灰年画的人渐多。到清末，发展成两个主要的流派："老抹画"和"红货"。

山东济南被称为"面塑之都"，在济南工艺美术中，面塑是最具地域特色的一个种类。济南的面塑色彩鲜明、手法细腻，应用手指的捻、揉、搓，再配以刀、篦、针、搓、切、点成人物形象，衣饰容貌逼真传神，特别是对中国古装戏剧人物的塑造尤为专业。

山东潍坊是中国著名的风筝产地，明代就已在民间出现扎风筝的艺人。后来，随着放风筝习俗的流行，风筝艺术也达到鼎盛时期。潍坊风筝主要有 3 种基本造型：串、硬翅和筒形。其中以龙头蜈蚣最突出。现代风筝在继承传统精华的基础上，不断花样翻新，赢得了"风筝艺术，潍坊第一"的美誉。现在潍坊已成为国际风筝节的固定举办地。

[文旅资源]

齐鲁文化是"齐文化"和"鲁文化"的合称。东临滨海的齐国产生了以姜太公为代表的道家思想学说,又吸收了当地土著文化(东夷文化)并加以发展。两种古老文化存在差异,相对来说,齐文化尚功利,鲁文化重伦理;齐文化讲求革新,鲁文化尊重传统。两种文化在发展中逐渐有机地融合在一起,形成了具有丰富历史内涵的齐鲁文化。作为齐鲁文化核心的儒学产生于春秋时期的鲁国,由孔子开创,孟子、荀子等延续。孔子在这里诞生,泰山从这里崛起,黄河由这里入海。这里有中国最早的文字和最早的讲坛,有中国最早的城邦和最古老的长城,这里还是陶瓷和丝绸的发源地。

山东独具特色的齐鲁文化,在中国传统文化中占有重要地位。山东不仅诞生了中华民族的人文始祖轩辕黄帝,还出现过一大批至今仍然对中华文化产生重要影响的历史名人。如至圣孔子、亚圣孟子、科圣墨子、书圣王羲之、医圣扁鹊、工圣鲁班、农圣贾思勰、智圣诸葛亮、世界短篇小说之王蒲松龄等也都出生在山东。古代著名山东籍军事家孙武的《孙子兵法》,至今仍然是中外军界和商界推崇的经典。

山东是三国时期蜀汉丞相诸葛亮、东晋著名书法家王羲之和清代短篇小说家蒲松龄的故乡,诸葛亮的《出师表》挚诚感动天下,成为后世公文写作的典范;王羲之的《兰亭序》被誉为"天下第一行书";蒲松龄因作《聊斋志异》获誉"世界短篇小说之王"。

山东是中国较早有戏剧活动的地区之一。隋代齐倡名动全国,到了唐代参军戏在山东流行,宋杂剧形成后亦传播至山东,金末元初产生用北曲演唱的戏曲形式,即元杂剧,山东是其主要流行地区之一。元人钟嗣成的《录鬼簿》和明初贾仲明的《录鬼簿续篇》中记载的山东籍戏曲作家共28人,能歌擅唱者4人。

戏曲到明清时进入蓬勃发展时期。李开先的《宝剑记》和孔尚任的《桃花扇》成就突出。山东有现代戏曲剧种30多种,可分为梆子腔系、弦索腔系、肘鼓子腔系和民间歌舞及说唱形成的戏曲剧种等。山东秧歌各处流行,其中"鼓子秧歌""胶州秧歌""海阳秧歌"并称为"山东三大秧歌"。秧歌多在大年正月期间表演。

山东是中国旅游资源大省,全省旅游景点千余处,世界遗产5处,其中孔子故里曲阜"孔庙、孔林、孔府"被联合国教科文组织列为世界文化遗产。孔庙以"建筑时间最久远、保存最完整"被誉为"天下第一庙"。孔府作为中国封建社会中延续时间最长、最具东方建筑风格的官衙与内宅二合一贵族庄园，号称"天下第一家"。孔林是世界上规模最大、延时最久、墓葬最多、保存最完整的家族古墓群。"五岳独尊"的泰山以其雄伟壮丽的风光和蕴含丰富的文化，被誉为"中华之魂"，并列为世界自然和文化双遗产。

2014年6月，大运河被列为世界文化遗产，大运河流经山东省枣庄、济宁、泰安、聊城、德州5市16个县（市、区），全长643千米。齐长城，始建于春秋时期，完成于战国时期，西起黄河河畔，东至黄海海滨。作为中国长城的一部分，被列为世界文化遗产。山东东营黄河口候鸟栖息地，是我国暖温带保存最完整、最年轻的湿地生态系统，拥有河海交汇、新生湿地、珍稀鸟类等独特景观，2024年7月被列入《世界遗产名录》，成为山东省首个世界自然遗产。山东还拥有国家级风景名胜区6处——泰山风景名胜区、青岛崂山风景名胜区、胶东半岛海滨风景名胜区、博山风景名胜区、青州风景名胜区、千佛山风景名胜区，国家5A级旅游景区16家，国家级旅游度假区7家，国家级非物质文化遗产186项。

山东省省会济南素有"泉城"之称，"家家泉水，户户垂杨""四面荷花三面柳，一城山色半城湖"的美景名扬四海。著名的青岛啤酒产地青岛，是2008年北京奥运会伙伴城市，与"人间仙境"烟台，甲午海战之地、"最适合人类居住的范例城市"威海以及海滨城市日照连成一片，构成中国东部唯一的黄金海滨城市群。齐国故都淄博是齐文化的发源地，东周殉马馆、齐国历史博物馆等文物古迹丰富，并开发了原山国家森林公园、陶瓷博物馆等景点；国际风筝都潍坊，每年举办大型国际风筝会，杨家埠木版年画、风筝乡土气息浓厚，民俗风情特色浓郁；历史文化名城青州龙兴寺出土的1000多年前的窖藏佛教造像，被称为20世纪中国考古十大发现之一。中华民族的"摇篮"黄河，流经山东570千米，汇入渤海。黄河入海口自然风光原始独特。此外，山东还有水泊梁山遗址、枣庄万亩石榴园、菏泽五万亩牡丹花、微山湖十万亩荷花，令人叹为观止。

山东省旅游形象口号是"好客山东"。口号高度概括了山东人的品德和齐鲁文化的内涵，是山东文化灵魂的准确表达，体现了孔子"仁者爱人"和"有朋自远方来，不亦乐乎"的理念，也能让人感受到齐鲁文化的大气、孔孟之乡的豪气、齐鲁山水的豪情和山东人的热情。口号是对山东优质旅游服务理念最生动、最直接的信息传递。

[旅游核心城市]

城市	概　况
济南市	因地处古四渎之一"济水"（故道为今黄河所据）之南而得名，位于山东省的中部，四周与德州、滨州、淄博、泰安、聊城等市相邻。济南是一座承载着8000年泉水史、4600年文明史和2600年建城史的历史文化名城。济南还是中国八大菜系中鲁菜的发祥地。天下第一泉风景区由"一河（护城河）一湖（大明湖）三泉（趵突泉、黑虎泉、五龙潭三大泉群）四园（趵突泉公园、环城公园、五龙潭公园、大明湖风景名胜区）"组成，是国家5A级旅游景区、国家重点公园。济南市的主要旅游业态包括微度假、慢生活、文博韵等。

[风物特产]

山东特产极为丰富，主要表现为"山东十大特产"：东阿阿胶、德州扒鸡、苍山大蒜、烟台苹果、乐陵金丝小枣、章丘大葱、平阴玫瑰、鱼台大米、荣成大花生和马家沟芹菜。

山东是中国四大菜系之一鲁菜的发源地，济南菜、孔府菜、胶东菜三大系列各具特色、各有所长，充分体现了孔子"食不厌精，脍不厌细"的思想。还有许多地方风味小吃，如德州扒鸡、泰山"三美"（白菜、豆腐和水）、淄博酥锅、潍坊朝天锅等。渗透齐鲁文化的美味佳肴，加之名扬海内外的青岛啤酒、烟台张裕葡萄酒，让人流连忘返、意犹未尽。

[特色产业]

山东是我国石油化工工业的重要基地之一，区域内不仅有齐鲁石化、黄岛石化两个千万吨级的大型石油化工企业，还聚集着大量的民营炼油公司。

山东寿光是国务院命名的"中国蔬菜之乡"，是全国冬暖式蔬菜大棚的发源地，也是中国最大的蔬菜生产基地和批发市场。寿光蔬菜品种繁多，绿色无公害，营养丰富，品牌响亮，能引领新品种、新产品、新技术的潮流。目前寿光蔬菜已销往全国30多个省（区、市）的200多个大中城市，并远销日本、韩国、俄罗斯、美国、委内瑞拉等国家。

第四章 华中地区各省导游基础知识

章节练习
增值服务

学习目的

通过本章的学习，使考生**了解**河南省、湖北省、湖南省的历史、地理、气候、区划、人口、交通、旅游等概况，各地代表性饮食的特点、主要美食和风物特产；**熟悉**这三个省列入《世界遗产名录》的中国遗产地，列入《人类非物质文化遗产代表作名录》的中国非遗项目，国家 5A 级旅游景区和国家级旅游度假区，各地具有代表性的历史文化和民俗风情；**掌握**旅游核心城市、国内知名地域文化、民族民间文化及特色产业。

第一节 河南省基本概况与主要文旅资源

河南省位于我国中东部、黄河中下游，因大部分地区位于黄河以南，故称河南。河南简称"豫"，传说远古时期，河南一带森林茂密、野象众多，常见"人牵象"的场景，"豫"便成为河南的代表。《尚书·禹贡》将天下分为"九州"，豫州位居九州之中，号称"九州腹地、十省通衢"，是承东启西、连南贯北的重要交通枢纽，因此又称为"中原""中州"。

河南省辖郑州、开封、洛阳、平顶山、安阳、鹤壁、新乡等 17 个地级市，21 个县级市，1 个省辖县。省会郑州市。全省总面积 16.7 万平方千米，常住人口 9785 万。

[地理、气候]

类别	内容
位置	河南省东接安徽、山东，北接河北、山西，西连陕西，南临湖北。
地形	地势西高东低。北、西、南三面是太行山、伏牛山、桐柏山、大别山围成的半环形分布，形成了洛阳白云山、老君山等著名旅游胜地。中东部为黄淮海冲积平原，是我国粮、棉、大豆、花生、烤烟的生产基地，孕育了最古老的华夏文明。西南部为南阳盆地，而南北纵横的伏牛山尾脉恰恰在南阳盆地中央高高隆起，形状酷似巨龙出山、卧饮白河之水，南阳"卧龙岗"就得名于这独特的地形地貌。历代帝王将相、封疆大吏、文臣武官、迁客骚人游览卧龙岗时，常以别称"隆中"来称谓"卧龙岗"，并留下大量脍炙人口的诗文，镌刻在数百通碑碣上，成了南阳卧龙岗诸葛武侯祠重要的人文景观。河南省最高峰是灵宝市境内的老鸦岔，海拔 2413.8 米；最低处在固始县淮河出省处，海拔仅 23.2 米。
水系	河南地跨长江、淮河、黄河、海河四大流域。黄河自西向东流经河南 700 余千米，为治理开发黄河，河南建设了小浪底水利枢纽工程，不仅起到防洪、灌溉和发电的作用，库区还成为国家 4A 级旅游景区，被誉为"小千岛湖"。黄河郑州至开封段由于泥沙淤积，河床平均高出两岸地面 3～5 米，形成"地上悬河"的独特现象，可谓"河从屋顶过，船在空中行"。
气候	河南大部分地处暖温带，南部跨亚热带，属北亚热带向暖温带过渡的大陆性季风气候，同时还具有自东向西由平原向丘陵山地气候过渡的特征，四季分明、雨热同期，适合各个季节的旅游观光，尤其不乏避暑消夏之地，如云台山、老君山、白云山、鸡公山等景区，都是知名的避暑胜地。

[交通状况]

河南省交通区位优势明显，是全国承东启西、连南贯北的重要交通枢纽，全国"十纵十横"综合运输大通道中有五个通道途经河南，国家物流枢纽数量达到 6 个，位居全国第一。全省已形成贯通水陆空、连通境内外、辐射东中西的综合立体交通枢纽。

类别	内容
铁路	河南省在全国率先建成"米"字形高速铁路网，以郑州为中心的 2 小时高铁圈覆盖 4 亿人市场，"坐高铁、游古都、赏牡丹"已成为众多游客的心仪之选。

续表

类别	内　容
公路	河南省高速公路通车里程近9000千米，位列全国第一方队。河南省还大力建设"公路旅游"特色路，打造了"黄河古都""太行天路""生态伏牛""红色大别"四条一号旅游公路品牌。辉县郭亮和回龙两条挂壁公路也是河南著名的旅游公路。
航空	河南省主要通航的民用机场有郑州新郑国际机场、洛阳北郊机场、南阳姜营机场、信阳明港机场和安阳红旗渠机场等。其中郑州新郑国际机场达到4F级。

[历史沿革]

河南地处黄河中下游，是我国古代文明发祥地之一，至少在50万年前就有人类在这里生息和繁衍。距今7000~8000年前的新石器时代中期，河南的裴李岗文化、仰韶文化就产生了农业、畜牧业和制陶业。商时，首都西亳和殷均在河南境内，其中殷（今河南安阳）自商王盘庚迁来后至商纣王亡国，共传8代12王，前后定都达273年。在安阳殷墟发现的甲骨文，是世界上最早的文字，也是世界上最早的历史文献。

东周、东汉、曹魏、西晋、隋、武周等政权均建都洛阳，河南成为全国政治、经济、文化中心。五代十国时期，五代除后唐政权建都于洛阳外，后梁、后晋、后汉、后周政权都建都于汴（今开封）。北宋也定都开封，当时开封人口超100万，为全国第一大城市，其商业贸易额占全国之半。

元朝实行行省制度，设河南江北等行中书省，管辖今河南省黄河以南地区，此为"河南"建省之始。明清时期，行省制度被沿袭下来，河南省的疆域大体上与今河南省相近。1949年5月，河南省人民政府成立，省会设在开封市。1954年10月，河南省会驻地从开封市迁驻郑州市。

[民族民俗文化]

河南省汉族居多，少数民族人口仅159万，其中回族、蒙古族、满族占比较高，呈大分散、小聚居分布。河南省的民俗以汉族民俗为主，既丰富多彩,又饱含深厚的文化底蕴。

河南有腊月二十三祭灶的习俗。这一天称为小年,要送灶王爷上天,以祈求来年家庭平安、福运连连。这一天要贴窗花、大扫除、理发、舞龙舞狮、赶庙会。待春节到来,要放鞭炮、贴春联、贴窗花、吃饺子,富含辞旧迎新、家庭团聚的美好寓意。元宵节时,人们习惯于赏花灯、猜灯谜、放焰火、吃汤圆、观看舞龙舞狮和社火表演等。在传统婚嫁习俗方面,有抬轿、三拜九叩、过门槛等仪式,象征着婚姻的神圣和庄重。

农历三月初三,河南会举办黄帝故里拜祖大典。大典主题为"同根同祖同源,和平和睦和谐"。一般网上拜祖和境外拜祖会同期举办。典礼既是对人文始祖轩辕黄帝的虔诚礼敬,也体现了对中华民族血脉与精神的传承。

庙会是河南各地一项重要的传统民间活动,通常在小年、春节、元宵节以及牡丹文化节等节庆期间举行。庙会曾经是宗教性质的集会,现在演变为集娱乐、购物、社交于一体的社区聚会。庙会上,人们会祭拜神佛、观看戏曲演出,或参与民间手工艺品的交易以及品尝地方小吃等。

戏曲方面,豫剧作为河南的地方戏曲剧种,以其悠扬的唱腔、生动的表演和贴近生活的内容深受当地群众的喜爱。豫剧多取材于中国古典文学名著,如《白蛇传》《牡丹亭》等,其表演形式融合了说唱、舞蹈和武术等多种艺术的元素。在河南,豫剧演出在庙会、节庆活动以及各种民间聚会中占据重要位置,无论是城市还是乡村都能看到豫剧的身影,它不仅是文化娱乐生活的重要组成部分,也是传承和发展中国传统文化的重要载体。

[文旅资源]

河南是历史文化资源大省。悠久的历史造就了丰富的文化遗迹,如世界文化遗产洛阳龙门石窟、安阳殷墟、登封"天地之中"历史建筑群和丝绸之路河南段、大运河河南段等;孕育了大别山精神、焦裕禄精神、红旗渠精神并被纳入第一批中国共产党人精神谱系;还留下了中国最古老的天文台——周公测景台,最早的关隘——函谷关,最早的佛教寺院——白马寺,"天下第一名刹"嵩山少林寺和闻名中外的大相国寺等。

河南历史名人辈出。有古代著名思想家老子、庄子、墨子、韩非、程颢、程颐，著名政治家姜子牙、商鞅、苏秦、李斯、刘秀、司马懿，著名军事家张良、岳飞，著名文学家杜甫、韩愈、白居易、李贺、李商隐、司马光，著名书画家褚遂良、吴道子，著名科学家张衡、僧一行，著名医学家张仲景，著名高僧玄奘等，还有著名抗日英雄吉鸿昌、杨靖宇，革命先辈邓颖超、彭雪枫、吴焕先、许世友，以及"县委书记的榜样"焦裕禄等，适合开展文化旅游、党建旅游和研学旅游。

河南是中华姓氏的重要发源地。据统计，在全国300个大姓中，根在河南的有171个，依人口数量排列的100个大姓中，有78个姓氏的源头或部分源头在河南，海外四大姓氏（陈、林、黄、郑）均起源于河南。"万姓同根，万宗同源"，成就了河南"寻根游"巨大的市场，也使"老家河南"成为河南省着力打造的文化旅游品牌。

河南牡丹文化享誉海内外并入选《国家非物质文化遗产名录》。近年来河南省打造的《唐宫夜宴》《洛神水赋》《只有河南·戏剧幻城》《大宋·东京梦华》《禅宗少林》等演艺项目，都极具地方文化特色，广受游客好评。

河南省也是自然景观荟萃之地。有云台山、嵩山、王屋山—黛眉山、伏牛山等世界地质公园。栾川老君山·鸡冠洞旅游区的喀斯特岩溶地貌，形成于约6亿年前，发现于唐贞观年间，洞内钟乳石造型奇特，色彩斑斓，深达5600米，落差138米。

河南省已建成国家5A级旅游景区17家，包括登封市嵩山少林景区、洛阳市龙门区龙门石窟景区、安阳市殷墟景区、林州市红旗渠——太行大峡谷景区等。其中，嵩山是"中国五岳"之首，有"天下第一名刹"少林寺，中国道教建筑最完整的代表作，素有"小故宫"之称的中岳庙，宋代四大书院之一嵩阳书院，中国现存最早的砖塔嵩岳寺塔；而少林寺是武术爱好者的圣地，少林功夫作为国家级非物质文化遗产，在全球享有盛誉。这里还有壮观的塔林、禅林等古建筑群，以及著名的武术表演"少林功夫"。游客可以在这里领略到禅宗文化与少林武术的完美结合，体验古代僧侣的生活状态和武术修炼的氛围。龙门石窟是中国佛教四大石窟之一，最早开凿于北魏孝文帝年间，现存2345个窟龛，近11万尊造像，2800多块碑刻题记，近80座佛塔，是世界上造像最多、规模最大的石刻艺术宝库，被联合国教科文组织评为"中国石刻艺术的最高峰"。唐代卢舍那大佛是龙门石窟的标志性景点。河南安阳殷墟景区是中国商朝都城的遗址，由殷墟王陵遗址、殷墟宫殿宗庙遗址、洹北商城遗址等组成，出土了大量的甲骨卜辞、玉器和青铜器，是世界文化遗产，第一批全国重点文物保护单位，首批国家考古遗址公园。

[旅游核心城市]

城市	概况
郑州市	河南省省会，地处嵩山东麓、黄河之滨，居中华腹地，是中国八大古都之一，史谓"天地之中"，古称"商都"。历史上，郑州始称郑县，北周时改称郑州，隋朝时改为汴州，唐朝时复名郑州，这个名字流传至今。作为首批中国优秀旅游城市，郑州既有"天下第一名刹"少林寺，又有全球闻名的少林功夫；既可游览"五代同堂"的中岳嵩山，也可寻访海内外华人的精神家园轩辕黄帝故里。此外，游客们还能在黄河风景名胜区饱览中华母亲河的壮丽风光，参观我国现存最早的天文观星台，感受最古老的道教庙宇中岳庙的宁静与庄重。
洛阳市	洛阳位于河南西部，横跨黄河中下游南北两岸，因地处洛河之阳而得名。洛阳是国务院首批公布的国家历史文化名城，是华夏文明的重要发祥地、十三朝古都、隋唐大运河的中心。有5000多年文明史，近4000年城市史，1500多年建都史。现有世界文化遗产3项6处。洛阳是全球华人的文化之根、祖脉所系，全球1亿客家人祖籍于此，中国70%的宗族大姓起源于此。洛阳是一座山水交融、古今辉映的优秀旅游名城，拥有"盛世隋唐""黄河文化""伏牛山水""国花牡丹""工业遗产"五张旅游名片。隋唐洛阳城国家遗址公园，天堂明堂、应天门再现了盛唐恢弘气象。《唐宫夜宴》《洛神水赋》《龙门金刚》《风起洛阳》等形成洛阳"IP宇宙"。国家森林公园白云山、"北国第一溶洞"鸡冠洞、"山岳经典·十里画屏"老君山、"北国水乡"重渡沟等风景名胜奇峻秀丽。中国洛阳牡丹文化节自1983年以来成功举办了42届，被列为国家级非物质文化遗产，成为全国四大节会之一。

[风物特产]

产业	概况
河南豫菜	是从古代的宫廷菜演变而来的，以开封为代表，在北宋时极其繁盛，口味以咸鲜为主，酸甜适中，辣而不燥，麻而不苦。豫菜地方特色是中扒（扒菜）、西水（水席，如洛阳水席）、南锅（锅鸡、锅鱼）、北面（面食、馅饭），代表性菜品有糖醋软熘鱼焙面、煎扒青鱼头尾、炸紫酥肉、牡丹燕菜、道口烧鸡等，代表性小吃有河南蒸饺、河南焖面、河南烩面、开封灌汤包等，代表性汤类有胡辣汤和羊肉汤。其中胡辣汤是河南传统的早点汤类，常伴有油饼、锅盔等面食一起吃。这些美食不仅是当地人喜爱的传统菜肴，也在全国享有盛誉。

续表

产业	概　况
洛阳水席	是河南洛阳一带特色传统名宴，始于唐代，至今已有上千年的历史，是中国迄今保留下来的历史最久远的名宴之一。它的起源与其地理气候有直接关系，洛阳因四面环山，雨少而干燥。古时天气寒冷，不产水果，因此民间膳食多用汤类，喜欢酸辣以抵御干燥寒冷。这里的人们习惯使用当地出产的淀粉、莲菜、山药、萝卜、白菜等制作经济实惠、汤水丰盛的宴席，就连王公贵戚也习惯把主副食品放在一起烹制，久而久之便融化成了极富地方特色的洛阳水席，并逐渐形成"酸辣味殊，清爽利口"的风味。
唐三彩	原是唐代烧制的低温铅釉陶器，现已作为文创产品复制生产并销往市场。因大批唐三彩珍品在洛阳出土，故又称"洛阳唐三彩"。2008 年，唐三彩烧制技艺被列入国家级非物质文化遗产代表性项目名录。
杜康酒	是中国历史上著名的米酒，有着几千年的历史，以其独特的酿造工艺和醇厚的口感而闻名；河南红枣以个大、肉厚、核小、味甜而著称，是滋补佳品。河南焦作市武陟县出产的怀山药，是中国国家地理标志产品，质地坚硬如铁棍，营养价值高，是药食同源的食材；信阳毛尖是中国十大名茶之一，以外形细嫩匀整、色泽翠绿、香气清高持久而著称。

[特色产业]

　　河南是农业大省，农牧业优势显著。河南小麦产量全国领先，玉米、水稻、花生、蔬菜产量大，畜牧养殖发达，是国家重要的粮食生产基地。农牧业发展带动了食品加工业的强劲增长，河南省肉类、果蔬和面粉加工能力全国领先，催生了双汇、牧原、三全、思念、好想你等一大批食品加工龙头企业。

　　河南省制造业方面，装备制造产业总量居全国第五位，客车、盾构装备规模国内第一，农机、矿山装备位居第二。新材料产业起步早，新型耐火材料、超硬材料等产业集群竞争力一流，超硬材料市场份额超八成。

　　在新一代信息技术、生物医药、智能传感器、智能装备、新能源及智能网联汽车等领域，河南省围绕产业链布局创新链，优化产业发展生态，逐步形成了一批特色鲜明的战略性新兴产业集群。郑州的新一代信息网络和信息技术服务，许昌的节能环保设备制造，平顶山的新型功能材料制造等成为国家级战略性新兴产业集群，引领着河南省未来的产业发展方向。

第二节　湖北省基本概况与主要文旅资源

湖北省简称"鄂"，位于中国的中部。全省有13个地级行政区，即武汉市、黄石市、襄阳市、荆州市、宜昌市、十堰市、孝感市、荆门市、鄂州市、黄冈市、咸宁市、随州市和恩施土家族苗族自治州。下辖103个县级行政区，即39个市辖区、25个县级市、36个县、2个自治县、1个林区，其中，仙桃市、潜江市、天门市和神农架林区由省直管。全省总面积约19万平方千米。截至2024年年末，全省常住人口约5834万。武汉市是湖北省的省会。

[地理、气候]

类别	内　　容
位置	湖北东邻安徽，南接江西、湖南，西连重庆，西北与陕西接壤，北与河南毗邻。
地形	湖北省地势大致为东、西、北三面环山，中间低平，略呈向南敞开的不完整盆地。西部神农架号称"华中屋脊"，最高峰神农顶，海拔3105米。中南部为江汉平原，与湖南洞庭湖平原连成一片。湖北省有长江、汉江等河流超过4000条，地表水资源丰富。著名的南水北调中线工程就以汉江中上游的丹江口水库为水源地，给河南、河北、北京、天津四省市提供大量生活和生产用水。湖北湖泊众多，有"千湖之省"之称，仅列入全省湖泊保护名录的就超过755个，其中洪湖、长湖、梁子湖、斧头湖等面积均大于100平方千米。武汉东湖水域面积约33平方千米，是杭州西湖的6倍，是中国最大的城中湖之一。湖泊除了涵养水源、保护生态，也有一定的科考、休闲和旅游开发的价值。
气候	湖北地处亚热带，位于典型的季风区内。全省除高山地区外，大部分为亚热带季风性湿润气候，光能充足，热量丰富，无霜期长，降水充沛，雨热同季。全省年平均气温15～17℃，大部分地区冬冷夏热，春季气温多变，秋季气温下降迅速。全省各地平均降水量为800～1600毫米。6月中旬至7月中旬是湖北的梅雨期。

[交通状况]

湖北是中国中部最大的综合交通枢纽之一。省会武汉素有"九省通衢"之称，是全国重要的交通、通信枢纽。

类别	内容
铁路	京九线、京广线、武广高铁、焦枝线、枝柳铁路纵贯南北；武大、汉宜、汉丹、襄渝等铁路横穿东西。
公路	京珠、沪蓉和宜黄、黄黄、武十等高速公路纵横交错，连接武汉、宜昌、襄阳等大中城市。
航空	武汉天河国际机场已开通美、法、日、韩等国际航班，宜昌、襄阳、恩施、荆州、神农架等地也开通了连接全国各地的空中通道。
水运	湖北有内河港口163个。武汉、黄石、沙市、宜昌等港口先后对外开放，海轮可直航我国港澳地区和日本、韩国、新加坡等国家。

[历史沿革]

湖北历史悠久。1956年在湖北省长阳土家族自治县一个被称为"龙洞"的石灰岩洞穴中发现的"长阳人"，是中国长江以南最早发现的远古人类之一。1955~1957年发现于湖北省京山市的屈家岭文化遗址，是我国长江中游地区发现最早、最具代表性的新石器时代大型聚落遗址，距今年代为4500~5300年前。因与其他文化相比具备特有的文化特征，属于一个新的文化系统，因此将这种文化定名为"屈家岭文化"。屈家岭文化的蛋壳彩陶、彩陶纺轮和陶塑的红陶小动物为全国原始文化中所仅有。屈家岭文化是楚文化发展的基础，是荆楚文明高度发展之源。夏王朝时期，夏文化的影响已经到达江汉地区。商朝建立后，湖北即纳入商的版图。西周时期，湖北境内已出现诸多小国。春秋战国时期，南方诸国逐渐统一于楚。

楚国又称荆、荆楚，是先秦时期位于长江流域的诸侯国。鬻熊是楚国的最早缔造者，楚人后来感念其功，把他与祝融同样作为祖先祭祀。楚先民以凤鸟为图腾。春秋时期楚庄王称霸中原，成为春秋五霸之一；楚昭王十年（前506年），吴王阖闾派伍子胥、孙武率军攻打楚国，吴军攻占了楚国的都城郢，楚几乎覆亡；楚惠王在位57年，使楚国重又复强，以大国强国的地位步入强国的行列，成为战国七雄之一；楚悼王时期，吴起变法影响深远；楚怀王因用人不当以及秦相张仪欺诈导致国势渐衰；前223年，秦军攻破楚都寿春，楚国正式灭亡。

春秋战国时期，产生了老子、庄子、屈原等一批名垂青史的大家。战国时代的伟大诗人屈原创造了一种诗体楚辞（又称"楚词"），还作出了《离骚》《九歌》《九章》《天问》等不朽作品。汉代时，刘向把屈原的作品及宋玉等人"承袭屈赋"的作品编辑成集，名为《楚辞》。

楚国漆器的生产源远流长，它不仅使楚文化大放异彩，而且对秦汉漆器艺术的发展产生了深刻的影响。这些漆器主要发现于宜昌、当阳等地。

1965年出土于湖北省荆州市江陵县望山楚墓群中的越王勾践剑表明春秋晚期青铜器制作已达到极高的水平。1978年发掘的曾侯乙墓中，青铜器宛如刚放入地下，漆木器鲜妍如新，竹简墨迹清晰，尤其是配套完整的编钟、编磬等乐器更是世所罕见。

秦始皇统一中国（前221年）后，湖北大部属南郡。西汉时期，湖北大部分属荆州。三国纷争，荆州北部襄阳一带由魏统治，江南大部分归于东吴。隋开皇九年（589年），将荆州江夏郡改称鄂州，治江夏，后来鄂州又成为治所，今湖北简称"鄂"即源于此。唐初，分全国为十道，后增至十五道，湖北西部为山南东道，东部为淮南道，东南部为江南西道，西南部为黔中道。

宋代在湖北中部设荆湖北路（湖北之名始此），北部设京西南路，东部约以长江为界，北部属淮南西路，南部属江西南路，西部的施州属夔州路，鄂西南为羁縻州。

元代，长江以南属湖广行省（治江夏，今武汉市武昌），长江以北属河南行省，西北部一隅属陕西行省，西部夔州路、羁縻州属四川行省。

明代初，湖北属湖广行省，今湖北全境基本属于湖广布政使司。清代初仍沿用明制，至清康熙三年（1664年）湖广分治，大体以洞庭湖为界，南为湖南布政使司；北为湖北布政使司，定为湖北省，省会武昌。此为湖北省建省之始，省名从此确立并沿用至今。

民国年间，湖北省总体区划变化不大。自1927年始，中国共产党领导的人民革命武装在湖北建立过许多革命政权。土地革命战争时期成立过黄安农民政权，扩建为鄂豫皖特区苏维埃政府、鄂豫皖省苏维埃政府、湘鄂西苏维埃五县联县政府，后改为湘鄂西苏维埃政府、湘鄂西省苏维埃政府。1949年5月，湖北省人民政府成立。

[民族民俗文化]

湖北是一个多民族省份，其中过万人的少数民族有土家族、苗族、回族、侗族、满族、蒙古族、维吾尔族和彝族，主要分布在鄂西南民族自治地方、武汉市、荆州市等地。湖北是全国8个既有自治州又有自治县的省份之一，现有1个自治州（恩施土家族苗族自治州）、2个自治县（长阳土家族自治县、五峰土家族自治县）。湖北少数民族呈大分散、小聚居的分布格局，除土家族、苗族、侗族主要聚居在民族自治地方外，其余少数民族散居在全省各地，其中回族主要散（杂）居在武汉、襄阳等大中城市以及鄂西北和江汉平原的一些乡镇。

湖北的民俗风情主要包括土家族风情和汉族习俗。

湖北土家族风情除独具特色的服饰和美食外，"跳丧"习俗也极具民族特色。土家族"跳丧"又叫"跳撒叶儿嗬"，是土家族人在逝去的亲人、好友葬礼上，纵情歌唱舞蹈的习俗。这种把丧事当作喜事办的独特丧葬习俗，彰显了乐观、豁达的土家族精神，表达了土家人对生命价值的肯定，是土家族文化传承的重要载体。

湖北汉族习俗主要有以下几项内容。

类别	内　　容
崇阳人的老风习	鄂南崇阳县由于远离大城市，乡民们保持着许多民间传统老风习。当青年男女嫁娶成婚时，打造的家具样式仍按古老的形式。例如，睡觉的木质床为古式雕花的木床，床四周有雕花杆，床前面雕花板上方有三层雕"滴水沿"，床下前方有三层踏板。床入口处仅留可供两人并坐的"口子"，床两头和后面用整块木板钉死。这种讲究的崇阳花床，现今十分罕见。此外，热情待客的崇阳人给客人泡的茶是花椒盐巴家焙茶，吃的菜是大块肉、大块鱼、红苕粉丝、煎豆腐四大菜。一寸来宽、两三寸长的大块烟熏肉，令城里人吃一两块就足够了。
吃粽子和赛龙舟	吃粽子和赛龙舟是中国许多地方的风俗。然而这一习俗是因纪念屈原而来，所以在屈原的家乡湖北此俗更甚。每逢农历五月初五端午节，湖北各地均有赛龙舟、吃粽子的习俗。只要有湖、河、江的地方，人们早早就把龙舟修整或清理好，一至初五，龙舟便纷纷下水了，一条条"黄龙""白龙""红龙""青龙"劈波斩浪，箭一般前驶，锣声、鼓声、吆喝声、喝彩声响成一片，江河两岸观看赛龙舟的人黑压压一大片，场面极其壮观。

续表

类别	内　容
朝武当习俗	湖北武当山有很多习俗，其中最著名的是朝武当习俗，意思就是上山去拜祭山神，类似于清明时候所做的扫墓踏青，在祭拜山神的时候踏青游玩，也是一种别样的乐趣。

[文旅资源]

湖北山水风光独特，自然景观异彩纷呈，文化沉淀丰富，文物古迹众多，共有1500多处旅游景观。

湖北有武当山古建筑群、钟祥明显陵、咸丰唐崖土司遗址、神农架等世界遗产；秭归端午习俗、黄石西塞神舟会、鄂州雕花剪纸、沔阳雕花剪纸等项目被列入《人类非物质文化遗产代表作名录》；有武汉东湖生态旅游风景区、武当山风景区、大洪山风景名胜区、隆中风景名胜区、神农架风景名胜区等国家级风景名胜区、恩施州神龙溪纤夫文化旅游区、麻城龟峰山（2025年新增）等16家国家5A级旅游景区；有荆州、武汉、襄阳、随州、钟祥等中国历史文化名城；有湖北省武当太极湖旅游度假区等3家国家级旅游度假区。雄伟的长江三峡驰名世界；道教名山武当山；号称"华中屋脊"和"绿色宝库"的神农架是重要的自然保护区，不仅珍稀动物种类多，"野人之谜"更令人关注。神农架被联合国教科文组织列入"人与自然保护圈计划"。长江三峡、黄鹤楼、葛洲坝被评为"中国旅游胜地四十佳"。发掘于枣阳市的雕龙碑遗址距今约6000年。

湖北人文旅游景观具有时代跨度大、历史价值高的特点，这里既有古人类长阳人遗址，屈家岭文化遗址，又有众多的古三国胜迹和楚都遗址"纪南城"，既有辛亥革命遗址起义门、阅马场，又有中央农民运动讲习所旧址及"八七会议"会址。文物古迹与革命圣迹遍布湖北全省，从随州炎帝庙、秭归屈原故里、纪南故城、昭君故里、武汉古琴台、黄鹤楼、三国赤壁，武汉起义军政府旧址、京汉铁路工人运动"二七"纪念馆，乃至武汉抗疫保卫战中兴建的雷神山、火神山方舱医院等遗迹和景点中可以了解中国许多重大历史事件。

湖北文旅宣传语是"知音湖北，遇见无处不在"。

[旅游核心城市]

城市	概　　况
武汉市	湖北省省会，简称"汉"，别称"江城"，地处江汉平原东部。形似一只自西向东的彩蝶，被誉为中国经济地理的"心脏"，是中国中部地区最大都市及唯一的副省级城市，中华人民共和国区域中心城市。"武汉"这个名称的来历可以追溯到民国十六年（1927年），国民政府将武昌、汉口、汉阳三镇合为京兆区，从此定名为"武汉"。武汉是"中国优秀旅游城市"，定期举办"武汉国际旅游节"。市内有盘龙城遗址、明楚王墓、陈友谅墓等名胜古迹340多处；有汉口近代建筑群、武昌起义军政府旧址、八七会议会址、农民运动讲习所旧址等革命纪念地100多处；有黄鹤楼、东湖风景区、黄陂木兰文化生态旅游区等国家5A级旅游景区。武汉文化具有浓郁的楚文化特色，是"高山流水遇知音"故事的发生地，其汉剧有"京剧之母"的美誉。
襄阳市	湖北省辖地级市，湖北省政府确立的省域副中心城市，位于湖北省西北部。西汉初年建襄阳县，以县治位于襄水之阳而得名。1950年，以襄阳县之襄阳、樊城两镇组建襄樊市；2010年11月26日，襄樊市更名为襄阳市。襄阳市域内现有各时期的文化遗址200多处，有些文物古迹堪称世界之最。襄阳名胜古迹旅游以三国文化为主要特色，著名景点有隆中风景名胜区、襄阳城等。刘备"三顾茅庐""隆中对"等故事就发生在这里。襄阳已成为鄂西生态文化旅游圈的中心城市。今日的襄阳，既有闻名于世的历史积淀出的深厚人文底蕴，又有汽车制造、航天装备等高新科技产业的发展，"新旧和谐共生"是该市最突出的特色。
宜昌市	位于长江中上游结合部、湖北省西南部，素有"三峡门户""川鄂咽喉"之称。宜昌古称"夷陵"，因"水至此而夷、山至此而陵"得名。清朝时改称"宜昌"，取"宜于昌盛"之意。 宜昌巴楚文化源远流长，是屈原、王昭君的故里。宜昌是三峡工程、葛洲坝水利枢纽工程所在地，被誉为"世界水电之都"。是中国中部重要的交通枢纽，拥有汉宜高速公路、汉宜高速铁路、焦柳铁路、318国道等国家重要的交通动脉。宜昌是中国优秀旅游城市。境内有三峡大坝旅游区、宜昌三峡人家风景区、清江画廊度假风景区、屈原故里文化旅游区等国家5A级旅游景区。宜昌是"国家环境保护模范城市"，有"全国文明城市""国家园林城市""国家卫生城市""国家森林城市""中国钢琴之城"等美誉。

[风物特产]

　　湖北物产丰富，土特产品众多。如武昌鱼、精武鸭、竹溪腊肉、枝江蜂蜜、湖北贝母、孝感麻糖、沙湖盐蛋等。

　　湖北菜，又称鄂菜，按有文字记载的时间算，至今已有2000多年的历史。主要名菜有清蒸武昌鱼、天门三蒸、红烧义河蚶、红烧木琴鱼、天门滑鱼、八卦汤、茄汁鳜鱼、黄陂三合、沔阳三蒸、橘瓣鱼圆等。湖北的名小吃有虾球、豆皮、欢喜坨、咸糍粑、热干面、藕圆子、糯米包油条等。

[特色产业]

冶金工业。冶金工业是湖北的支柱产业之一，已形成了包括矿山采选、冶炼、加工开发、设计等在内的比较完整的工业体系。2021年1月，科技部发文公布2021年度第一批国家火炬特色产业基地名单，湖北省黄石大冶有色金属材料特色产业基地和黄石西塞山特钢特色产业基地成功获批国家级火炬特色产业基地。

汽车工业。汽车工业是湖北重要的优势特色产业。湖北最有名的汽车企业是东风汽车集团，它的总部在湖北武汉市。东风本田、东风雪铁龙等汽车品牌国内知名度也较高。

建材产业。湖北是全国建材大省，也是平板玻璃、石膏、机制砖瓦等建材产品的发祥地或最早产地之一。

第三节　湖南省基本概况与主要文旅资源

湖南省位于我国中部、长江中游，因大部分区域处于洞庭湖以南而得名"湖南"，因省内最大河流湘江流贯全境而简称"湘"。湖南自古盛植木芙蓉，五代时就有"秋风万里芙蓉国"之说，因此又有"芙蓉国"之称。湖南省现有长沙、湘潭、岳阳、株洲、常德、张家界等13个地级市、1个自治州（湘西土家族苗族自治州）。湖南省总面积约21万平方千米。截至2024年年末，湖南省常住人口6539万。长沙市是湖南省的省会。

[地理、气候]

类别	内容
位置	湖南东以幕阜、武功诸山系与江西交界，西以云贵高原东缘连贵州，西北以武陵山脉毗邻重庆，南枕南岭与广东、广西相邻，北以滨湖平原与湖北接壤。

续表

类别	内　容
水系	"三湘四水"是湖南的又一称谓。"三湘"因湘江流经永州时与"潇水"、流经衡阳时与"蒸水"、入洞庭湖时与"沅水"相汇而得名，分别称"潇湘""蒸湘""沅湘"；"四水"则指湘江、资江、沅江和澧水。
气候	湖南属亚热带季风气候，四季分明，光热充足，降水丰沛，雨热同期，气候条件比较优越。年平均气温 16~18℃，冬季寒冷，春季温暖，夏季炎热，秋季凉爽，四季变化较为明显。适宜人居和农作物、绿色植物生长。

[交通状况]

湖南交通便利，水陆空综合交通体系立体衔接、纵横交错、通江达海。

类别	内　容
铁路	京广、湘桂、洛湛等 9 条铁路干线贯穿全省，京广高铁、沪昆高铁与建设中的渝长厦高铁在长沙交会。
公路	全省 14 个市州已全部通高速。
航空	省内机场有长沙黄花国际机场、张家界荷花国际机场等。
水运	岳阳城陵矶港是全国 10 个吞吐量过亿吨的内陆港之一。

[历史沿革]

远在旧石器时代，湖南一带就已有古人类活动。距今 1.2 万多年前先民便在此种植稻谷，距今 5000 年前湖南先民开始在此过定居生活。

湖南在夏、商和西周时为荆州南境；春秋战国时代属于楚国苍梧、洞庭二郡。

秦始皇设黔中、长沙两郡；西汉初期属于长沙国，汉武帝之后属荆州刺史辖区，辖武陵郡、桂阳郡、零陵郡和长沙郡。

三国时属吴国荆州，置昭陵郡，为荆南五郡；隋高祖于开皇九年（589 年）平南陈，在湖南设长沙、武陵、沅陵、澧阳、巴陵、衡山、桂阳、零陵八郡。

唐玄宗开元二十一年（733 年）时分属山南东道、江南西道和黔中道、黔中道黔州都督府，唐代宗广德二年（764 年）在衡州置湖南观察使，从此

"湖南"作为行政区划名称正式出现在中国历史上。

五代十国时期，马殷据湖南，建立楚国，国都为长沙。

宋朝分全国为路，路下设州、府、军、监，各辖若干县。湖南分属荆湖南路和荆湖北路。

元代湖南属湖广行省，分14路3州。元朝政府还在今湘西少数民族聚居地实行土司制度，置有十多个长官司或蛮夷长官司，分别隶属思州军民安抚司、新添葛蛮安抚司和四川行省永顺等处军民安抚司管辖。

明朝行省设布政使司，后改为承宣布政使司，湖南属湖广布政使司。清康熙三年（1664年），湖广行省南北分治，湖南独立建省。

辛亥革命后，北伐战争和土地革命战争时期，在中国共产党领导下，湖南革命浪潮迭起。特别是1927年9月9日，由毛泽东领导的秋收起义，在中共党史上留下浓墨重彩的一页。不仅如此，湖南省境的平江、浏阳、醴陵、岳阳等25县建立了革命根据地，或者成为游击区，并成立县苏维埃政府，建立区苏维埃政府170多个。先后成立的省一级苏区政府有湖南省苏维埃政府、湘鄂西省苏维埃政府、湘鄂赣省苏维埃政府（后改为湘鄂赣省工农兵苏维埃政府）、湘赣省苏维埃政府、湘鄂川黔省革命委员会等，成为中华人民共和国成立后人民政权的先声。

中华人民共和国成立以后，初期设置长沙（1949年）、株洲（1956年）两个地级市，长沙、衡阳、郴县、常德、益阳、邵阳、永州7个直属专区，湘西行政区及所辖永顺、沅陵、会同3个专区。

湖南在近现代发生过许多重要的历史事件。1852年，曾国藩受命在湘组建湘军，镇压太平天国；1898年，湖南是唯一支持戊戌变法的省份；1903年，黄兴创立华兴会，成为同盟会和国民党的主要创始人之一；1926~1927年北伐战争期间，湖南农民运动声势最为浩大，农会成员发展到600万人。

抗日战争期间，中国军队在湖南省境进行过几次极其惨烈的抗击日军的战役，包括长沙会战、衡阳会战和常德会战等。

[民族民俗文化]

据第七次全国人口普查数据，湖南少数民族人口约668.52万，少数民人口占全省总人口的 10.06%。湖南是全国土家族、苗族、侗族、瑶族、白族的主要分布区域，5 个民族人口均超过 10 万。省内少数民族分布广泛，遍及全省 14 个市州及所辖各县市区。

湖南苗族和土家族的民俗最有特点。

苗族民俗。以赶秋节和跳香节最著名。赶秋节是湖南花垣县麻栗场至吉首市矮寨一带的苗民，每年立秋日到来前过的节日，以此纪念神农的恩德。农历立秋日到来之前，四面八方的苗民都去赶秋集会举行对歌、跳鼓、打秋千及其他娱乐活动，纪念神农先祖与秋公秋婆。在插入英雄美女的爱情传说后，赶秋节成为具有祷念神农取谷种伟业和歌颂自由爱情意义的群众性娱乐节俗活动。跳香节是湖南苗族在秋收完成后举办的大祭神农的节庆活动，苗民称为跳香。跳香节，一般在秋后农历十月举行，节期一般为一天一夜。除祭祀五谷神与神农外，苗族祭司还要主持男青年跳苗舞。

土家族民俗。土家族人自称"毕慈卡"，意为本地人。土家族的先民与古代巴人有直接的渊源关系。史籍中将湘鄂西一带土家族称为"土人""土民"等，清末地方志中开始用"土家"名称。

土家族主要居住在湖南、湖北、四川、贵州、重庆一带的崇山之中。现有人口约 958.77 万。土家族主要从事农业，崇山峻岭的自然环境构成了其山林经济的特征。土家族有本民族的语言，属汉藏语系。大多数人通用汉语，少数聚居地区还完整地保留着土家语。无本民族文字，通用汉字。土家人尊奉祖先，崇拜鬼神，相信兆头。敬奉土王神，"祭土王"是土家族村寨每年最隆重的集体祭祀。

织绣艺术是土家族妇女的传统工艺。土家族的传统工艺还有雕刻、绘画、剪纸、蜡染等。土家织锦又称"西兰卡普"。土家族爱唱山歌，山歌有情歌、哭嫁歌、摆手歌、劳动歌、盘歌等。传统舞蹈有《摆手舞》《八宝铜铃舞》及歌舞《茅古斯》。其中，《摆手舞》是最著名的土家舞蹈，包括狩猎、军事、农事、宴会等方面的 70 多个动作，节奏鲜明，动作优美、朴素，有浓郁的生活气息。《摆手舞》是与祭祀祖先、祈求丰收相联系的，无论什么盛大的聚会都要跳。土家族的傩戏，被称为"中国戏剧的活化石"。

土家族文化遗存中被列入《国家级非物质文化遗产名录》的主要有《摆手舞》、织锦技艺等。

土家族恋爱"以山歌为媒"自由择偶，婚礼中有"哭嫁"习俗。女子在出嫁前7~20天开始哭,哭嫁歌有《女哭娘》《姐哭妹》《骂媒人》等。开始是轻歌唱,越接近嫁期越悲伤。土家人把是否善于哭嫁作为衡量女子才德的标准。

土家族的房屋依山而建,俗称吊脚楼。土家吊脚楼的基本特点是正屋建在实地上,厢房除一边靠在实地和正房相连,其余三边皆悬空,靠柱子支撑。正屋和厢房(吊脚部分)的上面住人,厢房的下部有柱无壁,用来喂养牲畜、堆放杂物。

土家族的传统服装多以自纺自织的土布为布料。男装为对襟短衫,下着长裤,爱用青布包头。女装为短衣大袖,左衽开襟,绲镶花边,下着镶边筒裤,头缠墨青丝帕或布帕。

土家族多食苞谷、稻米、红苕,习惯做成苞谷饭、豆饭、粑粑和团馓。土家族最爱吃腊肉、油茶等食品。菜肴以酸辣为主要特点,有"辣椒当盐"的嗜好。爱喝用糯米、高粱酿制的甜酒和咂酒。

土家族的传统节日主要有"赶年""六月六"等。过"赶年",就是比汉族提前1~2天过年。相传明嘉靖年间,土家子弟奉命赴东南沿海抗击倭寇,土家族人提前过年团圆,以送子弟出征。如今,有些地区的土家人吃罢年夜饭,仍有戴上面具,拿起梭镖、长矛等到山上走一圈的习俗。

土家族的主要禁忌:禁食狗肉;忌随意移动火坑中的三脚架,忌用脚踩灶或坐在灶上以及将衣裤、鞋袜或其他脏东西放在灶上;客人不能与少妇坐在一起,但可以与姑娘坐在一条长凳子上;忌在家里吹口哨和随意敲锣打鼓。

[文旅资源]

<u>湖南名胜古迹众多</u>。西部的武陵源(张家界),集大自然奇、险、秀、幽于一身,有奇山异峰3000多座和无数的溶洞、落水洞、天窗、群泉;中部南岳衡山,有"五岳独秀"之称,是中国南方著名佛教禅林和避暑胜地;北部洞庭湖,号称"八百里洞庭",水天一色,景色壮观。南岳衡山是中华五岳之一,岳阳楼是江南三大名楼之一。目前武陵源、崀山丹霞地貌、湘西州老司城遗址等已被列入世界遗产名录,湖南昆剧、汨罗江畔端午习俗、湖南皮影戏项目被列入《人类非物质文化遗产代表作名录》,张家界市武陵源—天门山旅游区、衡阳市衡山旅游区、湘潭市韶山旅游区、岳阳市岳阳

楼—君山岛景区、长沙市岳麓山—橘子洲旅游区、长沙市花明楼景区等12家景区成功申报成为国家5A级旅游景区。

湖南红色旅游资源极其丰富。 湖南曾是全国农民运动的中心、中国革命的重要策源地，发生过秋收起义、湘南暴动、桑植起义、平江起义、通道转兵、芷江受降等著名历史事件，留下了秋收起义文家市会师纪念馆、平江起义纪念馆、芷江抗战受降纪念旧址等景区。同时，湖南有"伟人故里""将帅之乡""革命圣地""红色摇篮"之称，建有毛泽东、刘少奇、彭德怀、杨开慧、贺龙、任弼时等故居或纪念馆。其中，以毛泽东故居为主的湘潭市韶山旅游区和以毛泽东《沁园春·长沙》词闻名的长沙市岳麓山—橘子洲旅游区尤其受到红色旅游者的青睐。

湖南名人辈出。 历史名人有魏源、曾国藩，老一辈无产阶级革命家有毛泽东、刘少奇、任弼时、彭德怀等。新中国首批授衔的10大元帅中有3位湖南人（彭德怀、贺龙、罗荣桓），10位大将中有6位湖南人（粟裕、黄克诚、陈赓、谭政、萧劲光、许光达），57位上将中有19位湖南人，177位中将中有45位湖南人。此外，湖南籍或长期在湖南工作的名人还有党和国家领导人胡耀邦、朱镕基，"世界杂交水稻之父"袁隆平，知名艺术家田汉、齐白石、黄永玉，著名作家沈从文、周立波以及全心全意为人民服务的共产主义战士雷锋。名人光环为湖南旅游增加了更多文化的内涵。

知名景区。 湖南历史悠久，物产丰富，风光秀丽，名胜古迹众多。湖南有武陵源、崀山丹霞地貌、湖南土司遗址等世界遗产；湖南昆剧、汨罗江畔端午习俗、湖南皮影戏项目被列入《人类非物质文化遗产代表作名录》；有长沙市岳麓山—橘子洲旅游区、湘潭市韶山旅游区、张家界武陵源—天门山旅游区等12家国家5A级旅游景区；有衡山风景名胜区、武陵源（张家界）风景名胜区、岳阳楼—洞庭湖风景名胜区等19个国家级风景名胜区；有中国历史文化名城4座，分别是长沙、岳阳、凤凰、永州；有湖南省灰汤温泉旅游度假区、常德柳叶湖旅游度假区等4家国家级旅游度假区。

湖南的旅游资源以名山、名水、名城、名人为特色。湖南有古建筑及历史纪念建筑物51处，古遗址、古墓葬、古碑刻70余处。湖南名胜古有"潇湘八景"美誉（潇湘夜雨、平沙落雁、烟寺晚钟、山市晴岚、江天暮雪、远浦归帆、洞庭秋月、渔村夕照）。西部的张家界，集大自然奇、险、秀、幽于一体，1992年被联合国教科文组织列入《世界遗产名录》；中部南岳衡山，有"五岳独秀"之称，是中国南方著名佛教禅林和避暑胜地；北部洞庭湖，昔日号称"八百里洞庭"，水天一色，景色壮观。南岳衡山是中华五岳之一，岳阳楼是江南三大名楼之一。此外，伟人故里韶山、佛教圣地大乘山、千年学府岳麓书院、凤凰古城、常德桃花源等景区景点美不胜收，受到了越来越多海内外游客的青睐。湖南还是名人辈出之地，曾哺育出魏源、曾国藩、毛泽东等对中国历史有重大影响的人物，许多地方留有他们当年活动的遗迹。湖南文旅宣传语是"三湘四水，相约湖南"。

[旅游核心城市]

城市	概况
长沙市	长沙市。湖南省省会，湖南省政治、经济、文化、科教和商贸中心，国家历史文化名城。长沙简称"长"，别称"星城"——相传得名于二十八宿中轸宿附星"长沙星"，因此又有"星沙"之称。长沙是楚文明和湘楚文化的发源地，西汉时曾为长沙国都城，又因屈原和贾谊的影响而被称为"屈贾之乡"。长沙有马王堆汉墓、岳麓书院等历史遗迹，有岳麓山—橘子洲旅游区、花明楼景区等国家5A级旅游景区。麓山景区的爱晚亭始建于清乾隆五十七年（1792年），与安徽滁州醉翁亭、杭州西湖湖心亭、北京陶然亭公园的陶然亭并称中国四大名亭。长沙还是一座时尚动感之都、美食之城。湖南卫视、超女快男风靡全国，街头巷尾随处可见飘香的小吃美食。
岳阳市	位于湖南省东北部，怀抱洞庭，北依长江、南纳三湘四水，江湖交汇，古称"巴陵"、"岳州"，是湖南省辖地级市，国务院首批沿江开放城市，长江中游重要的区域中心城市。岳阳建城始于公元前505年，因原郡治位于天岳幕阜山之南而得名，是一座有着2500多年悠久历史的国家历史文化名城。 岳阳人文深厚、风景秀丽，集名山、名水、名楼、名人、名文于一体，是中华文化重要的发源地之一，也是海内外闻名的旅游胜地。岳阳为江南最早的古城之一，以"洞庭天下水、岳阳天下楼"著称于世。境内有岳阳楼、君山岛、灵雾山、屈子祠、铁山水库、大云山国家森林公园、张谷英古建筑群等风景名胜；有平江起义旧址、任弼时纪念馆等革命文物纪念地。
张家界市	湖南省辖地级市，原名大庸市，位于湖南西北部，澧水中上游，属武陵山区腹地。明弘治年间（1488~1505年），因永定卫大庸所指挥使张万聪镇守有功，将今张家界国家森林公园一带"山林之地"作为封地赏赐给他。明崇祯三年（1630年），张万聪的第6代孙张再弘被赐团官，且设衙署于此。于是，这一带成为张氏世袭领地，被叫成了"张家界"。另一种说法是：相传西汉留侯张良当年在此隐居，终老后葬于此，因此很早的时候这里就叫张家界了。 张家界因旅游建市。俗话说"九寨沟看水，张家界看山"，张家界武陵源景区有"中国山水画的原本""缩小的仙境，放大的盆景"的美誉。2010年首部3D电影《阿凡达》，更是让其中的电影取景地——张家界的美景享誉世界。

[风物特产]

湖南省因地处长江南岸洞庭湖之南而得名，先秦两汉时期为楚国境地，历史悠久，物产富饶，是著名的"鱼米之乡"。湖南特产有：浏阳烟花、菊花石雕、浏阳豆豉、浏阳黑山羊、铜官陶器、湘绣、臭豆腐、株洲唐人神、株洲太子奶、醴陵陶瓷、醴陵烟花、攸县香干、茶陵黄牛、炎陵白鹅等。

湖南菜，又叫湘菜，是中国历史悠久的八大菜系之一，早在汉朝就已经形成菜系。以湘江流域、洞庭湖区和湘西山区三种地方风味为主。湘菜制作精细，用料上比较广泛，口味多变，品种繁多；色泽上油重色浓，讲求实惠；口味上注重香辣、香鲜、软嫩；制法上以煨、炖、腊、蒸、炒诸法见长。湘菜的主题是下饭，其实很多湖南人也是怕辣的，由辣而产生多吃米饭的结果，像外婆菜就是非常下饭的菜。湘菜代表派系为组庵湘菜，如组庵豆腐、组庵鱼翅等；民间湘菜代表菜品有剁椒鱼头、辣椒炒肉、湘西外婆菜、吉首酸肉等。

[特色产业]

产业	概况
文化产业	湖南文化产业走出了一条有特色的发展道路，创造了一种"湖南文化现象"，"广电湘军""出版湘军""动漫湘军"全国知名。湖南卫视收视率一直位居全省省级卫视第一。湖南软件产业居中部地区首位，原创动漫产量居全国第一。
汽车产业	形成了以"长株潭"为核心，与衡阳、邵阳、常德、永州相呼应的汽车产业格局。永州长丰集团旗下的长丰猎豹、三菱帕杰罗等汽车品牌国内知名。
工程机械产业	湖南是国内知名的工程机械产业大省，拥有三一重工、山河智能、中联重科、铁建重工等全球知名的工程机械制造企业，技术领先，年产值超过2000亿元，产品覆盖世界180多个国家和地区。

第五章 华南地区各省自治区导游基础知识

章节练习
增值服务

学习目的

通过本章的学习，使考生**了解**广东省、广西壮族自治区和海南省的历史、地理、气候、区划、人口、交通、旅游等概况，各地代表性饮食的特点、主要美食和风物特产；**熟悉**这三个省（区）列入《世界遗产名录》的中国遗产地，列入《人类非物质文化遗产代表作名录》的中国非遗项目，国家5A级旅游景区和国家级旅游度假区，各地具有代表性的历史文化和民俗风情；**掌握**旅游核心城市、国内知名地域文化、民族民间文化及特色产业。

第一节 广东省基本概况与主要文旅资源

广东省简称"粤"，地处中国大陆最南部，下辖21个地级市，划分为珠三角、粤东、粤西和粤北4个区域。广州和深圳为副省级城市，深圳为计划单列市，深圳、珠海和汕头为经济特区。全省共122个县级行政区。广东省面积约18万平方千米，2024年年末，常住人口约12780万，是中国第一人口大省。广州市是广东省的省会。

[地理、气候]

类别	内　容
位置	广东省地处中国大陆最南部，东邻福建，北接江西、湖南，西连广西，南临南海，珠江口东西两侧分别与香港特别行政区和澳门特别行政区接壤，西南部雷州半岛隔琼州海峡与海南省相望。
地形	受地壳运动、岩性、褶皱和断裂构造以及外力作用的综合影响，广东省地貌类型复杂多样。地势总体北高南低，最高峰为石坑崆峰。
气候	广东省属于东亚季风区，从北向南分别为中亚热带、南亚热带和热带气候，是全国光、热和水资源最丰富的地区之一，且雨热同季，降水主要集中在4~9月。年降水量分布不均，呈多中心分布。全省年平均气温21.8℃。

[交通状况]

类别	内　容
铁路	铁路运输方面，广东省已形成以广州为中心，"三纵二横"的主干线，有京广铁路、京九铁路、广深铁路、黎湛铁路、赣韶铁路、柳韶铁路、粤海铁路和梅坎铁路等。高铁线路有武广高铁、广深港高铁、厦深高铁、贵广高铁、南广高铁、广东西部沿海高铁（部分开通）等。
公路	广东交通四通八达。广东省高速公路网络覆盖全省，密度居全国前列，与相邻省份均保持5条以上通道连接。截至2024年年底，广东高速公路通车总里程超过1.17万千米。
航空	广东省正完善以广州白云国际机场为国际复合型门户枢纽机场，深圳宝安国际机场及湛江国际机场为区域性枢纽机场，其他支线机场为补充的全省民用机场布局。到2021年年末，全省已建成机场19座。
水运	广州港、深圳港、汕头港和湛江港已成为中国国内对外交通和贸易的重要通道。

[历史沿革]

广东史前时代较为完整，著名的韶关马坝遗址、封开黄岩洞遗址及曲江石峡遗址分别代表了广东地区旧石器时代、新石器时代乃至商周青铜时代的古人类遗存。

秦为统一岭南，开凿了著名的水利工程——灵渠，沟通了湘江、漓江，使长江和珠江两大水系连为一体。秦统一六国后，今广东省的大部分地区属南海郡，这是广东历史上第一次划分行政区。秦末，赵佗建立南越国。当时，广东除今连州及乐昌北境属长沙郡管辖外，都属南越国地界。汉武帝平定南越后，汉朝将南越地划分为南海、苍梧、郁林、合浦、交趾、九真、日南、儋耳、珠崖9个郡。

东汉，交趾部改为交州。吴景帝永安七年（264年），东吴把南海、苍梧、郁林、高梁4个郡（今两广大部）从交州划出，另设广州，州治番禺，广州由此得名。

南朝时，陈霸先是中国历史上首位由广东起家成就帝业的皇帝。也是南朝最后一个王朝"陈"的开国皇帝。

唐玄宗时在广州设立了市舶使，专门负责对外海上贸易。武则天当政时期，六祖慧能创立的南派禅宗成为我国佛教中影响最大的宗派。唐朝时期以张九龄为代表的岭南名士和以韩愈为代表的罢黜岭南的文人皆为岭南文化的发展作出了突出的贡献。

宋代，今广东省境包括广南东路14州和广南西路境内的7州，共61县。宋太宗至道三年（997年），广南路分为广南东路和广南西路，东路治所在广州，西路治所在桂州，广东大部分属广南东路，"广东"即广南东路的简称。宋朝时期，罢、谪到岭南地区的官员有苏轼、苏辙、寇準、包拯等，他们在广东地区劝课农桑，开垦荒田，兴办教育，对当地经济和文化的发展起到了极大的推动作用。南宋末年，南宋小朝廷逃亡到广东，后在崖山战败，大臣陆秀夫背负8岁的幼主赵昺投海自尽，标志着南宋的灭亡。

元朝时期，今广东省境分为广东道和海北海南道。明洪武二年（1369年），改广东道为广东等处行中书省，广东成为明朝的十三行省之一。明朝时期，葡萄牙人非法闯入广东，嘉靖年间进入澳门，获得居住权。

明朝时期，广东文化获得空前发展，先后出现了伦文叙、林大钦等科考状元。陈献章开创明儒心学之先河。

清初将明朝时的布政使司正式改称为省，广东省名称正式使用。清设总督管辖广东、广西两省，称"两广总督"，初驻肇庆。1839年，林则徐虎门销烟成了第一次鸦片战争的导火线。1856年，英国借口"亚罗号"事花节；为纪念南北朝时期海南部族首领冼夫人而举行的民间奉祀活动"军坡节"；农历三月初三黎族青年男女追求爱情和幸福的传统佳节"三月三"；每年 3 月下旬或 4 月上旬（农历"三月三"期间）的海南国际椰子节，它是集旅游、文化、民俗、体育、经贸于一体的大型旅游文化节庆活动；每年中秋的儋州民间"歌节"，"歌节"的主要活动内容包括儋州山歌、调声对歌比赛和赏月等项目；每年 11 月下旬举办的"海南欢乐节"等。

黎族。黎族为我国岭南民族之一，是古代"百越"人的后裔。"黎"作为族称始于唐末，到宋代固定下来，沿用至今。黎族主要分布在海南省，现有人口约 160.21 万。

黎族以从事农业为主，种植稻、薯、玉米等作物。手工业、渔猎、饲养家畜家禽、采集野生植物是重要的家庭副业。黎族居住的地方处于亚热带，水稻可以一年三熟，也是我国热带经济作物的主要产地，热带经济作物如橡胶、油料、甘蔗、胡椒、咖啡、腰果、水果等的种植已成为黎族的重要经济来源。

黎语属汉藏语系。先前，黎族没有自己的文字，1957 年创建了以拉丁字母为基础的黎文。由于长期与汉族接触，不少黎族人兼通汉语，使用汉字。黎族没有形成统一的宗教信仰，各地均奉行祖先崇拜与自然崇拜，还保留着氏族图腾崇拜的痕迹。靠近汉族的地区受道教的影响，部分地区还曾传入基督教。

黎族是能歌善舞的民族，音乐和舞蹈具有鲜明的民族特色。《竹竿舞》场面欢快热烈，鼻箫是黎族独特的乐器。口头文学形式活泼，内容丰富，包括神话、传说、故事等。黎族擅长制作独木器，所使用的任何器具，原料都必须是一块整木。黎族手工纺织技术历史悠久，早在唐宋时代就领先于中原，并以黎锦、黎单闻名于世。元初，我国著名的纺织能手黄道婆，就是到海南学习了黎族的纺织技艺并回家乡推广才名垂青史的。黎族文化遗产中被列为国家非物质文化遗产的主要有《打柴舞》、纺染织绣技艺以及"三月三"节日等。

黎族传统民居多为竹木结构的楼房或草房。金字塔形屋顶，上盖茅草，用竹条或树枝扎成墙架，再以泥糊。屋内间隔成厅房。有的住宅为"船形屋"，用竹木扎构成轮廓，状如船篷，盖以茅草，呈半圆筒形。黎族儿女成年后就住在屋外的"寮房"里，以便自由恋爱，俗称"放寮"。

黎族传统服饰男子穿无领对襟上衣，下穿前后两幅布的吊襜，结鬓缠头。女子穿对襟无扣上衣，下穿无褶筒裙，多绣织花纹，筒裙有长短之分。束发于脑后，插有牛骨、金属、箭猪毛制成的发簪，披绣花头巾，盛装时戴项圈、手镯、脚环、耳环等。有些地方妇女耳环多且重，耳根下垂至肩，俗称"儋耳"。黎族妇女曾有文面文身的习俗，称为"雕题"。黎族服饰图案的取材，多采用青蛙、蟒蛇、坡鹿、榕树等图腾崇拜物，配色和谐，绚丽华美。

黎族的饮食比较简朴，以稻米、玉米、番薯为主食，多以狩猎、采集所得为副食，只种少量蔬菜。日进三餐，喜稀不喜干，并习惯腌制生鱼、生肉。竹筒烧饭是黎族日常生活中独特的野炊方法。黎族妇女爱嚼槟榔。

黎族大多数节日与汉族相同。"三月三"是最盛大的民间传统节日，也是青年男女自由交往的日子。每年的农历三月三这一天，具有敬老美德的黎族同胞带上自家腌制的山菜、酿成的米酒、做好的糕点去看望寨内有威望的老人，青年男子则结伙外出狩猎、打鱼，姑娘们烤鱼、煮饭。夜幕降临，小伙子们跳起了传统舞蹈，男女青年对唱山歌、互诉衷情。

黎族的主要禁忌：敬神之物，忌乱翻动；睡觉忌头朝门外；禁食狗、马等动物肉；忌讳影子被别人踩踏；妇女文身忌男人参与或偷看。

[文旅资源]

海南是中国历史悠久、文化灿烂的地区之一，漫长的海南历史展示出具有海南特色的古代贬官文化、海南革命文化。并非一些人所说的蛮荒之地和"文化沙漠"。在悠久的华夏文明中，海南历史文化源远流长、独树一帜，从远古到现代，它都是中华文明中重要的分支，也是中国历史文化精华的一部分。海南有《鹿回头》《大力神》《黎母神话》等十大经典神话传说。它们在历史的长河中为"南海明珠"添上了神秘而迷人的色彩。游客可以从这古老的文学形式中感受先人的智慧与胸怀，沿着神话传说的印迹，追寻海南岛历史文化的无穷魅力。

海南有十大最值得关注的文化遗产：黎族树皮布制作技艺、黎族《打柴舞》、黎族钻木取火、黎族传统纺染织绣技艺、昌江黎族泥条盘筑法制陶技艺、黎族骨簪、临高人偶戏、黎族茅草屋、南洋骑楼、秀英炮台。海南代表性的传统节日有军坡节（公期）、换花节、"三月三"、龙水节、儋州民歌节等。

海南省旅游资源丰富，特色鲜明。海南境内有三亚南山文化旅游区、三亚南山大小洞天旅游区、保亭县呀诺达雨林文化旅游区、陵水县分界洲岛旅游区、保亭县海南槟榔谷黎苗文化旅游区、三亚市蜈支洲岛旅游区等7家国家5A级旅游景区；有全国重点文物保护单位42处；三亚市亚龙湾旅游度假区、琼海博鳌东屿岛旅游度假区和万宁石梅湾旅游度假区为国家级旅游度假区；三亚热带海滨风景名胜区为国家级风景名胜区；有中国历史文化名城2个——琼山、海口。2009年，"黎族传统纺染织绣技艺"被列入《急需保护的非物质文化遗产名录》。

海南省的海岸带景观在海南岛长达1910多千米的海岸线上，一年中多数时候可进行海浴、日光浴、沙浴和风浴。自海口至三亚东岸线就有60多处可辟为海滨浴场。环岛沿海有不同类型滨海风光特色的景点，在东海岸线上，还有一种特殊的热带海涂森林景观——红树林和一种热带特有的海岸地貌景观——珊瑚礁，均具有较高的观赏价值。目前，海南省已在琼山区东寨港和文昌市清澜港等地建立了4个红树林保护区。

海南岛有海拔1000米以上的山峰81座。颇负盛名的有五指山、东山岭、太平山等，均是登山旅游和避暑胜地。海南有乐东县尖峰岭、昌江县霸王岭、陵水县吊罗山和琼中县五指山4个热带原始森林区，其中以尖峰岭最为典型。

海南已建立若干个野生动物自然保护区和驯养场，有昌江县霸王岭黑冠长臂猿保护区、东方市大田坡鹿保护区、万宁市大洲岛金丝燕保护区、陵水县南湾半岛猕猴保护区、屯昌县养鹿场等。

海南省大河、瀑布、水库风光各具特色，滩潭相间，蜿蜒有致，河水清澈，是旅游观景的好地方，尤以闻名全国的"万泉河风光"最佳。大山深处的小河或山间小溪，洞于深山密林之中，山间大石叠置，瀑布众多。

海南的火山、溶洞、温泉资源也很有特色。历史上的火山喷发，在海南岛留下了许多死火山口。最典型的是位于琼山区的石山。海南有不少千姿百态的喀斯特溶洞，其中著名的有三亚的落笔洞、保亭的千龙洞、昌江的皇帝洞等。岛上温泉分布广泛，兴隆温泉、南平温泉、蓝洋温泉等，适于发展融观光、疗养、科研等为一体的旅游。

海南具有历史意义的古迹主要有：为纪念唐、宋两代被贬谪来海南岛的李德裕等5位历史名臣而修建的五公祠，北宋大文豪苏东坡居琼遗址——东坡书院以及为纪念苏氏而修建的苏公祠、为分巡雷琼兵备道焦映汉所修建的琼台书院，丘濬（明代名臣）之墓、海瑞（明朝大清官）之墓、受汉武帝派遣率兵入海南的伏波将军为拯救兵马而下令开凿的汉马伏波井，以及崖州古城、韦氏祠堂、文昌阁等。革命纪念地有琼崖纵队司令部旧址、嘉积镇红色娘子军纪念塑像、金牛岭烈士陵园、白沙起义纪念馆等，还有宋庆龄故居及陈列馆等。

海南是全国唯一的黎族聚居区。黎族颇具特色的民族文化和风情，有独特的旅游观光价值。

海南文旅宣传语是"阳光海南，度假天堂"。

[旅游核心城市]

城市	概　况
海口市	别称"椰城"，是国家"一带一路"战略支点城市，北部湾城市群中心城市，海南省政治、经济、科技、文化中心。海口地处海南岛北部，北濒琼州海峡，是一座富有海滨自然旖旎风光的南方滨海城市。"海口"一名最早出现在宋代，指的是海湾内的港口，已有900多年的历史。1956年，国务院将海口市划为广东省的地级直辖市。1988年海南建省，海口市成为海南省省会。 海口市有府城鼓楼、西天庙、海瑞墓园、琼台书院、"五公祠"、秀英炮台等历史古迹；有冯白驹故居，中共琼崖第一次代表大会旧址、中山纪念堂、李硕勋烈士纪念亭等革命胜迹；有东寨港国家级自然保护区、假日海滩旅游区、海口石山火山群国家地质公园、海南热带野生动植物园、海口观澜湖旅游度假区、世纪大桥、海口人民公园等著名旅游景点景区。海口文化内容丰富，主要包括历史文化、革命文化、海洋文化、民宿文化等。
三亚市	又称"鹿城"，是中国最南部的热带滨海旅游城市，中国空气质量最好的城市、全国最长寿地区（平均寿命超过80岁）。位于海南岛最南端，南临南海。"三亚"因三亚河（古名临川水）得名。三亚东西二河在此会合，呈"丫"字形，故名"三亚"。三亚历史悠久，在明代《正德琼台志》已有"三亚村""三亚里"的记载。考古发现，一万年前，一支古人类的重要系脉就在三亚发迹，中国科学院命名为"三亚人"。 绝美的海滨风光令三亚成为中国最著名的海滨度假胜地，享有"东方夏威夷"的美誉。 三亚有南山、蜈支洲岛、三亚湾、亚龙湾、呀诺达雨林、天涯海角、槟榔谷、亚特兰蒂斯水世界、大小洞天、分界洲岛等著名旅游景点。三亚非物质文化遗产资源丰富，《黎族打柴舞》和《崖城民歌》入选国家级非物质文化遗产保护名录。

[风物特产]

海南的土特产品主要有以下四类。
（1）椰子食品：椰子糖果、椰子糕、椰子酱等。
（2）民族工艺品：牛角雕、藤器、海南红豆、木画、木雕、根雕、椰雕系列产品等。
（3）金饰品和珠宝：琼珠、海水珍珠、天然水晶等。
（4）热带果脯及鲜果：芭蕉、菠萝、波罗蜜、橙子、番荔枝、番石榴、海南柚子等。

海南的"吃"有四大特点：新鲜、天然、奇特、丰富。在海南吃山珍海味，讲究清淡鲜活、原汁原味。来海南旅游，特别要吃海鲜，鱼类肉嫩味鲜，为宴席首选；各种虾如基围虾、对虾、龙虾及各种贝类如鲍鱼、扇贝、鸡腿螺、剪刀贝等也是必食之珍。文昌鸡、嘉积鸭、东山羊、和乐蟹是海南四大名菜，另有临高乳猪、石山壅羊、曲口海鲜和三亚三绝（梅花参、鲍鱼和鱼翅）全岛有名。曲口海鲜以青蟹、血蚶、蚝、对虾为最佳。梅花参是海南省特有的海珍，主要产在南海诸岛海域。海参为"海产八珍"之首，尤以梅花参最为珍贵。梅花参最长可达1.2米，重12~13千克，故称"海参之王"。

海南的风味美食有临高乳猪、石山壅羊、温泉鹅、万泉鲤等。海南的风味小吃有海南粉、海南鸡饭、海南粽、海南火锅等。

【 特色产业 】

产业	概　况
旅游与会展产业	海南旅游全域规划、全域打造、全民参与、全民共享，被称为中华民族的"四季花园"和中外游客的"度假天堂"。海南发展会展业既有生态环境优势，也有博鳌亚洲论坛品牌优势。大型展馆、大型会议、品牌展览、特色节庆、国际文体赛事等工程建设成效显著，海南会展国际化水平享誉世界。
热带特色高效农业	海南素有"天然温室"美誉，具有发展热带高效农业的独特条件。热带水果、冬季瓜菜、天然橡胶、海洋渔业等一批国家级农渔基地打造成富足农民、服务全国的王牌产业。海南天然橡胶产业集群被列入《2020年优势特色产业集群建设名单》。

续表

产业	概　　况
现代物流业	海南大力发展保税物流、跨境电商物流、中转物流，积极发展第三方物流、第四方物流和供应链管理模式，努力将海南打造成为面向东南亚和大洋洲、连接南北经济带的区域航运枢纽和物流中心。
医药产业	海南南药、黎药和海洋生物资源丰富。海南医药产业已培育了"养生堂""快克""康芝"等中国驰名商标。

第六章 西南地区各省市自治区导游基础知识

章节练习
增值服务

学习目的

通过本章的学习，使考生**了解**重庆市、四川省、贵州省、云南省、西藏自治区的历史、地理、气候、区划、人口、交通、旅游等概况，各地代表性饮食的特点、主要美食和风物特产；**熟悉**这五个省（区、市）列入《世界遗产名录》的中国遗产地，列入《人类非物质文化遗产代表作名录》的中国非遗项目，国家5A级旅游景区和国家级旅游度假区，各地具有代表性的历史文化和民俗风情；**掌握**旅游核心城市、国内知名地域文化、民族民间文化及特色产业。

第一节 重庆市基本概况与主要文旅资源

重庆简称"渝"，位于祖国内陆西南部，长江和嘉陵江汇合处。重庆是中国西部地区唯一的直辖市，总面积约8.24万平方千米，现下辖38个行政区、县（自治县），包括26个市辖区，8个县，4个自治县。截至2024年年底，重庆市常住人口约3190.47万。

[地理、气候]

类别	内　容
位置	重庆位于四川盆地的东南边缘，盆地向四周山地过渡地带的川东平行岭谷。
地形	川东平行岭谷是我国东北—西南走向山脉组合最整齐地区，山脉与丘陵谷地相间有序排列，也是世界上特征最显著的褶皱山地带，与美洲的阿巴拉契亚山、安第斯—落基山并称世界3大褶皱山系。作为建在平行岭谷的特大城市，城市主要功能区域布局谷底其间，山中有城，城中有山，故有"山城"之称。
水系	重庆境内水系丰富，流经的主要河流有长江、嘉陵江、乌江等，长江干流自西向东横贯全境。
气候	重庆主要气候特点可以概括为：冬暖春早，夏热秋凉，四季分明，无霜期长；空气湿润，降水丰沛；太阳辐射弱，日照时间短；多云雾，少霜雪；光温水同季，立体气候显著。重庆属亚热带季风性湿润气候，春夏之交夜雨尤甚，素有"巴山夜雨"之说。重庆在地形和气候双重作用下，多雾，故也有"雾都"之称。璧山区的全年雾日多达204天，堪称"世界之最"。

[交通状况]

重庆是西南地区综合交通枢纽，国家物流枢纽。

类别	内　容
铁路	重庆是全国性综合铁路枢纽，从1952年成渝铁路通车开始，截至2024年，重庆铁路营运里程2881千米，建成"一枢纽十干线"铁路网络格局，"米"字形高铁网建设迅速，轨道交通营运里程575千米。
公路	重庆是国家公路运输枢纽，2024年，重庆高速公路通车总里程突破4500千米，主城都市区进入"四环"时代。
航空	区域性航空枢纽基本形成。江北国际机场成为国家区域枢纽机场，旅客吞吐量约4868万人次；位于重庆璧山的重庆第二国际机场已经获得中国民用航空局正式批复，重庆将跨入双机场城市行列；万州五桥机场、黔江武陵山机场为重庆已运营支线机场。
水运	重庆坐拥三峡航道，自古就是水路出川咽喉。历史上三峡水运一直是长江水运最危险的路段。抗日战争期间，成立于重庆的民生轮船公司在支援抗日战争、维护战时交通上，作出了巨大贡献。经过多年发展，重庆是长江上游乃至中国西部最大的内陆港口城市，也是长江上游航运中心。全市航道总里程达到4472千米，"一干两支"、通江达海的航道体系基本建成。随着全国最大的内河港果园港建成投用，2024年全市港口货运量达到2.29亿吨，位居西部第一。重庆段的水运已经成为长江最繁忙的水运线，进入国内最发达的水运航线行列，区域内长江三峡也是我国最成熟、知名度最高的世界级内河旅游航线，长江上最为奇秀壮丽的风景画廊。

[历史沿革]

重庆有文字记载的历史达 3000 多年，是巴渝文化的发祥地。嘉陵江古称"渝水"，此为重庆简称"渝"的出处。

北宋崇宁元年（1102 年），改渝州为恭州。南宋淳熙十六年（1189 年）正月，孝宗之子赵惇先封恭王，二月继帝位为光宗皇帝，称为"双重喜庆"，遂升恭州为重庆府，重庆由此而得名。1891 年，重庆成为中国最早对外开埠的内陆通商口岸之一。1929 年，重庆正式建市。抗日战争时期，国民政府定重庆为陪都，重庆同华盛顿、伦敦、莫斯科一道被列为世界反法西斯四大指挥中心，为世界反法西斯战争作出了巨大贡献。抗日战争时期和解放战争初期，以周恩来为代表的中共中央南方局在重庆开展统一战线工作，历练出的"红岩精神"是我们国家和民族的宝贵精神财富。中华人民共和国成立初期，重庆为中央直辖市，是中共中央西南局、西南军政委员会驻地和西南地区政治、经济、文化中心。1954 年，西南大区撤销后改为四川省辖市。1983 年，党中央国务院批准重庆为全国第一个经济体制综合改革试点城市，实行计划单列。1997 年 3 月 14 日，八届全国人大五次会议批准设立重庆直辖市，6 月 18 日正式挂牌。

[民族民俗文化]

根据第七次全国人口普查数据，重庆市共有少数民族人口约 217.1 万。重庆市辖 4 个自治县、1 个享受民族自治地方优惠政策的区、14 个民族乡。渝东南民族地区一区四县（石柱土家族自治县、秀山土家族苗族自治县、酉阳土家族苗族自治县、彭水苗族土家族自治县和黔江区）是全市少数民族人口聚居区，土家族和苗族是主要世居少数民族。

土家族、苗族和其他民族交错杂居，长期交往，风俗相染，共同创造了这里独特的民族风情。走进土家苗寨，古朴的吊脚楼、爽口的油茶汤，"哭嫁""跳丧""赶年""四月八""赶秋"等节日气氛热烈，颇具古风。土家族的"摆手舞""铜铃舞"，苗族的芦笙、"木鼓舞""对歌""盘歌""山歌""薅草锣鼓"闻名遐迩，久负盛名。土家刺绣、苗家蜡染，堪称一绝。

[文旅资源]

重庆是中国历史文化名城，文旅资源丰富。巴渝文化是长江上游最有鲜明个性的地方文化之一，它是指巴族和巴国在历史的发展中所形成的地域性文化。巴人一直生活在大山大川之间，大自然的重峦叠嶂，孕育出他们豪爽、坚韧和彪悍的性格，古时巴人以勇猛、善战而著称，相传巴人的军队参加周武王讨伐商（殷）纣王战争时，就有"武王伐纣，前歌后舞"的说法。独特的巴渝文化，铸就了重庆这块土地上深厚的文化底蕴，文化英才不断涌现，文化艺术多姿多彩。以饮食文化、袍哥文化、码头文化、移民文化、抗战陪都文化、红岩精神、三线建设文化等为代表的巴渝文化，地域文化独树一帜。

重庆名人辈出，著名的文化名人有：南宋高僧道隆，明代爱国女英雄秦良玉，清代教育家李惺，清末书画家竹禅和杨裕勋，清末医学家程琪芝，近代实业家卢作孚、张森楷，辛亥革命先烈张培爵、邹容，近代教育家向楚等。

重庆至宜昌这段千里川江上，以前航道弯曲狭窄，明礁暗石林立，急流险滩无数，江上船只多靠人力推动或拉纤航行，少则数十人多则上百人的江上集体劳动，只能用号子来统一指挥。由此，产生了许多歌咏船工生活的水上歌谣——川江号子。川江号子是川江船工为统一动作和节奏，由号工领唱，众船工帮腔、合唱的一种民间歌唱形式，具有传承历史悠久、品类曲目丰富、曲调高亢激越、一领众和等特征。现"川江号子"已被列入《第一批国家级非物质文化遗产名录》。

重庆拥有世界自然遗产 3 项：武隆（"中国南方喀斯特"第一期）、金佛山（"中国南方喀斯特"第二期）和五里坡（神农架世界自然遗产边界调整项目）；拥有世界文化遗产 1 项：大足石刻。拥有巫山县小三峡—小小三峡、酉阳土家族苗族自治县桃花源、綦江区万盛黑山谷—龙鳞石海、江津区四面山、涪陵区武陵山大裂谷等 12 家国家 5A 级旅游景区。重庆的革命遗迹很多，拥有红岩革命历史博物馆、歌乐山革命烈士纪念馆（渣滓洞、白公馆）、曾家岩等知名红色旅游资源。

重庆独特的地理与文化环境孕育了其特有的城市旅游品牌，时尚金街解放碑、天空之城洪崖洞、千年古镇磁器口、轻轨穿楼李子坝、8D魔幻立交桥、长江过江索道以及城市康养好去处的南温泉、北温泉等，共同构成了山城重庆的神奇魅力。同时，重庆还保留和传承了川剧、綦江农民版画、梁平三绝（年画、竹帘、灯戏）、铜梁龙灯、秀山花灯戏、九龙楹联等传统民间艺术。

钟灵毓秀的山川地理孕育了重庆融山、水、林、泉、瀑、峡、洞为一体的奇特壮丽的自然景观，以立体画廊长江三峡最负盛名，长江三峡以瞿塘雄、巫峡秀、西陵峡险而驰名。其支流大宁河的"长江小三峡"和"小小三峡"风光别有一番玲珑剔透、群峰竞秀的魅力。小三峡是大宁河下游流经巫山境内的龙门峡、巴雾峡、滴翠峡的总称，全长50千米。"小小三峡"是大宁河小三峡的姊妹峡，因比大宁河小三峡更小，故名"小小三峡"，是大宁河支流——马渡河下游的三撑峡、秦王峡、长滩峡三段峡谷的总称，全长15千米。

武隆景区地处武陵山与大娄山脉交会的褶皱地带，喀斯特地貌十分显著，主要由"天生三桥""仙女山""芙蓉洞"三部分组成，其中芙蓉洞有目前国内外发现的最大竖井群。金佛山以独特的"喀斯特桌山"地貌被列入《世界遗产名录》，也是名副其实的"生物基因库""中华药库"。四面山景区的"奇山""异水""红石""厚文"四大景观资源特色明显，拥有完整的"丹霞赤壁—瓮形围谷—高山瀑布"组合而成的罕见地质遗迹。

大足石刻是大足区境内石窟寺及石窟造像的总称，是集儒、释、道三教造像于一体的大型石窟造像群。大足石刻是世界八大石窟之一，汇集了唐末两宋以来的5万多尊摩崖石刻雕像，代表了9~13世纪世界石窟艺术的最高水平，是重庆最具国际影响力的文化旅游品牌。

合川钓鱼城位于嘉陵江南岸，古战场遗址至今保存完好，是古代山城防御体系的典型代表。1259年发生在此长达36年的"钓鱼城保卫战"，是南宋王朝与蒙古帝国之间的生死决战，更是中国历史和世界历史上的一场具有重大意义的战役，是中外战争史上罕见的以弱胜强的战例，钓鱼城因此被誉为"上帝折鞭处"。

[风物特产]

重庆特产与美食非常丰富，主要有以下几大类：①工艺品：荣昌折扇、荣昌工艺陶、大足龙水菜刀等；②农副土产：奉节脐橙、火锅底料、涪陵榨菜、忠县豆腐乳、永川秀芽等；③中药：石柱黄连、天麻、巫山党参、南川杜仲等；④小吃：重庆小面、灯影牛肉、荣昌卤鹅、泡椒凤爪、合川桃片、磁器口麻花、怪味胡豆、江津米花糖等。

重庆作为川菜三大流派之一的下河帮流派发源地，美食也是名扬海内外。下河帮川菜以家常菜为主，特点是亲民，比较重麻辣，多创新，以花样翻新迅速、用料大胆、不拘泥于材料而著称，俗称江湖菜。其代表作有麻辣火锅（或称毛肚火锅）、酸菜鱼、毛血旺、口水鸡、水煮肉片、水煮鱼等。

重庆火锅，又称为毛肚火锅或麻辣火锅，起源于明末清初的重庆嘉陵江畔、朝天门等码头船工纤夫的粗放餐饮方式，原料主要是牛毛肚、猪黄喉、鸭肠、毛血旺等，近代逐渐发展成为风靡全国的知名美食。

涪陵榨菜是选用川渝地区广泛种植的青菜头，经独特的加工工艺制成的一种鲜嫩香脆的风味产品。它与法国酸黄瓜、德国甜酸甘蓝并称世界三大名腌菜，也是中国对外出口的三大名菜（榨菜、薇菜、竹笋）之一，其传统制作技艺被列入《第二批国家级非物质文化遗产名录》。

[特色产业]

重庆市的经济支柱产业主要有汽车、电子信息业、装备制造业、材料工业。重庆在中国汽车工业中的地位举足轻重，是全国重要的汽车制造基地，有着"东方底特律"的美誉。重庆汽车产品种类齐全，基本实现了所有细分市场的全面覆盖，拥有完整的汽车零部件供应体系。

第二节　四川省基本概况与主要文旅资源

四川省简称川或蜀，位于祖国西南腹地，长江上游。总面积 48.6 万平方千米，居全国第 5 位。辖成都、绵阳、自贡、宜宾、乐山、德阳等 18 个市州和 3 个民族自治州（阿坝藏族羌族自治州、甘孜藏族自治州、凉山彝族自治州），共 183 个县（区、市）。截至 2024 年年末，全省常住人口 8364 万。全省经济总量 6.46 万亿元，保持在全国第 5 位。

[地理、气候]

类别	内　　容
位置	四川省与重庆、贵州、云南、西藏、青海、甘肃和陕西 7 省（自治区、直辖市）接壤。
地形	地势西高东低。西部为青藏高原东部，属中国地势第一阶梯，多高山峡谷、冰川湖泊、雪山温泉和森林草原，拥有九寨沟、黄龙、四姑娘山、海螺沟、措普沟、稻城亚丁等世界级旅游景观。四川最高峰贡嘎山，海拔 7508.9 米，有"蜀山之王"的美誉。 四川省东部为中国四大盆地之一的四川盆地，属中国地势第二阶梯，海拔 250~750 米，由川东丘陵和成都平原组成。这里城市密集，人文荟萃。由于有都江堰水利工程灌溉，经济相对比较发达，自古以来"水旱从人，不知饥馑"，号称"天府之国"，有"天府粮仓"的美誉。四川省南部是攀枝花市和凉山彝族自治州，简称攀西地区，属于云贵高原的一部分，钒钛等矿产资源丰富。
水系	境内共有大小河流 1419 条，被誉为"千水之省"。四川省的河流分别属于黄河和长江两大水系，其中黄河流经四川省阿坝州（若尔盖县、红原县、阿坝县、松潘县）和甘孜州（石渠县）共 5 个县，汇入黑河和白河两大支流，干流河道长 174 千米。四川段是黄河重要的水源涵养地。四川省河流的主体属于长江水系，有金沙江、雅砻江、大渡河、岷江、沱江、嘉陵江等著名支流。岷江发源于松潘弓杠岭，在明代之前曾被认定为长江的正源。四川的河流多发源于青藏高原东缘，地理落差大，蕴藏的水力资源极其丰富。
气候	三大气候区：①东部四川盆地属亚热带湿润季风气候区，冬暖夏热，气候湿润，雾多日照少，旱地降雨量居全国前列，"巴山夜雨"自古有名；②西部高山高原地区为高寒气候区，冬长夏短，昼夜温差大，降水少、日照强；③南部攀西地区为南亚热带区，由于海拔较高又呈现北温带气候特征，其四季不分明，旱、雨季分明，气温高、日照强，昼夜温差大，气候干燥，阳光充足，适合冬季度假旅游。

[交通状况]

四川省由于四周高山阻隔，交通曾经极度不便，唐代诗人李白有"蜀道之难,难于上青天"的感叹。历史上通往四川的主道是陕西汉中到成都的"金牛道"和经重庆沿长江三峡到湖北的水路,路途非常艰辛。中华人民共和国成立后,四川交通建设加速。

类别	内　容
铁路	截至 2024 年 12 月,四川省铁路运营里程超过 6600 千米。其中高速铁路 2185 千米。近年来,在成渝铁路、西成铁路、成绵乐城际铁路基础上,新建成成昆铁路复线、成自宜高铁、巴南高铁、川藏铁路成都至雅安段、川青铁路成都至松潘段等,大大促进了四川经济的发展。尤其成都至松潘段铁路的建成,使黄龙一九寨沟旅游线路融入成都 2 小时经济圈,旅游安全度、舒适度得到进一步提升,成都到九寨沟、成都到黄龙景区旅游可实现当日往返。 1952 年 7 月,新中国自行设计施工、完全采用国产材料修建的第一条铁路——成渝铁路建成通车。1956 年 7 月,宝鸡穿越秦岭到成都的宝成铁路通车;1970 年 7 月,成都到昆明的成昆铁路竣工运营,基本改写了蜀道难的历史。 成昆铁路是四川省南向出川的重要通道,也是国防三线建设的代表性工程之一。北起成都,南至昆明,全长 1096 千米。成昆铁路始建于 1958 年,其后多次停工,至 1970 年 7 月才全线竣工。在当时的技术条件下,建设成昆铁路是一项难度极大的工程,沿线贯穿地势险峻、地形多样、地质复杂的山川河谷,所经区域有"露天地质博物馆"之称,被外国专家称作"铁路禁区"。中国人民解放军铁道兵是成昆铁路建设的主力,全线共修建桥梁 991 座,隧道 427 座,有 1/3 的车站修建在桥隧中。据统计,修建成昆铁路仅铁道兵就牺牲超过 2100 人。沿线留下 1000 多座丰碑,20 余处烈士陵园。1984 年 12 月 8 日,中国成昆铁路工程、美国阿波罗宇宙飞船登月活动和苏联第一颗人造卫星共同被联合国评为"象征 20 世纪人类征服自然的三大奇迹"。
公路	在四川交通发展史上,川藏公路、成昆铁路和雅西高速的建设堪称奇迹。 川藏公路于 1950 年开建,1954 年年底北线建成通车。公路全长 2400 多千米,翻越了 14 座海拔超过 4000 米的高山,对巩固国防、支援西藏建设意义非常重大。川藏公路是沿线军民用简陋工具和大无畏的牺牲精神建成的天路,仅二郎山路段每千米就有 7 位军人献出生命。现在的川藏公路风光绮丽,号称"最美 318 线",其中康定新都桥段更被誉为"摄影家的天堂"。 雅西高速是 G5 京昆高速雅安至西昌段,全长 240 千米。公路修建在地质状况特别复杂的横断山脉,跨越了青衣江、大渡河、安宁河等水系和 12 条地震断裂带,是自然环境最恶劣、工程难度最大的山区高速公路之一,桥隧比超过 55%,其中腊八斤大桥桥墩高达 182 米,拖乌山段为了克服地形陡升陡降的弊端,首次采用两个双层隧道的"双螺旋隧道"方案以确保行车安全。由于线路穿行在莽莽群山和层层白云之间,因此雅西高速又被称为"云端上的高速公路"。 四川省第一条高速公路是 1995 年建成的成渝高速公路,里程 337.5 千米。到 2024 年年底,四川省高速公路通车总里程超过 10000 千米,其中仅围绕成都市区的环城高速公路就有 3 条,分别是全长 85 千米的第一绕城高速公路、全长 223 千米的第二绕城高速公路和全长 458 千米的第三绕城高速公路(又称"成都都市圈环线高速公路")。四川省三个民族自治州的首府马尔康市(阿坝州)、康定市(甘孜州)、西昌市(凉山州)均可高速直达。

第六章 西南地区各省市自治区导游基础知识

续表

类别	内 容
航空	目前，四川省有民航机场17个，仅次于新疆、内蒙古，排名全国第三，但密度远高于新疆和内蒙古。成都市是继北京之后全国第二个拥有双4F机场（天府国际机场和双流国际机场）的城市。成都天府国际机场于2021年6月正式通航，外形似太阳神鸟。机场有2座航站楼，3条跑道，建筑面积共71.96万平方米，可通过高铁、地铁和高速公路直达航站楼。四川省的稻城亚丁机场、甘孜康定机场、甘孜格萨尔机场、阿坝红原机场、九寨黄龙机场均为高高原机场[①]，其中稻城亚丁机场海拔4411米，是我国海拔最高的民用机场。

民航加上高速铁路、高速公路的建设，让四川的交通变得十分便捷。

[历史沿革]

四川省成都平原一带为古代蜀国故地，相传经历了蚕丛、柏灌、鱼凫、杜宇、鳖灵五个蜀王的统治，每个蜀王及其继承人统治时间长达数百年。考古发现的三星堆遗址应当就是古蜀国的遗存，其早期在蚕丛时期，繁荣时期大约相当于鱼凫和杜宇时期，与中原商、西周时代相当。

蜀国在公元前316年被秦将司马错攻灭，改称"蜀郡"，蜀正式并入秦统治的版图。灭蜀后，蜀郡守李冰主持修建了著名的都江堰水利工程，既减少了岷江水患，又灌溉了成都平原，大大促进了四川经济的发展。汉武帝时设十三部州，四川为益州。东汉末年，刘备据守益州建立蜀汉政权，后来成为三国之一。唐朝改益州为剑南道，北宋改为"川峡四路"（益州路、梓州路、利州路、夔州路），简称"四川路"。唐宋时期四川经济发达。唐代有"扬一益二"之称（扬：扬州；益：益州）。北宋时在成都出现了世界上最早的纸币——交子。元代始设行省，"四川路"被合并为"四川行省"，四川省由此得名。

明末清初，四川长期战乱，人口锐减，清政府下令从湖广省（湖北、湖南）和广东、福建等省大量移民至四川，史称"湖广填四川"。移民总数上百万，其中湖广省人数最多，广东、福建客家人次之。若论城市则湖北麻城的移民最多。移民对四川文教、饮食、语言和风俗习惯影响较大，至今在四

---

① 标高在1524米（5000英尺）至2438米（8000英尺）的机场称为高原机场，标高在2438米以上的机场称之为高高原机场。

川一些农村地区还保留着客家的方言和湖北湖南话的句式。

抗战时期，四川成为大后方，四川人民足食足兵支援前线。全省有 350 多万青壮年出川抗战，超过 64 万人伤亡（其中阵亡及失踪人数近 30 万人），打出了"无川不成军"的威名。中华人民共和国成立后，四川成为"三线建设"的主阵地，为我国经济、国防建设和社会发展作出了巨大贡献。

[民族民俗文化]

四川省世代聚居的少数民族有彝族、藏族、羌族、苗族、回族等十余个，是全国最大的彝族聚居区，全国第二大藏族聚居区，全国唯一的羌族聚居区。少数民族人口约 630 万，约占全省人口总量的 6.5%。

彝族是四川省人数最多的少数民族，总人数约 350 万，占全省少数民族人口的 55.6%，四川彝族主要聚居在大小凉山与安宁河流域，中华人民共和国成立前，彝族还处于奴隶社会阶段，中华人民共和国成立后奴隶制度才被废除。彝族有自己的语言、文字和历法，崇拜自然和神灵，祭司称为"毕摩"。农历六月二十四是彝族人民最盛大的节日——火把节。彝族年时间不固定，一般在每年 11 月 20 日左右择吉日举行，已列入《国家级非物质文化遗产名录》。

藏族是四川省第二大少数民族，总人数约 165 万，占全省少数民族人口的 27%，主要聚居在甘孜、阿坝两州和凉山州的木里、雅安市的宝兴县。藏族信奉藏传佛教。四川藏区属于康巴藏区，但又细分为安多、嘉绒、白马等分支。康巴藏区地处西藏的门户地带，地理位置非常重要，清代以来就有"治藏必先安康"之说。

羌族原为中国西部的古老民族，东汉时期部分羌族南迁至四川并较好地保留下羌族文化，在北方的羌族因长期融合大批汉、藏等民族队伍后，四川反而成为全国唯一的羌族聚居区。四川省现有羌族人口 35 万，占全省少数民族人口的 5%，主要分布于岷江上中游一带。羌族自称尔玛，过去多居住在中高山区，所以又称"云朵上的民族"，主食也以山地作物土豆和玉米为主，喜欢饮用杂粮酿成的"咂酒"。羌族建筑称为羌碉，是一种用石片砌成的平顶房。羌族人建房不绘图、不吊线，也不用柱架支撑，只用黄泥加糯米浆进行黏合，下大上小，坚固耐用。羌碉一般分为三层，上层堆放粮食，中层住人，下层圈养牲畜。碉房内砌有火塘，火种终年不熄，称为"万年火"，房顶四角置羌人崇拜的白石神。羌族寨子周边设军事瞭望用的碉楼，高度在10~30米，最高的相当于10层楼，同样用石片砌成，形状有四角、六角、八角等多种。四川省著名的羌碉建筑桃坪羌寨（桃坪村），于2024年11月入选联合国旅游组织"最佳旅游乡村"名单，四川省著名的羌碉建筑桃坪羌寨（桃坪村）已于2024年11月入选联合国旅游组织"最佳旅游乡村"名单。羌族善刺绣，不仅能绣"云云鞋"和各种腰带、围裙，还能用羌绣绘画。羌族喜跳《莎朗舞》《羊皮鼓舞》和《铠甲舞》，用多声部唱歌，尤以善于吹奏羌笛著名。羌笛以两根细小的箭竹为原料，将竹削磨成方形，长约30厘米，两根并连在一起，各开6孔作为音阶，哨口插入簧片即可吹奏，其声音自带透骨的苍凉和哀怨。羌族祭司称为"释比"或"许"，限男性担任，专门从事宗教祭祀、婚丧嫁娶、治病驱鬼等活动，在羌人中地位较高。羌族最庄重的礼仪是敬献"羌红"。"红"是指长6~9尺的红色绸缎或布料，代表对对方的美好祝愿，类似于藏族敬献哈达。

[文旅资源]

　　四川省是我国旅游资源大省。拥有世界自然遗产九寨沟、黄龙和大熊猫栖息地，世界文化遗产青城山—都江堰水利工程，世界自然与文化双遗产乐山大佛—峨眉山。此外，四川省的稻城亚丁景区、三星堆博物馆、剑门关景区、泸沽湖景区、四姑娘山景区、海螺沟景区等都是各具特色的国内外知名旅游景区。四川还是红军长征四渡赤水、巧渡金沙江、彝海结盟、抢渡安顺场、飞夺泸定桥和过雪山草地的地方，见证了中国革命最艰难的历程，是红色旅游的胜地。全省现有国家级旅游度假区5家，5A级旅游景区18家，4A级旅游景区349家，A级旅游景区总数近千家。

　　乐山大佛—峨眉山。四川省乐山大佛—峨眉山景区是国家5A级旅游景区，世界自然与文化双遗产。其中乐山大佛是世界现存最高的一尊弥勒佛坐像，开凿于唐朝中期开元年间，位于岷江、青衣江和大渡河三江汇流的凌云山上，通高71米，佛与山完全融为一体，"山是一尊佛，佛是一座山"。大佛头上的发髻和衣服皱褶构成了一套完善的排水系统，使其历经1200多年的风雨冲刷，至今仍然保存完好。峨眉山是中国佛教四大名山中普贤菩萨的道场，中国佛教圣地，被誉为"佛国天堂"。景区由报国寺、万年寺、清音阁、洗象池、雷洞坪和金顶等景点构成，其中万年寺无梁砖殿供奉的北宋铜质普贤骑六牙白象塑像，为国家一级保护文物，也是峨眉山镇山之宝；峨眉山金顶可观赏通高48米的十方普贤菩萨金像和峨眉山四大奇观云海、日出、佛光、圣灯①。峨眉山景区面积154平方千米，最高峰万佛顶海拔3099米。景区具有"雄、秀、奇、险、幽"的特色，以优美的自然风光、悠久的佛教文化、丰富的动植物资源、独特的地质地貌著称于世，有"仙山佛国""植物王国""动物乐园""地质博物馆"之誉。

九寨沟。位于四川省西北部九寨沟县漳扎镇，因景区内有九个藏族村寨而得名。景区以围绕成丫字形的三条沟（树正沟、日则沟、则查洼沟）为主，有梯形分布的大小"海子"（湖泊）114个，瀑布群17个，钙华滩流5处，是以高山湖泊群、瀑布群及钙华滩为主体的旷世美景，著名景点有盆景滩、树正群海、老虎海、犀牛海、长海、镜海、五花海等和珍珠滩、诺日朗、树正三大瀑布，线路总长度约60千米。景区叠瀑、翠海、彩林、雪峰密布，水色清纯艳丽，有如"人间仙境""童话世界"，素有"黄山归来不看山，九寨归来不看水"之说，是我国第一批公布的重点风景名胜区，1992年被联合国教科文组织列入《世界遗产名录》，1997年被联合国接纳为《国际生物圈保护区》，2007年被评定为国家5A级旅游景区。

三星堆遗址。1929年开始发掘，1986年发现两个祭祀坑，出土了大量精美的黄金器、青铜器、玉器和陶器，如57件青铜人面具，高3.96米的青铜神树，高2.62米的青铜大立人像，宽1.38米并长着"千里眼""顺风耳"的青铜面具，长1.42米的黄金杖，饰满图案的边璋等，多是前所未见的稀世珍品，其神秘足与玛雅文明相媲美，被张爱萍将军誉为"沉睡数千年，一醒惊天下"。2021年国家文物局宣布三星堆新发现6个祭祀坑，新出土黄金面具残片、顶尊人像、青铜神树、象牙等文物，引起轰动。此外，2001年在成都城西发现与三星堆遗址有明显传承关系的金沙遗址，同样出土大量的黄金器、玉器、象牙和陶器等文物，其中"太阳神鸟"金饰已成为中国文化遗产的标志。

---

① 也称神灯。

大熊猫。 大熊猫是迄今仍生存在地球上最古老的动物之一，属国家一级保护野生动物，被誉为"动物界的活化石"和"中国国宝"。其栖息地主要是长江上游岷山、邛崃山、凉山、大小相岭及秦岭等山系的高山深谷，地跨川、陕、甘三省，但大部分在四川，四川省是大熊猫的故乡。1869 年法国传教士阿尔芒·戴维最早科学发现大熊猫也是在四川的穆坪（今雅安市宝兴县）。目前四川省拥有王朗、九寨沟、蜂桶寨、卧龙、黑水河、鞍子河等一大批大熊猫自然保护区，有成都大熊猫繁育研究基地及其附属的熊猫谷基地，中国大熊猫保护研究中心下属的卧龙神树坪、都江堰和雅安碧峰峡三大基地，是国内外著名的大熊猫繁育中心，现在均对游客开放。2021 年 11 月我国成立第一批共 5 个国家公园，其中就有大熊猫国家公园。大熊猫国家公园管理局也设在四川省成都市。

四川省文化发达、人杰地灵。诞生了汉赋作家司马相如，魏晋史学家陈寿，唐朝诗人陈子昂，"诗仙"李白，北宋文坛巨匠苏洵、苏轼、苏辙，当代文学家郭沫若、巴金等著名文人。诗圣杜甫虽然生于河南，但安史之乱后流亡四川近十年，其 2/3 的作品创作于巴蜀地区。中国历史上唯一的女皇帝武则天，当代伟人朱德、邓小平，国画家张大千也都是四川人。文人和伟人故居，成为四川重要的文旅资源。四川射洪的子昂故里景区、江油李白纪念馆、成都杜甫草堂、眉山三苏祠、广安小平故里、仪陇朱德故里、南充张澜旧居、内江张大千纪念馆等，都是依托历史名人创建的。

[旅游核心城市]

城市	概况
成都市	是四川省重要的旅游目的地和游客集散地。2006 年与杭州、大连一起，被国家旅游局和世界旅游组织联合命名为"中国最佳旅游城市"。2010 年被联合国教科文组织授予"世界美食之都"称号，是亚洲第一个获此殊荣的城市。"成都"之名，源于公元前 4 世纪古蜀国开明王朝建城时，借用周王迁岐"一年成聚，二年成邑，三年成都"的说法而得名。成都还有"龟城""锦官城""蓉城"等别称。成都市域面积 1.43 万平方千米，常住人口 2147 万人。成都经济发达，文化昌盛，是中国西部地区重要的中心城市，西部科技创新中心，全国先进制造业基地。成都风光秀丽，李白诗云："九天开出一成都，万户千门入画图。"成都拥有宽窄巷子、太古里、锦里等特色旅游街区，有三国文化中心武侯祠，天师道发源地青城山，以无坝引水为特征的古老水利工程都江堰，杜甫寓居成都的旧址杜甫草堂，还有全球最大圈养大熊猫人工繁育基地成都大熊猫繁育研究基地等，是世界著名的网红旅游城市。

[风物特产]

类别	内　　容
美食	四川省是川菜的故乡。传统川菜分为上河帮、下河帮与小河帮三大流派。上河帮川菜以川西岷江流域的成都菜、乐山菜为代表，特点是口味清淡，香辣适度，代表性菜品有麻婆豆腐、回锅肉、宫保鸡丁、鱼香肉丝等；下河帮川菜以川东下川江、嘉陵江地区的重庆菜（原属四川）、达州菜为代表，特点是麻辣生猛，注重创新，代表性菜品有麻辣火锅、毛血旺、酸菜鱼、口水鸡等；小河帮川菜以川南沱江流域自贡菜、内江菜、泸州菜为代表，又称盐帮菜，特点是姜多味厚、鲜辣刺激，代表性菜品有冷吃兔、水煮牛肉、仔姜美蛙、火爆黄喉等。三大流派互相渗透，形成川菜菜品丰富、味型多样、一菜一格、百菜百味的风格。郫县豆瓣是制作川菜的主要佐料，有"川菜之魂"之称。川菜传统名小吃有成都担担面、赖汤圆、钟水饺、甜水面、龙抄手、韩包子、军屯锅盔、糖油果子、三大炮、洞子口凉粉、冒节子肥肠粉等。其中成都担担面与武汉热干面、老北京炸酱面、山西刀削面、兰州拉面合称中国"五大面条"。
酒类	四川省盛产名酒。五粮液、泸州老窖、剑南春、水井坊、郎酒和舍得酒"六朵金花"，几乎占据中国名酒的半壁河山。同时，四川邛崃、崇州、大邑、绵竹、宜宾、泸州等地则形成了大批生产原酒的中小企业群，是全国最大的白酒原酒产地，全国许多大酒厂都在四川采购原酒进行再加工。
茶类	四川还是中国茶文化的发祥地之一。早在西汉时期，雅安人吴理真便在蒙顶山上人工培植茶树，开启了人类种茶、饮茶的历史。他种植的七株茶树两千年来不枯不长，至今犹存，被封为皇茶园。四川名茶有蒙顶山甘露和黄芽、雅安藏茶、峨眉雪芽、峨眉山竹叶青和碧潭飘雪等。四川因为有好茶，茶馆相应地也多，饮茶风气也盛，所谓"杯里乾坤大，茶中日月长"，泡茶馆成为四川人重要的休闲方式。
川剧表演	川剧有"变脸""吐火""滚灯"三大绝技。

[特色产业]

　　四川省工业门类齐全，核工业、电子工业、航空制造业国内领先。根据国家统一部署，四川省正与重庆市一道，加紧建设成渝双城经济圈，使成渝地区成为具有全国影响力的重要经济中心、科技创新中心、改革开放新高地和高品质生活宜居地，打造带动全国高质量发展的重要增长极和新的动力源。

　　四川省因江河众多、地势落差大，是全国水力资源可开发量较丰富的省。流经四川的岷江、金沙江、雅砻江、大渡河均已形成梯级开发水电资源的态势，其中仅四川省与云南省交界的金沙江下游河道，就已经建成乌东德、白鹤滩、溪洛渡、向家坝四大水电站，总装机容量是三峡水电站装机容量（2250万千瓦）的两倍多。其中2022年建成的白鹤滩水电站安装了16台100万千瓦的发电机组，是仅次于三峡水电站的世界第二大水电站。水电开发使四川省成为全国重要的西电东送基地。

四川盆地还蕴藏着丰富的燃气资源，天然气和页岩气已探明的储量居全国首位。四川达州宣汉县的普光气田，川北广元、南充、巴中一带的元坝气田，与内蒙古鄂尔多斯苏里格气田，并称"中国陆地三大气田"。四川省已探明的页岩气资源储量超过40万亿立方米，川气东送成为华中和华东地区重要的燃气来源。

第三节 贵州省基本情况与主要文旅资源

贵州简称"黔"或"贵"，地处中国西南内陆。面积约18万平方千米，全省辖6个地级市，3个自治州，88个县（市、区、特区）。截至2024年年底，贵州常住人口约3860万，省会贵阳市。

[地理、气候]

类别	内　容
位置	贵州处于云贵高原东斜坡，是一个隆起于四川盆地和广西丘陵之间的亚热带高原山区。
地形	地势西部高，自中部向北、东、南三面倾斜，河流也顺势由西部、中部向北、东、南三面分流。西部乌蒙山，发育有全省最高点韭菜坪，海拔2900.6米，东南部黎平县地坪乡水口河出省界处，海拔147.8米，为全省最低点。贵州省的地貌主要为高原山地、丘陵和盆地三种基本类型，其中92.5%的面积为山地和丘陵，是全国唯一没有平原支撑的省份，素有"八山一水一分田"之说。全省的岩溶地貌发育非常典型，分布范围广泛，形态类型齐全，喀斯特（出露）面积达10.9万平方千米，占全省国土总面积的61.9%，是世界上喀斯特地貌发育最典型的地区之一。贵州河流数量众多，分属长江和珠江两大水系，长江流域有牛栏江横江水系、乌江水系、赤水河綦江水系和沅江水系四大水系。珠江流域，也有南盘江水系、北盘江水系、红水河水系和都柳江水系四大水系。 贵州森林植被完好，截至2024年，森林面积达到1114.78万公顷，森林覆盖率达63.3%。贵州列入《国家重点保护野生植物名录》的有银杉、珙桐、贵州苏铁等，黔金丝猴、黑叶猴、云豹等被列为国家重点保护野生动物。
气候	贵州气候温暖湿润，属于亚热带湿润的季风气候区。低纬度、中海拔的自然条件使贵州气温变化小，冬暖夏凉，气候宜人，为典型凉夏地区。气候的主要特点是：夏无酷暑，冬无严寒，降水丰富、雨热同季；类型多样，垂直差异明显，"一山分四季，十里不同天"；旅游季节长，全年可游览。

[交通状况]

贵州受地理环境影响,交通曾一度落后,明代思想家王阳明曾感叹道"连峰际天兮,飞鸟不通"。1926年贵州修建第一条公路。中华人民共和国成立后,贵州交通建设取得质的突破。现已初步形成陆、空、水三位一体的现代化交通网络。

类别	内容
铁路	贵州是西南地区的铁路交通枢纽,1958年,贵州第一条铁路——黔桂铁路通车,其后川黔、贵昆、湘黔铁路相继通车,贵州铁路系统成为国家铁路"八横八纵"交通网络重要组成部分。
公路	贵州从1964年"县县通公路"到2015年"县县通高速",贵州公路已基本形成"6横7纵8连线"的高速公路网格局,全省建成公路桥梁超2.8万座,被称为"世界桥梁博物馆",其中北盘江大桥是世界第一高桥(565.4米),在建的花江峡谷大桥计划2025年下半年通车,建成后将以625米高度刷新世界纪录。
航空	截至2024年,贵州建成并投入使用的机场有11个,形成"一枢十支"(贵阳龙洞堡国际机场+支线机场)的机场格局。2019年,贵阳龙洞堡国际机场吞吐量首次突破2000万人次,进入大型繁忙机场行列。
水运	贵州现有85条河流通航,内河航运主要集中在乌江、赤水河和南盘江、北盘江等少数河流上,通航里程达3954千米,其中高等级航道突破1000千米,北可达长江,南可顺珠江出海。

[历史沿革]

贵州是中国古人类发祥地之一,远古人类化石和远古文化遗存发现颇多。春秋以前,贵州为荆州西南夷,属于"荆楚"或"南蛮"之一。至春秋时期,境内著名的国家有牂牁国,其政治中心叫夜郎邑(今安顺一带)。从战国后期到西汉初年,夜郎是西南夷各部中最强大的地方割据政权,公元前122年,汉武帝派使臣王然于、吕越人等出使滇国和夜郎,留下了"夜郎自大"的典故。

西汉武帝朝时夜郎国名义上归汉;三国时,贵州大部分地区分属蜀汉政权的牂牁郡管辖,西部地区则分属蜀汉政权的朱提、兴古二郡管辖;至唐代,在贵州地区推行经制州(按国家统一规范建制)与羁縻州(因其俗而治）并行的制度。"贵州"名称，始于宋朝。

清代，对贵州的行政区划和行政建置进行了较大的调整，四川所属遵义，广西荔波，湖广的平溪、天柱等地划归贵州管辖。至此，贵州疆域基本形成。

1935年，红军长征途中著名的遵义会议在贵州遵义召开。抗战期间，浙江大学等高校内迁至贵州。中华人民共和国成立后，贵州成为"三线建设"重点地区之一。

[民族民俗文化]

贵州是一个多民族聚居的省份。贵州少数民族人口约1405万，占全省总人口的36.44%，少数民族人口仅次于广西、云南和新疆，居全国第四位，苗族、布依族、侗族、仡佬族、水族等少数民族在贵州分布较为集中，民族自治地方面积占全省总面积的55.5%。

贵州各民族历史悠久，不同的民族形成了不同的乡土民俗、节日庆典和建筑风格，成为独具特色的文化旅游资源。

侗家鼓楼和风雨桥、苗族吊脚楼、布依石头寨等民族建筑各具特色。

贵州少数民族节日种类繁多、内容丰富，著名的有苗族"姊妹节""四月八""龙舟节""芦笙节"，侗族"歌酒节"，布依族"查白歌节"，彝族"火把节"，水族"端节""卯节"，土家族和仡佬族的"吃新节"以及流行于贵阳安顺地区的"射背牌"等。

近年来，由贵州省台江县"六月六"吃新节篮球赛发展而来的"村BA"（全国和美乡村篮球大赛）、榕江县民间足球发展而来的"村超"（乡村足球超级联赛）已经成为群众喜爱的"新节日"。

贵州少数民族歌曲以侗族大歌（世界级非遗）、苗族飞歌（国家级非遗）最具代表性，特点是激昂、欢快，独唱和合唱各有特色。婚丧嫁娶方面，各少数民族秉承自己的习俗，如苗族的游方、侗族的行歌坐月、土家族的哭嫁、瑶族的凿壁谈婚等，都已经传承数百年。

苗族是我国本土起源的一个国际性的古老少数民族，苗族的先祖可追溯到原始社会时期活跃于中原地区的蚩尤部落。商周时期，苗族先民便开始在长江中下游建立"三苗国",苗族在历史上多次迁徙,进入西南山区和云贵高原并定居下来。国外苗族主要是明、清以后,部分苗族移居东南亚各国以及美国、法国、澳大利亚等国家。

苗族在黔东南、黔西南、黔南和湘鄂川黔的交界地带,有较大的聚居区。苗族主要信仰本民族长期形成的原始宗教,包括自然崇拜、图腾崇拜、祖先崇拜、鬼神崇拜。祭鼓节是苗族民间最大的祭祀活动。

苗族文化遗产较为丰富,挑花、刺绣、织锦、蜡染、银饰制作等工艺瑰丽多彩。苗族服饰式样繁多、色彩艳丽,妇女的"盛装"以大为美、以重为美、以多为美,其银饰堪称"中华民族服装之最"。黔东南是我国和世界上苗族服饰种类最多、保存最好的区域,被称为"苗族服饰博物馆"。

苗族一般都在依山傍水处建寨子,聚族而居。雷山县西江千户苗寨、从江县岜沙苗寨等知名苗寨都具有此特点。苗族建筑最有特色的是吊脚楼。苗族菜肴喜酸喜辣,普遍嗜好饮酒。《芦笙舞》是流传最广的民间舞蹈,芦笙是最具有代表性的苗族乐器。

[文旅资源]

夜郎文化是贵州最独特的本土文化。夜郎国是春秋至西汉时期西南少数民族地区最强大的国家之一,曾被汉武帝赐予王印。《华阳国志》《后汉书》记载的"竹王传说"是夜郎文化的生动反映。"竹王"即夜郎王,以竹为姓,目前贵州省内各地的少数民族如仡佬族、苗族、布依族以及彝族等少数民族都有奉竹为神灵的传统,贵州境内不少地方建有"竹王祠"。

明朝贵州建制为省后,大批汉人移民贵州,汉族移民带来了中原和其他地区的文化,在与当地少数民族文化交流、碰撞、融合后,奠定了贵州文化的基本格局。

贵州历史上文化名人辈出。汉代的盛览和尹珍是最早的两位文化名人,被称为"贵州文坛之祖"。明代大思想家王阳明在贵州提出了"致良知"这一重要的心学理论。清代贵阳周起渭既是《康熙字典》的编纂人之一,又是著名诗人。

贵州特殊的喀斯特地质地貌、原生的自然环境、浓郁的少数民族风情,形成了自然风光、人文景观和民俗风情交相辉映的丰富文旅资源。截至2024

年，贵州拥有世界遗产5处，其中：自然遗产4处，贵州荔波喀斯特世界自然遗产地、赤水丹霞世界自然遗产地、贵州施秉喀斯特世界自然遗产地、梵净山世界自然遗产地；文化遗产1处，中国土司遗产——贵州播州海龙屯遗址。人类非物质文化遗产代表作名录1项：贵州侗族大歌。世界地质公园2处：织金洞世界地质公园、兴义世界地质公园。国家5A级旅游景区10家：包括安顺黄果树大瀑布景区、毕节百里杜鹃景区、黔西南州兴义万峰林景区等。

贵州是一个山地公园省，贵州岩溶地貌发育典型，溶洞资源遍布全省各地，被誉为"喀斯特天然洞穴博物馆"，其中织金洞规模宏大，被誉为"溶洞之王"；梵净山黔金丝猴为全球独有；黄果树瀑布誉满天下，被称为"中国第一瀑"。安顺云山屯古建筑群、安顺文庙、福泉城墙、雷山郎德上寨苗族古建筑群、西江千户苗寨等历史文化遗存丰富。在贵州平塘利用喀斯特洼地建造的500米口径球面射电望远镜（Five hundred meter Aperture Spherical Telescope，FAST）被誉为"中国天眼"，现在它已成为国家4A级旅游景区并面向全球开放，吸引了国内外众多游客及天文爱好者慕名前来。

贵州还是一个具有光荣革命传统的地方，遵义会议会址、黎平会议会址、红军四渡赤水战役旧址等11处红色景区被列入《全国红色旅游经典景区名录》。

[旅游核心城市]

城市	概况
贵阳市	贵阳位于贵州省中部，乌江支流南明河畔，处于低纬度高海拔的云贵高原东部，平均海拔1100米，面积8043.45平方千米，具有高原性和季风性气候特点，"冬无严寒，夏无酷暑"，年均温15.3℃，被誉为"爽爽的贵阳"。 历史上贵阳因位于贵山之南而得名，古称"矩州"，曾是牂牁郡的治所，元代始称"贵阳"，明代设贵阳府，1941年正式建市。贵阳简称"筑"，别称"筑城"，因这里古代盛产竹子，"筑"谐音"竹"而来，是贵州省的政治、经济、交通和文化中心和前往全省各地的旅游集散中心。 贵阳具有山水相伴、绿带环绕的自然景观，南明河穿城而过，全市森林覆盖率达55.3%，也被称为"林城"。贵阳的文化特色兼具多元与独特，作为西南交通枢纽和多民族聚居地，是现代都市与历史文化、汉族文化和少数民族文化的交融之地，被誉为"山水灵秀的历史文化名城"。 贵阳有青岩古镇、红枫湖、甲秀楼、黔灵山公园、花溪公园等著名景点；在修文县龙岗山，还有著名的"阳明洞"，为王阳明龙场悟道遗址。

续表

城市	概况
遵义市	遵义位于贵州省北部，北倚娄山关，南临乌江天险，面积约 3.08 万平方千米，是连接川渝与西南腹地的战略要冲，自古为"川黔咽喉"。地形以山地为主，平均海拔 800 米，气候湿润，物产丰富，素有"黔北粮仓"之称。 遵义的来源，一说出自《尚书》"无偏无陂，遵王之义"，寓意遵循正道。遵义是贵州境内最早设县的地方，贞观十六年（642 年）即置遵义县，这是最早出现的"遵义"名称，沿用至今逾千年。 遵义是红军长征途中的传奇之城，1935 年遵义会议使其成为革命历史名城，是中国革命转折的红色圣地。 遵义历史悠久，人文厚重，风景独特。赤水丹霞和海龙屯军事遗址被列入《世界遗产名录》。仁怀市茅台酒镇是世界知名白酒品牌茅台酒的发源地，被誉为"中国第一酒镇"。

[风物特产]

贵州的主要特产有名酒、名茶、名药材和奇特的工艺品等。

类别	内容
名酒	贵州名酒无论是数量还是质量，在国内外都名列前茅，被清代诗人郑针称赞为"酒冠黔人国"。贵州名酒最为世人熟知的当数产自遵义仁怀市茅台镇的茅台酒。茅台酒具有"色清透明、酱香突出、醇香馥郁、幽雅细腻、清洌甘爽，酒体醇厚丰满、回味悠长、空杯留香持久"的特点，是我国酱香型风格典范。
茶叶	贵州茶叶生产历史悠久，都匀毛尖为中国十大名茶之一，此外贵州还有湄潭翠芽、普安红、正安白茶等名茶。
药材	贵州盛产药材，素有"夜郎无闲草，黔地多良药"的美名，占全国中草药品种的 80%，是全国四大中药材产区之一。贵州的天麻、石斛、杜仲等品质优良，是道地的黔地特产。
工艺品	产于毕节市和黔南一带的金星翠玉、安顺市的苗族和布依族蜡染等，都是贵州著名的传统工艺品。

[特色产业]

贵州的能源产业发达，是西电东送的重要地区，电力工业在贵州有着重要的地位。以白酒为代表的贵州食品业在全国处于领先地位；近年来大数据产业成为贵州经济发展新引擎。截至 2024 年，贵州省茶园面积超 700 万亩，辣椒产销规模居全国首位。

第四节　云南省基本概况与主要文旅资源

云南省简称"滇",地处中国西南边陲,是全国边境线最长的省份之一。总面积39.41万平方千米,辖8个地级市、8个自治州、129个县(市、区)。截至2024年年底,云南常住人口约4655万,省会昆明市。

[地理、气候]

类别	内　容
地形	云南属山地高原地形,地势西北高、东南低,自北向南呈阶梯状逐级下降。北部是青藏高原南延部分,高山峡谷相间,地势险峻,形成了怒江、澜沧江、金沙江三江并流的奇特自然地理景观。玉龙雪山、梅里雪山坐落其间,梅里雪山最高峰卡瓦格博峰海拔6740米,是云南最高山峰。南部山地海拔平均不到3000米,地势向南和西南缓降,河谷逐渐宽广,海拔在800~1000米,个别地区下降至500米以下,是热带、亚热带地区。以元江谷地和云岭山脉为界,云南东部属于云贵高原,平均海拔约2000米。境内的主要山脉有哀牢山、无量山、邦马山等。云南全省河川纵横、湖泊众多。澜沧江、怒江为跨国水系,著名湖泊有泸沽湖、滇池、洱海、抚仙湖等。
气候	云南基本属于亚热带高原季风性气候,但受纬度差异和海拔垂直差异的影响,"一山分四季,十里不同天"的立体气候特点显著,全省范围内同时具有寒、温、热(包括亚热带)三带气候,梅里雪山、春城昆明、西双版纳分别为其代表。降水在季节上和地域上的分配极不均匀,干湿季节分明。无霜期长,南部边境全年无霜,西双版纳、德宏等地区是我国著名避寒胜地。

[交通状况]

类别	内　容
国际通道	云南省由于地形复杂,形成天然的交通屏障,但同时云南又是中国通往东南亚地区的门户,与外地交通联系开辟也很早。近年来,云南公路、铁路、航空和水运网络日趋完善,初步形成通往东南亚、南亚国家的三条便捷的国际大通道:一是西路通道,沿滇缅(昆畹)公路、中印(史迪威)公路和昆明至大理的铁路西进,直达仰光;二是中路通道,由澜沧江—湄公河航运、昆明至打洛公路、昆明至曼谷公路和西双版纳机场构成,通往缅甸、老挝、泰国并延伸至马来西亚和新加坡;三是东路通道,以现有滇越铁路、昆河公路及待开发的红河水运为基础,通往越南。近代修建的云南昆明至越南河内的滇越铁路,是中国第一条国际铁路。2021年12月3日,昆明到万象的中(国)老(挝)铁路正式通车,开辟了中国与老挝、泰国、柬埔寨等中南半岛国家之间的便捷陆运新通道。历史上著名的"史迪威公路"和"驼峰航线"也经过云南境内。

续表

类别	内　　容
公路	截至 2024 年年底，云南省高速公路里程全国第二，达到 10758 千米，仅次于广东。抗日战争时期，云南军民用 9 个月时间抢修完成全长 959.4 千米的滇缅公路，创造了近代中国公路修建奇迹，滇缅公路一度成为当时国内唯一通往国外的战略运输通道，成为打破日军封锁，为国内提供军事物资保障，维系中国和东南亚两大战区的重要纽带。1942 年，滇缅公路被日军切断，为粉碎日军的再次封锁，云南军民对滇缅公路进行改建和抢修，历时 2 年多，于 1945 年修通昆明至印度利多的中印公路，又称"史迪威公路"。至日本投降前，中印公路共承运援华抗战物资 5 万余吨，为中国抗日战争取得胜利发挥了积极作用。
铁路	全省铁路运营里程超 0.5 万千米。
航空	抗日战争时期，云南也是中国主要的空军基地之一，最多时机场一度达到 52 座，巫家坝机场是著名的"驼峰航线"主要终点站。1942 年，滇缅公路被日军切断，为保证第二次世界大战亚洲战场上对日作战的军备物资，盟军飞行员开辟了由印度翻越喜马拉雅山脉至中国西南地区的驼峰航线，航线长达 800 千米，全程穿越区域气候恶劣、地理环境复杂。盟军飞行员付出重大牺牲，在航线使用的三年期间，一共空运了 20 多万吨战争物资到中国，为第二次世界大战的胜利做出了巨大的贡献。中华人民共和国成立后，云南交通建设有了飞跃式发展，特别是空运发达，截至 2024 年，云南省共有运营民用运输机场 15 个，机场数量居全国第三位，形成以昆明长水国际机场为核心，其他 14 个干支线机场为支撑的机场网络体系，全省年旅客吞吐量 100 万人次以上规模的机场达到 5 个，成为全国百万级机场较多的省份之一。

[历史沿革]

　　云南，旧以"云岭以南"得名，是人类重要的发祥地之一。生活在距今 170 万年前的云南元谋猿人，为我国和亚洲最早的人类之一。夏、商时期，云南属中国九州之一的梁州。秦朝以前，古彝族在云南地区建立古滇王国。

　　公元前 278 年，楚国大将庄蹻率军进入滇池地区，建立滇国。秦汉之际，中央王朝在云南推行过郡县制，开辟通往缅甸和印度的商道。西晋时期，云南改设为宁州，是全国十九州之一。唐宋时期，曾建立过南诏国、大理国等地方政权。

　　大理国于 937 年建国，1254 年被忽必烈西征所灭。大理国时期，云南的社会经济有了较大发展，手工业兴盛，对外贸易发达，与缅甸、越南、马来西亚、印度、波斯等国家都有贸易往来。大理与宋交好，内地先进的科学文化也传入云南，对云南各族人民文化教育发展起到了促进作用。

1276年，元朝在云南设立行中书省，"云南"正式成为全国省级行政区划名称。

抗日战争爆发后，云南成为全国大后方，接纳大批搬迁的企业、军政机关、学校。1938年，由北京大学、清华大学、南开大学组成的西南联合大学搬迁至云南，西南联大保存了抗战时期的重要科研力量，培养了一大批卓有成就的优秀人才。随着第二次世界大战全面爆发，英军放弃缅甸战场，云南成为中国抗击日军的前线。滇西抗战纪念馆和国殇墓园是第一批国家级抗战设施、遗址。

1950年2月24日，云南全境解放。

[民族民俗文化]

云南是我国民族种类最多的省份，全省少数民族人口数约1563.6万，占全省人口总数的33.12%，是全国少数民族人口数超过千万的4个省区（广西、云南、新疆、贵州）之一。除汉族以外，人口在6000人以上的世居少数民族有彝族、哈尼族、白族、傣族、壮族、苗族等25个。其中哈尼族、白族、傣族、傈僳族、纳西族、独龙族等15个民族为云南特有。云南少数民族交错分布，表现为大杂居与小聚居的空间格局。

纳西族是云南特有民族之一，现有人口约32.6万，绝大部分居住在丽江市。在漫长的历史发展与民族交往中，纳西族创造了灿烂的文化。有著名的长篇史诗《创世纪》、反映古代纳西族社会生活的百科全书《东巴经》、用象形文字写成的《东巴画谱》等艺术珍品。纳西族的建筑、雕刻和绘画融合了纳西族、汉族与藏族三个民族的传统风格，具有浓郁的地方特色。泸沽湖畔云南境内的摩梭人属于纳西族的支系，至今仍保留着走婚制和母系家庭的形式，摩梭人的"阿注婚姻"被民族学家喻为"人类社会家庭婚姻发展史的活化石"。纳西族建筑古朴典雅，丽江古城的四方街最具代表性。纳西族最具特色的服饰是妇女的"七星披肩"，缀以绣花小圆布圈，双肩各有一个大的，背上并列七个小的，分别象征日、月、星辰，表示披星戴月、勤劳不息。

白族现有人口约209万，白族人民在历法、建筑、医学、史学、文学、音乐、舞蹈、戏曲、绘画、雕刻等方面均有相当辉煌的创造和成就。大理崇圣寺三塔、剑川石宝山石窟、鸡足山建筑群等具有鲜明的白族特点。"三坊一照壁"是白族民居建筑中最常见的形式。白族的扎染技艺与绕三灵习俗被列入《国家非物质文化遗产名录》。白族崇尚白色，在大理白族姑娘的头饰上，显示着"风花雪月"的寓意：垂下的穗子象征下关风，艳丽的花饰象征上关花，帽顶的白色代表苍山雪，弯弯的造型代表洱海月。白族的传统节日主要有三月街、绕三灵、耍海节、火把节等。三月街又称"观音街""观音市"，是白族人民的传统盛会，已有上千年历史。三月街农历三月十五起在点苍山脚下举行，为期 5~7 天，后逐渐发展成为物资交流盛会，届时还举行歌舞表演、赛马等文体活动，成为当地各族人民进行经济文化交流、增进民族团结的重要节日。白族主要崇拜"本主"（即村社神）。一苦、二甜、三回味的"三道茶"是白族传统的品茶艺术和待客礼仪。

傣族主要分布在云南省的南部和西部，与壮族、水族、布依族等有密切的关系，在中国境内现有人口约 133 万。傣族普遍信仰南传上座部佛教，佛教对傣族风俗习惯的影响十分明显。傣族有自己的历法和文献，民间文艺丰富多彩。有著名的《孔雀舞》和"赞哈"（歌手）演唱的民间叙事长诗和民歌，《象脚鼓舞》是傣族民间流传最广的男子舞蹈。傣族的传统节日主要有泼水节、关门节和开门节等。泼水节是傣族人民辞旧迎新的传统节日，又称"浴佛节"，时间一般在傣历六月下旬或七月初（公历 4 月中旬），节期一般是 3~5 天。节日期间的主要活动是浴佛、堆沙、泼水、丢包、赛龙船、放高升及歌舞狂欢等。《国家非物质文化遗产名录》收入的傣族文化遗产主要有孔雀舞、泼水节等。

[文旅资源]

　　云南依托其深厚的历史文化、绚烂的民族风情、多样的地理环境和丰富的动植物资源，全力推出"七彩云南"的旅游品牌，打造了一批以高山峡谷、现代冰川、高原湖泊、民族风情等为特色的知名旅游景区。目前，云南拥有世界文化遗产 3 处：丽江古城、红河哈尼梯田文化景观、普洱景迈山古茶林文化景观；世界自然遗产 3 处：云南三江并流保护区、云南石林（中国南方喀斯特）、澄江化石遗址；5A 级旅游景区 10 家：中国科学院西双版纳热带植物园、丽江古城景区、腾冲市和顺古镇景区等。

云南省历史源远流长，文化丰富多彩，拥有国家级非物质文化遗产145项，入选数量位居全国第二。纳西族东巴古籍被联合国教科文组织列入《世界记忆名录》。沧源崖画是我国目前发现的最古老的崖画之一，产生于3000年前的新石器时代晚期，创作手法粗犷古朴，是研究南方古代民族历史的重要资料。白沙壁画融汉、藏、纳西文化于一体，展示了藏传佛教和儒、道等多元文化融合的生活场景故事。

云南历史上名人辈出，明朝著名航海家、外交家郑和，是云南昆阳州（今昆明市晋宁区）人，七下西洋，完成了人类历史上伟大的壮举。郑和第一次下西洋的首航日7月11日被定为中国航海日，在昆明、南京、太仓以及印度尼西亚等地都建有郑和的纪念馆。云南籍音乐家聂耳，是中华人民共和国国歌《义勇军进行曲》的作曲者，现位于昆明西山景区的聂耳纪念馆是全国爱国主义教育示范基地。孙髯翁为昆明滇池景区的大观楼题天下第一长联作者，被后人尊称为"联圣"。近代著名将领蔡锷发动了反对袁世凯的护国运动。

纳西古乐由"洞经音乐""皇经音乐"（现已流失），以及丽江本土音乐"白沙细乐"组成。据考证，这种古乐起源于14世纪，目前主要流行于纳西族分布较多的丽江古城及周边地区，是云南省最为古老的乐曲，也是世界最古老的乐曲之一，被誉为"音乐化石"。这套乐曲包含了道教法事音乐、儒教典礼音乐甚至唐宋元时期的曲牌，灵韵独特，在流传中逐步融合了纳西族的审美情调和独有的乐器，因此被称为纳西古乐。

香格里拉地处滇、川、藏"大三角"区域，迪庆香格里拉是一片人间少有的完美保留自然生态和民族传统文化的净土，是国家"三江并流"风景名胜区的一颗明珠，素有"高山大花园""动植物王国"的美称，是一个以藏族为主体、文化多元、资源丰富的"神仙居住的地方"。

茶马古道源于古代西南边疆的茶马互市，兴于唐宋，盛于明清，是中国西南民族经济文化交流的走廊。滇藏茶马古道南起云南茶叶主产区普洱，中间经过今天的大理、丽江、香格里拉进入西藏，直达拉萨；有的还从西藏转口印度、尼泊尔，是古代中国与南亚地区一条重要的贸易通道。

云南拥有一批具有全国乃至世界级影响力的景区。西双版纳是我国热带生态系统保存最完整的地区，它融民族文化、热带雨林等自然和人文景观为一体，拥有种类齐全、全天候和常年性的旅游度假资源，素有"动植物王国""生物基因库"等美称。玉龙雪山发育有亚欧大陆距离赤道最近的温带海洋性冰川，分布着大量珍稀动植物资源，是纳西族的神山，2007年被评为国家首批5A级旅游景区。国家5A级旅游景区大理古城居于苍山之下、洱海之滨，古城占地面积3平方千米，民族文化浓厚，是人类文化遗产最杰出的区域代表之一，其"人工与自然融合"的景观风景营造方法及传统的城市景观规划建设思想，对中国现代建筑营造具有重要意义。腾冲温泉位于腾冲市境内，泉区自然景观独特，以奇异而壮观的火山地貌和遍地热泉著称于世，腾冲市城西南4千米的和顺古镇是著名侨乡和国家级历史文化名镇。红河哈尼梯田位于云南南部，遍布于红河州元阳、红河、金平、绿春四县，总面积约100万亩。梯田规模宏大，气势磅礴，是以哈尼族为主的各族人民，利用特殊地理气候同垦共创的梯田农耕文明奇观，2013年被列入《世界遗产名录》。普者黑景区位于云南省文山壮族苗族自治州丘北县，是发育典型的喀斯特岩溶地貌，以"水上田园、湖泊峰林、彝家水乡、岩溶湿地、荷花世界、候鸟天堂"六大景观而著称，为国家5A级旅游景区。禄丰是中国乃至世界发现恐龙化石数量最多、个体最为完整、种类最丰富的地区，被誉为"恐龙之乡"。

[旅游核心城市]

城市	概况
昆明市	昆明地处云贵高原中部，三面环山，南濒滇池，总面积21012.54平方千米，平均海拔1891米。独特的亚热带季风气候，15.8℃的年均气温，使其冬无严寒、夏无酷暑，拥有"春城""花都"之美誉。作为云南省会，昆明也是面向南亚东南亚和环印度洋地区的开放门户。 公元前3世纪，滇池沿岸已出现古滇国文明，唐代南诏国在此筑拓东城。"昆明"一词的起源有多种说法，常见的是"昆明"最初是中国西南地区一个古代民族的族称，在南诏、大理时期，昆明族迁居于滇池周围。元代设云南行省，"昆明"开始作为地名沿用至今。这座建城2200余年的古城，是国务院首批公布的历史文化名城。 昆明是典型的山地高原城市，享有"天气常如二三月，花枝不断四时春"的盛誉，山水与人文在此完美交融，滇池、云南石林、西山、斗南花市和昆明老街等是这里的代表性景区。

续表

城市	概　况
大理市	大理地处云贵高原与横断山脉过渡带，东临洱海，西倚苍山，平均海拔2052米，面积1815平方千米。作为滇西交通枢纽，大理北接丽江、香格里拉，南连保山、普洱，是古代南方丝绸之路与茶马古道交会处。 "大理"之名始于公元937年，白族首领段思平建立"大理国"，取"大治大理，富国兴邦"之意，亦有说法称其源于南诏时期"大礼国"的谐音演变。元代设大理路后，名称沿用至今。大理作为古代南诏国和大理国的都城，时间长达五百余年，形成了以民族风情、建筑文化、饮食文化、宗教文化为特色的地方文化。 大理古城、巍山古城两大国家级历史文化名城，喜洲古镇、沙溪古镇、"三房一照壁"的白族民居、崇圣寺三塔等地方建筑，"一苦二甜三回味"的三道茶、野生菌、白族的酸菜鱼、乳扇、雕梅、喜洲粑粑、若邓火腿等地方风味，都是今天大理文旅的亮丽名片。

[风物特产]

云南由于其独特的地理风貌、特殊的气候状况、多彩的民族风情、奇特的风俗习惯，产生了许多不同于其他地方的风物特产，"云南十八怪"就是对其形象的概括，云南的特产与风俗也大都包含在其中。

云南菜，也称滇菜，以烹制山珍、淡水鱼鲜和蔬菜见长，具有鲜嫩回甜、酸辣微麻、重油味厚的特点。代表菜有汽锅鸡、金钱云腿、傣味香茅草烤鱼、大理夹沙乳扇等。云南民族饮食也很丰富，彝族坨坨肉、独龙族石板粑粑、傣族炸青苔、白族乳扇、哈尼族辣血旺、景颇族春鳝鱼等独具特色。

风味小吃有过桥米线、小碗红糖、鲜花饼、云腿月饼、酸角糕、饵块、饵丝、烤乳扇、沾益蘸水、石屏豆腐等。土特产有滇红茶、普洱茶、云南白药、三七、天麻、宣威火腿、松茸、大理雪梨、宾川柑橘、葡萄酒等。

[特色产业]

类别	概　况
花卉产业	在全国具有领先地位，昆明花拍中心是亚洲第一、世界第二大鲜切花拍卖市场，占有全国40%左右的鲜切花市场份额。

续表

类别	概　　况
矿产资源	极为丰富,尤以有色金属及磷矿著称,被誉为"有色金属王国"。个旧市被誉为"世界锡都",为我国乃至世界锡工业的发展做出了卓越贡献。云南地热资源丰富,地热资源尤以滇西腾冲地区的分布最为集中,全省出露地面的天然温泉约有700处,居全国之冠。
旅游演艺产业	相对发达,相继推出了《云南映像》《纳西古乐》《丽江千古情》等一批具有一定知名度和市场影响力的演艺品牌。

第五节　西藏自治区基本概况与主要文旅资源

西藏自治区简称"藏",位于中国的西南边陲,青藏高原的西南部。北邻新疆维吾尔自治区,东北紧靠青海省,东连四川省,东南连接云南省,南边和西部与缅甸、印度、不丹、尼泊尔等国以及克什米尔地区接壤。全区总面积120.28万平方千米,约占中国总面积的1/8,仅次于新疆,列第二位。现辖6个市(拉萨、日喀则、山南、林芝、昌都、那曲),1个地区(阿里),有74个县(区),首府拉萨市。根据《2024年西藏自治区国民经济和社会发展统计公报》,全区常住人口为370万,是中国人口最少、密度最小的省区。

[地理、气候]

西藏复杂的地理地貌形成了雪山、冰川、森林、湖泊、瀑布、草原等丰富的自然景观。

类别	内　　容
地形	西藏是青藏高原的主体部分,平均海拔4000米以上,素有"世界屋脊"之称。西北高、东南低,自然形成4个不同的地形区域:藏北高原、藏南谷地、藏东高山峡谷、喜马拉雅山地。

续表

类别	内　　容
地貌	蜿蜒于西藏高原南侧的喜马拉雅山，由许多近似东西向的平行山脉组成，其主要部分在中国与印度、尼泊尔的交界线上，全长约2400千米，宽约200～300千米，平均海拔在6000米以上。海拔8848.86米的世界第一高峰——珠穆朗玛峰，耸立在喜马拉雅山中段的中尼边界上。
水系	西藏境内河流众多，流域面积大于1万平方千米的河流有20多条，流域面积大于2000平方千米的河流有100条以上。 著名的河流有金沙江、怒江、澜沧江和雅鲁藏布江。西藏还是国际河流分布最多的一个中国省区，亚洲著名的恒河、印度河、布拉马普特拉河、湄公河、萨尔温江、伊洛瓦底江等河流的上源都在这里。 雅鲁藏布江为西藏第一大河，也是世界上海拔最高的大河。雅鲁藏布大峡谷深达5382米，是地球上最深的峡谷。
湖泊	广袤的西藏高原上点缀着大小湖泊1500多个，其中面积超过1000平方千米的有纳木错、色林错和扎日南木错。西藏高原不仅是中国最大的湖泊密集区，还是世界上湖面最高、范围最大、数量最多的高原湖区。这里的湖泊咸水湖多，淡水湖少，湖面海拔超过5000米的有17个，它们的面积都在50平方千米以上。
气候	气候复杂多样：太阳辐射强，日照时间长；气温较低，温差大；干湿分明，多夜雨，一般每年10月至第二年4月为干季，5～9月为雨季，冬春干燥，多大风；空气稀薄，气压低，氧气含量较少。由于西藏空气含氧量较低，游客要注意预防高原反应，尤其要避免感冒引起急性高原肺水肿。西藏太阳辐射强烈，需做好防晒措施。

[交通状况]

　　由于历史和地理环境的原因，西藏在20世纪50年代以前没有一条正式公路，没有一辆民用汽车。人民生活，经济往来，全靠人背畜驮，社会发展极为缓慢。中华人民共和国成立后，中国人民解放军和西藏各族人民逢山开路，遇水架桥，于1954年12月25日修通了闻名世界的青藏、川藏公路，从此，西藏才第一次出现了现代意义上的公路汽车运输。之后，国家先后投入近百亿元巨额资金，修建了青藏、川藏、新藏、滇藏、中尼公路以及区内干线和众多的县乡公路、边防公路。目前，西藏已形成以5条国道为主干，14条省道为支架，20条县道，57条乡道，12条专用公路和79条边防专用公路的公路网络。同时还基本形成了由公路、航空、管道运输组成的交通运输网。

类别	内　　容
航空	西藏已建成投入使用的民用机场有 8 个，分别是拉萨贡嘎国际机场、山南隆子机场、林芝米林机场、日喀则和平机场、日喀则定日机场、昌都邦达机场、阿里昆莎机场、阿里普兰机场。其中拉萨贡嘎国际机场建在山南市贡嘎县，是 4E 级机场，也是自治区第一大航空枢纽。全区已初步形成以拉萨贡嘎机场为枢纽、区内其他机场为支撑、辐射国内主要大中城市和援藏省份的航线网络。
铁路	被誉为"天路"的青藏铁路的通车结束了西藏没有铁路的历史，它全长 1956 千米，是世界上海拔最高、在冻土上路程最长的高原铁路，2013 年 9 月入选"全球百年工程"，是世界铁路建设史上的一座丰碑。 青藏铁路分两期建成，一期工程东起青海省西宁市，西至格尔木市，1958 年开工建设，1984 年 5 月建成通车；二期工程，东起青海省格尔木市，西至西藏自治区拉萨市，2001 年 6 月 29 日开工，2006 年 7 月 1 日全线通车。青藏铁路支线拉日铁路也在 2010 年 9 月 26 日动工建设，2014 年 8 月 16 日全线竣工运营。除青藏铁路外，还有 4 条在建和拟建进藏铁路。 川藏铁路是中国国内第二条进藏铁路，东起四川成都市，西至西藏拉萨市，线路全长 1838 千米，设计速度 120～200 千米/小时。2018 年 12 月 28 日，川藏铁路成都至雅安段开通运营。2021 年 6 月 25 日，全长 435.48 千米的川藏铁路拉林段正式开通运营。川藏铁路由于横跨中国第一阶梯与第二阶梯，横断山脉又都是南北走向，沿途地貌落差大，桥梁隧道工程占比达 81%。从成都到拉萨，线路八起八落，累计爬升高度达 1.4 万米，仅拉林段全线就有 16 次跨越雅鲁藏布江，共有 10 千米以上的特长隧道 6 座，15 千米以上的特长隧道 15 座，跨 14 条大江大河，2 座 4000 米以上的雪山，被称为世界上最难建的铁路。这条铁路的建成，对于促进民族团结，维护国家统一，巩固边疆稳定，促进西藏经济社会发展具有重要意义。 滇藏铁路是从云南昆明到西藏拉萨的一条铁路，全长约 1900 千米，但滇藏铁路并不是一条完全新修的铁路，是利用现有的铁路进行升级改造，然后增加新建铁路，最终形成从昆明直达拉萨的滇藏铁路。目前这条铁路已经从昆明经丽江修建至香格里拉并开始运营，最后经香格里拉在西藏邦达地区汇入川藏线后通往拉萨。 中尼铁路全长约为 600 千米，尼泊尔境内约为 72 千米。铁路以中国西藏的日喀则西站作为起点，把青藏铁路支线拉日铁路的延长线日吉铁路延伸到中尼边界的吉隆县吉隆口岸，然后穿越喜马拉雅山脉，通往尼泊尔首都加德满都。根据规划，铁路还要把尼泊尔境内三大城市连接起来，最后直接通往印度平原地带，目前中尼铁路国内已经开工建设，这条铁路的建设将使尼泊尔摆脱对印度的过分依赖，也可以得到中国经济高速增长带来的实惠。 新藏铁路包括日和铁路和拉日铁路，是连接新疆和西藏的重要交通要道，北起新疆和田市，南至西藏日喀则市及拉萨市。它的建成，将会成为连接新疆和西藏的重要交通要道、中国西北和西南地区的铁路大动脉，对于加强新疆和西藏经济、文化、旅游等方面的交流有重要作用，同时对于西藏阿里地区实现跨越式发展和长治久安也有重要意义。新藏铁路同样也具有重要的国防意义，在加强边疆地区的和平与稳定、战时承担重要的国防运输等方面都起着无可替代的作用。

[历史沿革]

西藏自古以来就是中国领土的重要组成部分,自元代以来,中央政权始终对西藏行使着有效管辖。藏族人民是中华民族大家庭中的重要一员。7世纪初,松赞干布统一西藏,在逻些(今拉萨)建立吐蕃王朝,并与唐朝建立了密切的关系。元朝时期,中央政府设立管理藏区事务的宣政院,建立了西藏萨迦地方政权,西藏成为由中国元朝中央政府直接治理的行政区域。明朝中央政府承袭元制,先后敕封过三大法王和各级僧官,设立乌斯藏、朵甘两个行都指挥使司和俄力思军民元帅府,管理西藏军政事务,并建立了帕竹地方政权。到清朝,西藏与中央的关系进一步得到加强,清政府分别在1653年和1713年册封达赖和班禅,正式确定其封号。1721年,清政府废除第巴制度,制定噶伦制度。1727年正式设立驻藏大臣办事衙门,对西藏进行全面管理。1790年建立西藏地方政府即噶厦政府,1791年清政府派军进驻西藏,规定驻藏大臣与达赖和班禅共同掌管西藏事务。1792～1793年清政府制定《钦定藏内善后章程》,对西藏地方政府的政治、财政、军事、外交、宗教等方面进行了规范,加强了中央的管理。

1911年辛亥革命后,中华民国时期宣布实行汉、满、蒙古、回、藏五族共和,领土统一,在《中华民国临时约法》中规定西藏为中国领土,反对和抵制"西藏独立"活动。中华人民共和国成立后,中央政府决定和平解放西藏。

中华人民共和国成立初期,西藏有147个宗(相当于内地的县)和相当于宗的豀卡,人口约100万。1950年10月昌都解放后,昌都地区划为中央直辖区。1951年5月23日,中央人民政府与西藏地方政府在北京签订了《中央人民政府和西藏地方政府关于和平解放西藏办法的协议》(简称《十七条协议》),西藏实现和平解放。1952年十世班禅额尔德尼返藏,根据1951年中央和西藏签订的《十七条协议》有关规定,恢复了固有的地位和职权,"班禅堪布会议厅"管辖班禅属区的一切政教事务。这样,连同噶厦(西藏地方政府)在内,中华人民共和国成立初期,西藏共有3个行政单位,即噶厦辖区、班禅堪布会议厅辖区、昌都人民解放委员会辖区。1956年,西藏自治区筹备委员会成立。下辖拉萨、山南、江孜、日喀则、昌都、塔工、阿里、那曲8个相当于专区建制的基础级办事处。

1959年3月,西藏上层统治集团中的一些人公开撕毁《十七条协议》,发动全面武装叛乱。不久,叛乱被平息。1960年平叛改革后,废除了封建农奴制度,全区原有的83个宗和64个相当于宗的独立谿卡,合并划分为1个市、7个专区和72个县。1961年9月,原班禅堪布会议厅委员会在完成它的历史任务后宣告结束。1965年9月1日,西藏自治区正式成立,自治区首府设在拉萨。

[民族民俗文化]

西藏是以藏族为主体的少数民族自治区,是全国藏族居民最集中的地区。全区还有汉族、门巴族、珞巴族、回族、纳西族等45个民族及未识别民族成分的僜人、夏尔巴人。全区常住人口中,藏族及其他少数民族人口为320.5万,其中,藏族人口为313.8万,其他少数民族人口为6.7万,汉族人口约为44.5万。

藏族总人口约706万(第七次人口普查),是中国古老的民族之一,除一部分分布在青海、甘肃、四川、云南等省外,近半数居住在西藏。藏族是汉语的称谓,藏族自称为"博(bod)"。藏语对居住在不同地区的人又有不同的称谓:居住在西藏阿里地区的人自称为"兑巴",后藏地区的人自称为"藏巴",前藏地区的人自称为"卫巴";居住在西藏东境和四川西部的人自称为"康巴";居住在西藏北境和四川西北部、甘肃南部、青海地区的人自称为"安多娃"。统称为"博巴"。

藏语属于汉藏语系藏缅语族藏语支。依地区划分为卫藏、康、安多三个方言,卫藏方言和康方言都有声调。安多方言没有声调。藏文创制于7世纪前期,是有4个元音符号和30个辅音字母的拼音文字,自左向右用竹笔、墨汁书写,字体主要为"有头字"(楷体)和"无头字"(草体)两种,通行于整个藏族地区。

藏族的主食和饮料主要是糌粑、肉食、奶制品、酥油茶和青稞酒。糌粑是藏族特有的一种主食,是用青稞炒熟后磨成细粉。食用方式主要是拌和酥油茶，用手捏成团吃，也可以调盐茶、酸奶或青稞酒。牧区妇女喜用酥油涂面护肤。藏族不吃奇蹄类兽肉，大部分地区没有吃飞禽和鱼的习惯。狩猎只为取得麝香、鹿茸等名贵药材和皮毛。

藏族传统服饰较为肥大，基本特点是长袖、宽腰、大襟。藏族穿衣，里面都要有一件衬衫，外面再穿藏袍。夏天或劳动时只穿左袖，右袖从后面拉到胸前搭在右肩上；也可左右袖均不穿，两袖束在腰间。但冬天一般两袖均穿上。

藏族农区多垒石建屋，牧区则用帐篷。房屋平顶多窗，造型简洁，敦实质朴，具有浓厚的民族特色，多建筑于向阳高处，坐北向南。一般以石块或夯土筑墙，形如碉房，楼房上层住人，室内多设有佛龛，下层多作库房或畜圈，有院落；层内铺木板或坐垫。牧区帐篷用牦牛毛织成，色黑，冬暖夏凉，迁移方便。农村多半在房外围以小墙为小院，供放柴草和豢养牲口或家禽之用。

寺院建筑别具风格，层楼重叠，整齐壮观，主殿经堂宽敞，寺门前砌修大小佛塔供煨松柏枝用，周围多置转经筒，游人顺时针方向转动，借以祈福禳灾。转经，是藏传佛教的修行之道。藏族信众一般左手拿念珠，右手摇转经筒，嘴里诵六字真言等真经，围绕佛殿、寺庙、圣城、神山、圣湖、玛尼堆等，顺时针转圈；一般年长者手摇转经筒，青年一代一般不带转经筒。转经时间并无固定，随时都可以；在一些特定的时间和宗教节日里转经可以事半功倍，比如，藏历每年四月十五开始，为期一月的萨嘎达瓦节，藏历马年要转山、羊年要转湖，都与宗教节日的约定俗成有关。

藏民信奉藏传佛教。喇嘛藏语意为"上师"。佛教从7世纪传入藏族地区后，吸收了原始本教的信仰和仪式，经过长期的发展，逐渐形成了大小不同教派，除宁玛派（红教）之外，其余如噶举派（白教）、萨迦派（花教）、格鲁派（黄教），在历史上都曾先后在藏族地区建立过政教合一的地方政权。格鲁派严禁僧人娶妻，其余各派的僧人则可以结婚，各教派都有自己的戒律。

格鲁派在藏传佛教中占主导地位，属寺遍及藏族地区，著名的寺院有拉萨的甘丹寺、色拉寺、哲蚌寺，日喀则的扎什伦布寺，昌都的昌都寺，甘肃的拉卜楞寺和青海的塔尔寺等。格鲁派实行活佛转世制度，达赖喇嘛和班禅额尔德尼就是这一教派的两大活佛转世系统（清代规定达赖、班禅和格鲁派大活佛转世，均须经由朝廷认可或经金瓶掣签确定）。13世纪，噶玛噶举派认定一幼童为其著名上师噶玛拔希的转世灵童，西藏就此出现第一位转世活佛，之后，噶玛噶举派将这种转世方式确立并形成制度。格鲁派将这一转世制度进一步完善并发扬光大。到了清乾隆时期，西藏一些权贵在活佛转世问题上弄虚作假，尤其是大活佛转世，每每通过贿赂神巫，将自家孩童扶上宝座，以致争权夺利局面的出现，引发内忧外患等社会问题。乾隆皇帝为除此弊端，遂颁赐一金瓶，要求活佛圆寂后，须选出候选灵童，然后将候选灵童的名字写在象牙签牌上，放在金瓶内，经过高僧大德念经加持，然后由皇帝加封的"呼图克图"（大活佛）和驻藏大臣在大昭寺佛祖释迦牟尼像前共同通过抽签认定。

1793年，清朝制定了《钦定藏内善后章程》，其中第一条第一部分阐述了设立金瓶掣签制度的原因，第二部分讲金瓶掣签的基本原则。规定："大皇帝为求黄教兴隆，特赐一金瓶，今后遇到寻认灵童时，邀集四大护法，将灵童的名字及出生年月用满、汉、藏三种文字写于签牌上，放进瓶内，选派真正有学问的活佛，祈祷七日，然后由各呼图克图和驻藏大臣在大昭寺释迦牟尼像前正式拈定。"第三部分规定："假如找到的灵童仅只一位，也须将一个有灵童名字的签牌和一个没有名字的签牌共同放进瓶内，假如抽出没有名字的签牌，就不能认定已寻访到的儿童，而要另外寻找。"第四部分规定达赖、班禅转世灵童的掣签原则。从《钦定藏内善后章程》和管理活佛转世灵童寻访认定的实践看，清朝管理寻访认定达赖喇嘛、班禅额尔德尼转世灵童制度的核心内容有：①转世事宜由中央主持，驻藏大臣会与西藏地方一同实施；②经中央批准后，西藏地方按宗教仪轨进行寻访，寻访到的候选男童经过甄别灵异，确定三名报中央批准掣签；③中央委派驻藏大臣或专员主持仪式和掣签；④将中签男童报中央批准后继任，中央特派专员看视灵童并主持坐床典礼；⑤西藏地方报中央批准确定灵童经师、启用前世金印。为此，清朝特制两个金瓶：一个用于西藏各大活佛转世灵童的认定，存放于拉萨大昭寺；另一个用于确认西藏以外的我国内蒙古、青海、甘肃及蒙古等地的各大呼图克图活佛转世掣签之用，存放于北京雍和宫。至此，经过一系列历史演变，最终形成了以"金瓶掣签"认定活佛转世灵童的制度，并以国家法律的形式确定下来。

活佛转世制度得到国家和西藏自治区各级政府的尊重。1992年，国务院宗教事务局批准了第十七世噶玛巴活佛的继任；1995年，西藏自治区按照宗教仪轨和历史定制，经过金瓶掣签，报国务院批准，完成了第十世班禅转世灵童的寻访、认定以及第十一世班禅的册立和坐床。2007年，中华人民共和国颁布了《藏传佛教活佛转世管理办法》。

在西藏西部和青海、四川牧区还流传着藏族地区早期的宗教——本教，俗称黑教。在个别地方，还有汉族建立的道观，回族建立的清真寺，以及外国传教士建立的天主教和基督教的教堂。

藏族的礼俗主要有：①献哈达。藏族最普遍的礼节，婚丧、节庆、乔迁、拜会尊长，朝拜佛像，送别远行等，都有献哈达的习惯；②磕头。是藏民族常见的礼节，一般是朝拜佛像、佛塔和见大活佛时磕头，也有对长者磕头的；③馈赠。藏族人民十分重视的事，凡有喜庆必然送礼致贺。一般是有送必有还，否则即为失礼；④鞠躬、敬酒、敬茶是藏族礼仪中最常见、最普遍的情况。

藏族的主要节日有：①藏历年。藏历是藏族人民用的年历。藏历年是藏族人民一年中最重要、最隆重的节日，相当于汉族的春节。藏历新年，藏族民众家家户户都会挂上新的经幡[1]，以求吉祥如意。②酥油花灯节。始于明永乐七年（1409年），藏传佛教格鲁派祖师宗喀巴于当年藏历正月十五在拉萨创办传昭法会，隆重纪念释迦牟尼示现神变降伏邪魔日。这一习俗沿袭下来，人们白天到各寺朝拜，夜晚集于拉萨八廓街参加灯会。入夜后满街搭起各种花架，上有彩色酥油摆成的各种神话故事及其中的人物、花木、鸟兽等，人们在塑花之下，狂欢起舞，彻夜不眠。③雪顿节（意为酸奶盛宴）。7月1日开始，节日期间，拉萨市民几乎倾城出动，穿上节日盛装，带上点心、糖果、食品、青稞酒、酥油茶、啤酒等吃喝用品和帐篷、围布，到罗布林卡边看节目边游玩。此时，各地专业和业余剧团也聚集拉萨，演出各种剧目的藏戏，热闹非凡。④望果节。"望"藏语意为田地，"果"即转圈。望果

---

[1] "经幡"是指在藏传佛教地区的祈祷石或寺院顶上、敖包顶上经常竖立着以各色布条写的六字真言等经咒、捆扎成串、用木棍竖立起来的旗子。作为福运升腾的象征物，经幡每年都要换新。换新的日子不能随意选择，它是根据藏族历算，选择在藏历新年初一过后某一个良辰吉日。

节就是围着庄稼地转圈的节日,这是一个与农事紧密相关的节日,表达的是对丰收的祈求和渴望。在西藏的农业区,特别是雅鲁藏布江中游和拉萨河两岸的农村非常盛行。每当庄稼即将成熟,当地寺院的喇嘛都会择吉日举行望果节。望果节这一天,人们穿上盛装,带上美酒美食,聚集在一起。然后每家出一人,在举着佛像、背着经书、打着旗幡的喇嘛引导下,浩浩荡荡绕行在即将收割的田地之间,一边缓行,一边呼喊,祈祷神佛保佑庄稼丰收。转完庄稼地,大家还要举行跑马、射箭、歌舞等活动,甚至通宵达旦,把望果节的气氛从隆重、庄严推向热烈、欢快。由于气候的原因,不同的地方庄稼成熟的日期各不相同,因此,望果节也就没有固定的日子。通常在7月底8月初举行。⑤沐浴节(9月上旬)。每年藏历七月上旬,在西藏,在拉萨河畔,从城市到乡村,从牧区到农区,都有一个群众性的沐浴活动。这时,西藏高原雨季刚过,风和日丽,河清水暖。人们带上青稞酒、酥油茶、糌粑和其他节日食品,来到河边,不仅洗头、洗澡,还顺便洗洗衣服和被褥。洗完澡之后边吃边喝,说古道今,畅叙家常。早晨出来,夜晚才回家。这种一年一度的沐浴活动要历时一周,所以,也叫沐浴周。活动持续期间,藏族人民,从垂髫的娃娃,到白发苍苍的老人,都要下河洗澡,这已成为藏族群众传统的风俗习惯。此外,还有神仙下凡节(9月22日)、仙女节(10月15日)、燃灯节(10月25日)、驱鬼节(12月29日)等。

门巴族约1.1万、珞巴族约0.4万(第七次全国人口普查)是居住在中国西藏的古老民族,主要分布在西藏自治区南部。门巴族语属汉藏语系藏缅语族藏语支,方言复杂,无文字。因长期和藏族人民密切交往,多通晓藏语,通用藏文。珞巴族语属汉藏语系藏缅语族,没有文字,基本使用藏文。

[文旅资源]

西藏不仅有世界屋脊奇异的地质地貌和独特的自然风光,而且有别具一格的社会人文景观,拉萨布达拉宫历史建筑群(大昭寺、罗布林卡)入选世界文化遗产;藏戏、《格萨尔》入选《人类非物质文化遗产代表作名录》。

藏戏是戴着面具、以歌舞演故事的藏族戏剧,形成于14世纪,流传于青藏高原。常演剧目为八大传统藏戏,内容大都是佛经中劝善惩恶的神话传说。藏戏原来流传于民间,由艺人口传心授在广场或寺院中演出,后来建立了专业剧团,出现了舞台演出形式,这两种演出样式都为藏族群众所认可和喜爱。藏戏承载着藏族文化的血脉,反映了藏族人民的生活面貌和思想感情,是他们文化生活的重要组成部分。藏戏《文成公主》根据历史上松赞干布与文成公主的唐蕃和亲佳话历史故事编撰排演,以曲折多变的故事情节,生动地刻画了机智勇敢的大臣噶·东赞和雄才大略的赞普松赞干布、有远见的唐太宗以及美丽的文成公主等艺术形象,反映了藏汉人民在历史上的深厚友谊。

藏族的英雄史诗《格萨尔王传》,有六七十部,150多万行,是世界上最长的史诗。它叙述格萨尔王为了拯救人类,下凡投胎于贫苦牧民家中,长大后赛马获胜称王,称王后东征西伐、降妖伏魔,最后升天的故事。史诗塑造了格萨尔的英雄形象,深受人民喜爱。藏文古籍非常丰富。14世纪编成的藏文《大藏经》,包括的书达4500多种,分为《甘珠尔》《丹珠尔》两大部类,两大部类下又分为10种("十明学")。

西藏现有1700多座保护完好、管理有序的寺庙,形成了独特的人文景观。主要有以拉萨布达拉宫、大昭寺、罗布林卡、哲蚌寺、色拉寺、甘丹寺为代表的历史文化名城拉萨名胜区,以山南雍布拉康、桑耶寺、昌珠寺、藏王墓群为代表的藏文化发祥地雅砻风景名胜区,以日喀则扎什伦布寺、萨迦寺、夏鲁寺、白居寺为代表的后藏宗教文化人文景观区,以藏北"古格王朝古都遗址"为主的文物古迹人文景观区,以昌都康区文化为代表的"茶马古道"历史文化人文景观区等。

西藏有5家国家5A景区,拉萨市的布达拉宫景区和大昭寺景区,日喀则市扎什伦布寺景区,林芝市的巴松错景区和雅鲁藏布大峡谷景区。西藏三大圣湖玛旁雍错(阿里地区普兰县)、纳木错(拉萨市当雄县)和羊卓雍措(山南市)风景优美,享誉世界。此外,日喀则市以珠穆朗玛峰为首的雪山风光,昌都市的强巴林寺、然乌湖、卡若文化遗址,享有"西藏江南"之称的林芝地区的桃花节、藏东南文化遗产博物馆、南迦巴瓦峰、米堆冰川、鲁朗小镇、莲花秘境墨脱,藏北羌塘草原风光和那曲的赛马节,阿里的冈仁波齐峰等以神山圣湖为主的高原湖光山色风光等,都负有盛名。

[旅游核心城市]

城市	概　况
拉萨市	西藏自治区首府，藏语意为"圣地"，史称"逻些"，是我国历史文化名城。地处西藏中部稍偏东南，位于雅鲁藏布江支流拉萨河北岸，平均海拔3658米，年日照时间3000小时以上，素有"日光城"的美誉。全市有国家级自然保护区2个，拉鲁湿地国家级自然保护区、纳木错国家级自然保护区。国家级森林公园2个，热振国家森林公园、尼木国家森林公园。全国重点文物保护单位18处（含世界文化遗产1处3点，布达拉宫、大昭寺、罗布林卡）。拉萨市拥有众多名胜古迹和壮丽的自然风光。如市区的三大寺、财神庙、扎基寺、拉萨市林周县的黑颈鹤自然保护区、拉萨市当雄县的姆蓝雪山和廓琼岗日国家冰川地质公园等，均是游客不可错过的游览胜地。
林芝市	古称"工布"，藏语音译为"尼池"，寓意为"太阳宝座"。林芝地处西藏东南部，总面积11.48万平方千米，辖巴宜、工布江达、米林、墨脱、波密、察隅、朗县等县（区市），常住人口23.89万，居民主要是藏族、汉族和门巴族、珞巴族等。其北部为念青唐古拉山，南部属于喜马拉雅山东段，西北部为冈底斯山余脉，东部为横断山脉，地貌以高山峡谷与山地河谷为主，其中最大的河谷地是雅鲁藏布江谷地，海拔多在2000米以下，最低处墨脱县巴昔卡海拔仅155米。 林芝降水充沛，植被茂盛，是西藏最温暖湿润的地区，素有"西藏江南""雪域明珠"的称号。林芝是国际生态旅游区、全域旅游示范区和重要世界旅游目的地，拥有古老淳朴的工布文化和风格迥异的门珞民俗、僜人风情，有雅鲁藏布大峡谷、巴松措、南迦巴瓦峰等一大批自然景观，还有太昭古城、千年古堡群等历史古迹和易贡将军楼、波密红楼等红色遗迹。

[风物特产]

西藏的特产有冬虫夏草、藏红花、藏茶、西藏木碗、麝香、藏香、藏饰品、唐卡、藏刀、手工地毯等。

藏族有着自己独特的食品和饮食习惯，其中酥油、茶叶、糌粑、牛羊肉被称为西藏饮食的"四宝"，此外，还有青稞酒和各式奶制品，如干酪、藏族酥酪糕等。藏餐历史悠久、品种丰富，分为主食、菜肴、汤三大类。随着社会经济和文化生活的改善，藏餐在菜肴烹制技术和用膳形式上也在不断地改进和丰富。酥油茶是藏族人民不可缺少的饮料，酥油是从牛羊奶里提炼的，以夏季牦牛奶里提炼的金黄色酥油为最佳，从羊奶里提炼的则为纯白色。西藏的青稞酒是用青稞酿成的，度数较低，藏族群众无论男女老少都喜欢喝，是喜庆过节必备的饮品。

[特色产业]

西藏大力培育和发展高原种植、清洁能源、天然饮用水、藏医药、旅游文化、民族手工业等特色优势产业。

牦牛是青藏高原独具特色的牛类品种，能够适应高寒、缺氧等严酷的生存环境，是牧民们重要的经济来源与亲密伙伴。西藏的牦牛养殖加工产业，已经构建起草、牛、肉、奶、绒、调味剂等一体化产业链。通过集约化、科学化养殖模式、家庭牧场建设，大幅缩短了牦牛的生产与生长周期，走出了一条适合牧区发展的集中养殖新路子。牦牛繁育、养殖、生产、加工、销售等企业，已形成完整的产业链条。随着西藏道路基础设施逐步完善，当雄县等地"有身份证"的牦牛肉排、鲜肉可通过电商平台销往全国各地，各种牦牛休闲食品也受到广泛欢迎。

索瓦日巴（藏医药）被誉为世界四大传统医学之一，是藏族人民认识生命现象、疾病规律及治疗对策的传统医学体系。索瓦日巴是藏语"藏医药"的音译。"索瓦"意为调养，"日巴"是知识体系。索瓦日巴发源于素有"世界屋脊"之称的青藏高原，历经5000多年的发展历程。如今，索瓦日巴在政府的高度重视支持下，成为我国医疗服务保障体系的重要组成部分。诸多技艺列入我国国家级《非物质文化遗产名录》，一批又一批专家成为国家级继承人；索瓦日巴的保护、传承、发展工作取得了前所未有的成就。"藏医药浴法"藏语称"泷沐"，通过沐浴天然温泉或药物熬煮的汁水或蒸汽调节身心平衡，实现生命健康和疾病防治的传统知识和实践。在长期生活于青藏高原高海拔地区的农牧民中，风湿病、关节炎患者特别多，"藏医药浴法"对于治疗这一类型的疾病有一定的效果。作为藏索瓦日巴（藏医药）的重要组成部分，"藏医药浴法"广泛流行于西藏、青海、四川、甘肃、云南等地的藏区，对保障藏族民众的生命健康和疾病防治发挥着重要作用。2018年11月28日，"藏医药浴法"被列入联合国教科文组织《人类非物质文化遗产代表作名录》。目前西藏有17家藏药生产企业通过国家GMP认证，拥有

311个藏药国药准字号，全区藏药生产产值达到了17亿元，藏医药产业体系基本形成。从深居青藏高原到广医世界患者，随着产业扶持政策落地、产业体系不断完善，拥有千年历史的藏医药产业释放出了新的增长活力。

民族手工艺与农业和畜牧业并列为西藏历史上的三大传统产业。西藏和平解放以前，民族手工艺品大多只是寺庙僧侣及达官贵人的专利品。如今，作为民族的优秀文化遗产，西藏的民族手工艺品已经成为民族特需品或具有民族风格、地方特色的纪念性、陈列性、礼品性旅游纪念品。江孜的地毯、杰德秀的围裙、扎囊的氆氇、浪卡子的藏被、加查的木碗、拉孜的藏刀、拉萨的金银器具、仁布的玉器、定日的石雕等，它们风格迥异、独具特色，令无数游客为之着迷。

第七章 西北地区各省自治区导游基础知识

章节练习
增值服务

学习目的

通过本章的学习，使考生**了解**陕西省、甘肃省、青海省、宁夏回族自治区、新疆维吾尔自治区的历史、地理、气候、区划、人口、交通、旅游等概况，各地代表性饮食的特点、主要美食和风物特产；**熟悉**这五个省（区）列入《世界遗产名录》的中国遗产地，列入《人类非物质文化遗产代表作名录》的中国非遗项目，国家5A级旅游景区和国家级旅游度假区，各地具有代表性的历史文化和民俗风情；**掌握**旅游核心城市、国内知名地域文化、民族民间文化及特色产业。

第一节 陕西省基本概况与主要文旅资源

陕西省简称"陕"或"秦"。因西周初年成王年幼，由周公和召公共同辅政，二人商定，以陕原（今河南三门峡市陕州区）的立柱为界，"自陕而东者，周公主之，自陕而西者，召公主之"，史称"分陕"，陕原以西因此被称为"陕西"。陕西后来是秦国的发源地和统治区，所以又称"秦"。受此影响，横贯陕西中部的主要山脉称"秦岭"，渭河平原称"秦川"。楚汉相争时，项羽曾将秦地分封给三个秦的降将，即雍王章邯、塞王司马欣、翟王董翳，所以陕西又被称为"三秦"。

陕西省位于中国西北部，是中国西北、西南、华北、华中之间的门户，面积约21万平方千米，下辖西安、咸阳、铜川、宝鸡、汉中、延安等10个地级市，107个区县。截至2024年年末，全省常住人口3953万。省会为西安市。

[地理、气候]

类别	内　　容
位置	地势南北高、中部低，由西向东倾斜。境内的最高点为周至县、眉县、太白县交界处的太白山主峰拔仙台，海拔3771.2米
地形	陕西省分为风沙过渡区、黄土高原区、关中平原区、秦岭山地区、汉江盆地区和大巴山地区6个地貌类型区域。有高原、山地、平原和盆地等多种地形。北山和秦岭把陕西分为三大自然区：北部是黄土高原区，海拔900~1900米，总面积8.22万平方千米，约占全省土地面积的40%；中部是关中平原区，海拔460~850米，总面积4.94万平方千米，约占全省土地面积的24%；南部是秦巴山区，海拔1000~3000米，总面积7.4万平方千米，约占全省土地面积的36%。陕西境内有许多闻名全国的峰岭，如秦岭、华山、太白山、终南山、骊山等
水系	陕西省的河流分属黄河、长江两大水系，其中黄河流域面积13.33万平方千米，主要支流有窟野河、无定河、延河、洛河、泾河、渭河等；长江流域面积7.23万平方千米，主要支流有嘉陵江、汉江和丹江
气候	陕西秦岭是中国南北气候分界线。全省纵跨三个气候带：陕南属亚热带气候，关中及陕北大部分属暖温带气候，陕北北部长城沿线属中温带气候。全省南北气候差异较大，春季干燥少雨，夏季炎热多雨，秋季凉爽湿润，冬季寒冷干燥。陕西最适宜的出游季节是春秋两季，旅游淡旺季比较明显

[交通状况]

自古以来，陕西省就是中国重要的对外开放门户。两千多年前，汉代张骞两次出使西域（今中亚地区），开辟出一条横贯东西、连接欧亚的陆上丝绸之路。随着"一带一路"建设，陕西省在古"丝绸之路"基础上开通了辐射欧洲腹地的中欧班列，西安成为全国首个累计开行中欧班列数量突破2.5万列的城市，约占全国中欧班列开行总量的1/4。陕西省作为中国重要的交通枢纽，高铁网、高速公路网完善。中国西部第一条高速公路就是西安至临潼的高速公路，西安咸阳国际机场是全国八大区域性航空枢纽之一，2024年旅客吞吐量超过4703万人次，是西北地区最大的民用机场。

[历史沿革]

陕西省是中华民族重要的发祥地之一。据考证，早在80万年前，蓝田猿人就生活在陕西；新石器时代母系氏族时期，陕西发现了距今6000年前的仰韶文化半坡遗址（西安灞桥区）、姜寨遗址（西安临潼区）和杨官寨遗址（西安高陵区）；距今5000多年前，中华始祖炎帝（神农氏）和黄帝（轩辕氏）在陕西渭水流域兴起，并在冲突中走向融合，形成中国历史上最早的民族共同体——华夏族，开启了中华民族五千多年文明史。今天坐落在陕西延安市黄陵县的黄帝陵，纪念的就是"人文初祖"轩辕氏，这里也是凝聚中华民族的精神象征。大约距今4000年前的新石器时代晚期，即龙山文化向夏文化过渡时期，陕西出现了迄今发现的这一时期中国最大的史前城址——石峁遗址（神木市），被誉为"中国文明的前夜"，为研究中国文明起源形成的多元性和发展过程提供了全新的研究资料。

从西周开始，先后有西周、秦、汉、西晋、隋、唐等14个政权在陕西省建都。考古工作者在宝鸡市扶风县和岐山县发掘到西周初期都城"周原"遗址，从清代以来这里已出土大批占卜甲骨、大盂鼎、大丰簋、毛公鼎、散氏盘等珍贵青铜器，并发现了城垣、铸铜作坊和车马坑遗址；秦朝遗留的秦始皇陵及兵马俑，西汉和唐朝的帝陵建筑，尤其是唐都长安的城市建筑，无疑是历史留给陕西省宝贵的文化遗产。

元中统三年（1262年），设立陕西四川行中书省，辖今陕西、甘肃、宁夏、青海、四川五省区及内蒙古自治区河套地区，这是陕西建省之始。至元二十三年（1286年），陕西独立建省。明末，陕西爆发李自成领导的农民大起义。1644年，李自成在西安建立大顺政权，年号永昌，并一度攻入北京，致明朝灭亡。次年，农民政权被清军消灭。

民国初期，陕西陷入军阀混战的局面中。1935年，中共中央、中央红军长征到达陕北。次年，张学良、杨虎城发动举世闻名的"西安事变"，中共中央倡议和平解决西安事变，促成了以国共合作为基础的抗日民族统一战线的建立。中国共产党在陕北战斗和生活了13个春秋（1935年9月27日—1948年3月23日），陕甘宁边区是中国共产党局部执政建设新民主主义国家的"示范区"，为中华人民共和国成立作出了巨大贡献。

[民族民俗文化]

陕西省常住人口中，少数民族人口约22万，仅占0.56%。少数民族以回族为主，是回族人口相对较多的省份之一。

陕西作为华夏文明的发源地之一，汉族的传统民俗源远流长。譬如，春节时陕西从南到北都盛行吃饺子、放爆竹、贴年画祈福辟邪、贴窗花寓意幸福吉祥的习俗。陕西民间还有逢年过节或婚嫁祭祀送花馍的习惯，花馍造型生动、色彩艳丽。安塞腰鼓是陕西省著名的汉族民俗活动，表演者可达几十上百人，气势磅礴，令人震撼。陕北民歌是群众喜闻乐见的音乐形式，以信天游最常见，其曲调悠长高亢、韵律和美，名曲《兰花花》《走西口》《山丹丹开花红艳艳》几乎家喻户晓。

陕西传统民居南北形态迥异。陕南、关中地区以砖木结构建筑为主，有独栋建筑也有院落式建筑，其中西部农村有"房子半边盖"的现象。陕北地区传统民居是窑洞，一般修建在朝南的山坡上，背靠山，正面开阔，采光好。窑洞修三或五孔，中窑为正房。窑洞顶呈半圆形，一般用石灰装饰，房内冬暖夏凉。此外，在陕西泾阳县、三原县以及河南三门峡市、山西运城市等地，还保存着一种叫作"地坑院"的传统窑洞建筑。地坑院是在地面挖个大坑，然后在坑的四壁修建窑洞而成，院中栽种有树木。这种建筑被形容为"进村不见村，见树不见房，闻声不见人，树冠露三分"，又称"地下四合院"，是一种比较古老的地穴式建筑形式。

[文旅资源]

陕西省旅游资源极为丰富。陕西拥有世界文化遗产3项：秦始皇陵及兵马俑坑、长城（陕西段）、丝绸之路（陕西段）。列入联合国教科文组织《非物质文化遗产代表作名录》1项：西安鼓乐。截至2025年6月，陕西省有秦始皇兵马俑博物馆、华清宫景区、黄帝陵景区、大雁塔—大唐芙蓉园景区、延安革命根据地景区、华山风景区、黄河壶口瀑布旅游区等5A级旅游景区14家（其中黄河壶口瀑布旅游区是与山西省共创的跨省域旅游景区），2家国家级旅游度假区，6家国家级旅游休闲街区，7处国家考古遗址公园。

陕西省知名的自然资源有位于华阴市的西岳华山和宝鸡眉县的太白山，还有西安周边的终南山、翠华山，秦晋交界处的黄河壶口瀑布等。陕西秦岭栖息着大熊猫秦岭亚种，与四川亚种相比，秦岭亚种个体略大，头圆更像猫，且具有较小头骨、较大牙齿等特征。在皮毛颜色方面，秦岭大熊猫胸斑为暗棕色，腹毛为棕色，而四川大熊猫胸斑为黑色，腹毛为白色。到2021年初，秦岭大熊猫野外种群已由20世纪80年代的109只增加到345只，增幅、密度、DNA调查获取率居全国之首，栖息地面积由1000多平方千米扩大到3600平方千米。其中棕色大熊猫被誉为"宝中之宝"。

陕西人文资源特别丰厚，可看到古代城阙遗址、宫殿遗址、古寺庙、古陵墓、古建筑等，如长城、秦始皇陵兵马俑、乾陵、茂陵等。在陕西，仅古代帝王陵墓就有79座。陕西各地的博物馆内陈列着西周青铜器、秦代铜车马、汉代石雕、唐代金银器、宋代瓷器及历代碑刻等稀世珍宝，它们闪烁着耀眼的历史光环，昔日的周秦风采、汉唐雄风从中可窥一斑。革命圣地延安是中国最负盛名的红色旅游地之一。1937年1月至1947年3月的十年中，延安一直是中共中央所在地和陕甘宁边区首府，是中国革命的指导中心和总后方。延安革命旧址非常丰富，包括凤凰山中共中央旧址、杨家岭中共中央旧址、枣园中共中央书记处旧址、王家坪中共中央军事委员会旧址、八路军总司令部旧址、陕甘宁边区政府旧址、延安宝塔、南泥湾、白求恩国际和平医院旧址等遗址。1961年，延安革命遗址被国务院公布为全国重点文物保护单位。

近年来，陕西提出"成为传承中华文化的世界级旅游目的地"等发展目标，以文塑旅、以旅彰文，持续挖掘和展现陕西的独特魅力，着力打造了"大唐不夜城""长安十二时辰"等引领时尚的旅游项目。利用丰富的旅游文化资源，陕西省近年来开发了多个不同主题和类型的旅游演艺项目，用舞台演艺的方式讲好中国故事，其中代表性的剧目有西安市《长恨歌》《西安千古情》，延安市《延安保育院》《再回延安》《延安保卫战》等。《长恨歌》自2006年公演以来，演出超6000场，接待人数约1200万人次；《延安保育院》

曾获评庆祝中国共产党成立100周年优秀舞台艺术展演剧目奖、陕西省文华艺术奖、陕西省"五个一工程"优秀作品奖等奖项。

[旅游核心城市]

城市	概　况
西安市	古称长安，西汉刘邦定都时取"长安"乡之名而来，寓意"长治久安"。明代改称西安，有"西部安定"之意。西安地处关中平原中部，渭河以南，秦岭以北。有3100多年建城史和1100多年国都史，先后有13个封建王朝在此建都①。又为赤眉、绿林、大齐（黄巢）、大顺（李自成）等农民起义政权的都城。自西汉起，西安就是中国与世界各国进行经济、文化交流和友好往来的重要城市。古老"丝绸之路"就是以长安为起点，西至古罗马。西安是闻名世界的历史名城，与世界著名的罗马、雅典、开罗等古城齐名，也是中国六大古都中建都历史最长的一个。西安有着融合周秦汉唐文化的古都风貌，拥有秦始皇陵及兵马俑博物馆、陕西历史博物馆、西安城墙景区、大雁塔－大唐芙蓉园景区、大明宫国家遗址公园等历史文化遗存，还有回民街－北院门风情街等民俗体验区，十三朝古都的深厚底蕴与现代城市的活力融合紧密。
延安市	陕西省辖地级市、省域副中心城市。位于陕西北部，黄河中游，有"三秦锁钥，五路襟喉"之称。延安是中国革命圣地，党中央和毛泽东等老一辈革命家在这里生活战斗了十三个春秋，领导了全国人民的抗日战争，培育了光照千秋的延安精神，是全国爱国主义、革命传统和延安精神三大教育基地。延安有延安革命纪念地景区（含杨家岭革命旧址、枣园革命旧址、王家坪革命旧址）、宝塔山景区、延安革命纪念馆、梁家河知青旧址等红色旅游资源，还有黄帝陵景区、黄河壶口瀑布风景名胜区、乾坤湾景区等人文自然景观，完整展现了革命圣地的红色文化与黄土高原的地域特色。

[风物特产]

陕西盛产苹果，洛川苹果成为陕西优质苹果的代名词。陕西米脂小米颗粒圆大、色泽金黄、黏糯爽口、清香四溢；富平柿饼白里透红，清甜软糯，远销海内外。陕西省著名的民间工艺品有蓝田玉、陕北剪纸、凤翔泥塑、彩绘泥塑、木版年画、秦腔脸谱、户县农民画、扎染、挂线木偶、戏人泥拓片、榆林柳编、仿秦俑、仿唐三彩、仿铜车马等。

陕西菜又称秦菜，以关中菜、陕南菜、陕北菜为其代表。陕西在中国文

---

① 13个政权分别是西周、秦、西汉、新、东汉、西晋、前赵、前秦、后秦、西魏、北周、隋、唐。不含十六国时期匈奴赫连勃勃在统万（今陕西榆林靖边县）建立的大夏政权（407～431年）。

化发展史上具有重要地位,其烹饪发展可以上溯至仰韶文化时期。陕西菜虽然没有名列全国八大菜系,但作为千年古都、历史名城,餐饮风格自成一体,具有浓郁的地方特色。秦菜由民间菜、市肆菜、宫廷官府菜、民族菜、寺院菜构成,分为关中、陕北、陕南三个地方风味。关中风味以西安为中心,包括三原、大荔、咸阳、铜川、宝鸡在内的关中道菜肴,是秦菜的典型代表。主要代表菜有葫芦鸡、鸡米海参、温拌腰丝、桃仁口蘑㕦双脆、奶汤锅子鱼、盆景三皮丝、烤羊腿、红油花肚、烤全羊、红袍莲子、鱼羊烧鲜等。陕北风味是包括榆林、延安、绥德在内的菜肴。主要代表菜有手抓羊肉、羊肉冻豆腐、红焖狗肉、塞上烩菜等。陕南风味是包括汉中、商洛、安康在内的菜肴。主要代表菜有白血海参、汉江八宝鳖、秦巴四珍鸡、苜蓿肉锅贴、薇菜里脊丝等。

此外,以牛羊肉泡馍、腊汁肉夹馍、胡辣汤、凉皮、锅盔等为代表的陕西风味小吃,闻名遐迩。

[特色产业]

陕西省是中国苹果产业大省。苹果种植面积达 900 多万亩,产量达约 1500 万吨,是全球集中连片种植苹果最大区域,也是中国苹果栽培面积最大、产量最多的省份,陕西苹果产量约占中国的 1/4。

陕西省是中国重要的国防科技工业基地,已经形成以阎良区中航西安飞机工业集团公司为龙头的先进航空航天产业集群,汇聚上千家军民企业,生产 30 多种型号飞机及航空航天器材,是中国重要的军民用航空制造业基地。中国大飞机项目、神舟飞天、嫦娥探月、蛟龙潜海、天问探火等重要项目中,均有陕西省的贡献。

第二节　甘肃省基本概况与主要文旅资源

甘肃位于中国版图内陆西北部,地处黄河上游,总面积 42.59 万平方千米,居全国第七位。东接陕西,南邻四川,西连青海、新疆,北靠内蒙古、宁夏并与蒙古国接壤。取甘州(今张掖)、肃州(今酒泉)二地的首字而成。由于西夏曾置甘肃军司,元代设甘肃省,简称"甘";又因省境大部分在陇山（六盘山）以西，而唐代曾在此设置过陇右道，故又简称"陇"。辖兰州、嘉峪关、天水、武威、张掖、酒泉等12个地级市，2个自治州（临夏回族自治州和甘南藏族自治州）。省会兰州市。2024年年末，全省常住人口为2458.34万。

[地理、气候]

类别	内容
位置	甘肃位于祖国地理中心，地貌复杂多样，山地、高原、平川、河谷、沙漠、戈壁，类型齐全，交错分布。
地形	地势自西南向东北倾斜。地形呈狭长状，东西长1655千米，南北宽530千米，最窄处仅25千米。地貌形态复杂，大致可分为陇南山地、陇中黄土高原、甘南高原、河西走廊、祁连山地、河西走廊以北地带六大地形区域。
气候	各地气候类型多样，从南向北包括了亚热带季风气候、温带季风气候、温带大陆性（干旱）气候和高原高寒气候四大气候类型。年平均气温0～15℃，大部分地区气候干燥，年平均降水量在40～750毫米，干旱、半干旱区占总面积的75%。主要气象灾害有干旱、暴雨洪涝、冰雹、大风、沙尘暴和霜冻等。

[交通状况]

甘肃省初步形成以铁路、高速公路为骨架，民航、普通国省干线、内河水运为补充的综合交通网络。已实现县县通高速公路，14个市（州）实现铁路网全覆盖，高铁覆盖率超七成。航空交通方面，甘肃目前建好的民用机场有9个，即兰州中川国际机场、嘉峪关酒泉机场、敦煌莫高机场、天水麦积山机场、庆阳西峰机场、金昌金川机场、甘南夏河机场、张掖甘州机场、陇南成县机场；已开通兰州至迪拜、圣彼得堡、中国香港等国际（地区）航线，以及甘肃省至国内大中城市航线，航空运营市场粗具规模。内河航运方面，以黄河航道为主。

[历史沿革]

甘肃历史悠久，文化底蕴厚重。距今8000年前的大地湾文化标志着农耕文化的初步形成，开启了中华民族的文明曙光。距今5000年前的马家窑文化，展现了中国历史上最早的彩陶文化。商周之际，周秦部族先后在今甘肃东部崛起并向东发展，对国家政治生活产生过重大影响。汉武帝至昭帝间陆续设武威、张掖、敦煌、天水、安定、武都、金城诸郡。至元，全国创设省制，甘肃正式设省。至清朝乾隆年间，甘肃辖区除今省境外，尚辖西宁府、宁夏府及新疆东境一部。光绪十年（1884年），新疆建省。1929年分置宁夏、青海省，其行政区域大体与今相同。

甘肃是中华民族和华夏文化的重要发祥地之一。中华民族的人文始祖伏羲、女娲和黄帝相传诞生在甘肃，故有"羲轩桑梓"之称。周人崛起于庆阳，秦人肇基于天水。秦武公十年（前688年）秦灭邽、冀戎，置邽县（今秦州区）、冀县（今甘谷县）。在秦国逐鹿中原的进程中，秦武公创设了我国历史上最早的县。汉代的开边政策和张骞通西域成功开通了丝绸之路。隋唐时期，甘肃成为我国联系西域各国和欧洲的重要通道，武威、张掖、敦煌成为经济文化繁荣的国际性贸易城市，整个河陇地区农桑繁盛、士民殷富，《资治通鉴》有"天下称富庶者，无如陇右"的记载。隋炀帝大业五年（609年）隋炀帝"西巡"河西。在山丹焉支山主持召开"万国博览会"，会见西域27国使者，对促进中西经济文化交流起到积极作用。海路开通后，随着全国政治、经济、文化重心的东移南迁，特别是由于气候和生态条件的变化，甘肃渐渐成为荒僻之地。一百多年前，左宗棠向清政府奏称"甘肃地处边陲，土旷人稀，瘠苦甲于天下"。新民主主义革命时期，刘志丹、谢子长、习仲勋、吴岱峰等在陕甘交界地区创建了西北地区第一个革命根据地——陕甘边革命根据地，这是土地革命战争后期全国硕果仅存的革命根据地，为党中央和红军长征提供了落脚点，为中国革命的胜利作出了重大贡献。1936年10月，中国工农红军三大主力在甘肃会宁大会师，标志着二万五千里长征胜利结束。甘肃是红军长征活动时间最长、到达部队最多、活动范围最广（近50个县）的省份，为中国革命的战略转折和夺取胜利作出了重大贡献。

[民族民俗文化]

甘肃自古以来就是多民族聚居的省份。在少数民族中，人口在千人以上的有回、藏、东乡、土、裕固、保安、蒙古、撒拉、哈萨克、满等16个民族。东乡、裕固、保安为3个甘肃特有少数民族。各民族文化特色鲜明,民俗风情浓郁,在饮食、服饰、婚丧、节日庆典方面均有自己的特色,如藏族的香浪节、浴佛节,回族花儿会,裕固族婚礼,陇东香包节等。

在甘肃3个特有的少数民族中,东乡和保安族的服饰特点、饮食习俗、礼俗与回族基本相似,民间信仰伊斯兰教。房屋建筑装饰,室内家具、杯、盘、壶、罐、刀具等生活日用器皿和服饰上的图案花纹大都以各种草木花卉和山水等自然景物为主,朴拙典雅,美观大方。男子多头戴黑、白二色的平顶软帽。女子一般戴盖头,通常少女戴绿色的,婚后戴黑色的,老年戴白色的,也有妇女喜欢戴白色无檐圆帽。东乡和保安族无论男女老少都喜欢饮茶,来客人则待以"三香茶",即在盖碗内放有茶叶、冰糖、桂圆或烧熟的红枣、葡萄干等物,也叫"三炮台"。

根据第七次全国人口普查数据,东乡族总人口约77.5万,主要聚居在甘肃省临夏回族自治州,其中以东乡族自治县最为集中。东乡族的语言属阿尔泰语系蒙古语族。东乡族没有本民族的文字,大多数东乡族兼通汉语,汉文是东乡族的通用文字。东乡族尊老爱幼、热情好客。客人到家,立即请到炕上,用最好的茶、饭招待。主人陪客,但不和客人一起饮茶用餐,而是在一旁端饭倒茶,自己不坐也不吃,以示尊敬。炸油馃、手抓羊肉、炖鸡都是待客的食品。东乡人吃鸡,会把鸡的各部分分为13块,鸡尾最贵重,最年长或最尊贵的主客吃鸡尾。

保安族总人口约2.4万,是中国人口较少的民族之一。主要聚居在甘肃省临夏回族自治州积石山保安族东乡族撒拉族自治县,占总人口的88.5%。保安族的语言属于阿尔泰语系蒙古语族,和土族、东乡族的语言接近。由于和周围汉族、回族长时期的交往,保安语中汉语借词较多。保安族通用汉文,以汉文作为社会交往的工具。《宴席曲》是保安族举行婚礼时,在宴席场地演唱的一种民间传统乐曲,曲调优美,欢快明朗,节奏性强,有时还伴有简单的舞蹈动作。保安族的宴席曲,大致可分为散曲、叙事曲、说唱曲。

裕固族总人口约为1.47万,是中国人口较少的民族。主要聚居在甘肃省肃南裕固族自治县和酒泉黄泥堡地区。由于历史的原因,裕固族使用三种语言:住在肃南自治县西部的使用阿尔泰语系突厥语族的裕固语(称尧乎尔语);住在肃南自治县东部的使用阿尔泰语系蒙古语族的裕固语(称恩格尔语）；黄泥堡裕固族长期以来使用汉语。现在，各地裕固族普遍会讲汉语。裕固族民间保留有"点格尔汗"（意即"天可汗"）的原始崇拜，部分信仰藏传佛教，凡遇疾病及婚丧大事，皆要请喇嘛念经。裕固族主要从事畜牧业，兼营农业；崇尚骑马和射箭；奶和茶在裕固族人民日常生活中十分重要，民间有"一日三茶一饭"或"两茶一饭"的习惯。春节是裕固族一年中最大的节日。节前要包饺子（用作冻饺），炸油馃子、馓子等，并有祭祖的习俗。节日期间放鞭炮，点酥油灯，互送哈达、礼品以示祝福。

[文旅资源]

　　甘肃的文旅资源非常丰富。敦煌莫高窟、长城（甘肃段）、丝绸之路甘肃段被列入世界文化遗产，闻名遐迩。甘肃省拥有 8 家 5A 级旅游景区，它们分别是酒泉市的鸣沙山月牙泉景区、嘉峪关文物景区、临夏州炳灵寺世界文化遗产旅游区、陇南官鹅沟景区、平凉崆峒山风景名胜区、天水市麦积山景区以及张掖七彩丹霞景区。此外，该省还拥有一家国家级旅游度假区，即临夏永靖刘家峡旅游度假区。甘肃花儿、甘南藏戏（部分）被列入《人类口头与非物质文化遗产代表作》。"花儿"是一种产生和流传在甘肃、青海、宁夏、新疆部分地区，以爱情为主要内容的山歌。文学刊物《飞天》《驼铃》在全国都具有广泛影响。甘肃是我国戏剧大省。以舞剧《丝路花雨》《大梦敦煌》为代表的文艺精品，已经成为外界认知甘肃的标志之一。陇剧《枫洛池》作为我国经典戏剧曲目入选《当代中国戏曲百部曲》。以"花儿"的格律为基调创立的花儿剧，是一种全新的地方性少数民族剧种。甘肃的佛窟艺术精美绝伦。据统计，甘肃境内丝绸之路沿线佛教石窟有 70 多处。中国四大石窟，甘肃有两个，即敦煌莫高窟、天水麦积山石窟。

　　敦煌壁画作为敦煌艺术的主要组成部分，包括敦煌莫高窟、西千佛洞、安西榆林窟，共有石窟 552 个，有历代壁画 5 万多平方米，是我国乃至世界壁画最多的石窟群，内容非常丰富，题材类型有佛像画、经变画、供养人画像、神话题材画、装饰图案画、故事画、山水画等，这些绘画内容除装饰图案外，一般有情节的壁画，特别是经变画和故事画，都反映了大量的现实社会生活，如统治阶级的出行、宴会、审讯、游猎、剃度、礼佛等，劳动人民的农耕、狩猎、捕鱼、制陶、冶铁、屠宰、炊事、营建、行乞等，还有嫁娶、上学、练武、歌舞百戏、商旅往来、少数民族、外国使者等各种社会活动，不仅具有艺术价值，还是珍贵的历史文献。

甘肃是我国的长城文化资源大省，境内现存长城主要为战国秦、汉、明三代遗迹，三代长城的西端起点均在甘肃境内。全省长城总长度为3654千米，居全国第二。在河西走廊，"天下第一雄关"嘉峪关、"长城第一墩"、阳关、玉门关、汉长城等古长城遗存，都已成为游人凭吊历史的旅游名胜。

甘肃是全国红色旅游资源大省。这里不仅是中国工农红军两万五千里长征胜利的结束地，还是中国西部最早红色革命政权的诞生地，更是红军西路军悲壮历史的见证地。红军会师纪念地会宁、陕甘宁边区苏维埃政府旧址、腊子口战役纪念地、红军西路军烈士陵园、哈达铺会议纪念地、"岷州会议"纪念馆、榜罗镇革命遗址、八路军办事处旧址等红色旅游景区见证了这段艰苦奋斗、百折不挠的红色历史。

甘肃自古以来就是东西方文化和各类生产要素及商品交换的重要通道，是华夏文明形成的重要源头，文化资源遗存多元而丰富。丝绸之路的甘肃段是新旧石器时代马家窑文化、齐家文化和马厂文化类型的典型区域，是中国出土彩陶规模最大、类型最全和价值最高的地区。"丝绸之路三千里，华夏文明八千年"是甘肃历史悠久、文化厚重的生动写照，也是对甘肃历史文化地位和特色的最好诠释。被视为中国古代高超铸造业象征的东汉青铜器——东汉铜奔马（又名马超龙雀），就出土于甘肃省武威市雷台的东汉墓，1983年被国家旅游局确定为中国旅游标志，并一直沿用至今。

甘肃拥有丝绸之路中国段的精华区段。天水伏羲庙是我国目前规模最宏大、保存最完整的纪念伏羲氏的明代建筑群，是历代官方祭祀伏羲的重要地方。省会兰州是全国唯一一座黄河穿城而过的城市，在兰州的"百里黄河风情旅游线"可以看到有400多年历史的古老的提灌工具黄河水车、全国黄河雕塑艺术品中最具艺术价值的黄河母亲雕像，以及黄河沿岸古老的摆渡工具——羊皮筏子。此外，武威气势恢宏的雷台汉墓、"石窟鼻祖"天梯山石窟、举世无双的西夏碑和西藏纳入中国版图的见证地白塔寺[①]、张掖世界最大

[①] 南宋淳祐七年（1247年）蒙古皇子阔端与萨迦班智达在武威白塔寺举行凉州会谈，西藏正式纳入中央政权的管辖。

的室内卧佛大佛寺、河西走廊富饶的绿洲、牧马人的乐园山丹马场和集石窟艺术、祁连山风光和裕固族风情于一体的马蹄寺景区、"天下第一雄关"嘉峪关、"世界艺术宝库"莫高窟以及鸣沙山月牙泉、玉门关，雅丹国家地质公园、酒泉东风航天城等都值得一探究竟。

源远流长的民族传统文化和奇丽多姿的民俗风情，是甘肃旅游的又一特色。藏回风情草原风光旅游线，经临夏回族自治州，到达被称为"九色香巴拉"天堂之地的甘南藏族自治州，沿途可以欣赏临夏浓郁的伊斯兰风情、风格各异的清真寺、永靖炳灵寺石窟、和政古生物化石博物馆、临夏永靖黄河三峡、甘南夏河拉卜楞寺（世界最大的藏学学府、藏传佛教格鲁派六大宗主寺之一、青川地区最大的藏族宗教和文化中心）、玛曲黄河首曲、中国魅力名镇甘南碌曲郎木寺镇。

[旅游核心城市]

城市	概况
兰州市	甘肃省首府，是西部地区重要的中心城市，全国性综合交通枢纽城市，西北先进制造业基地，区域性科技创新高地。兰州是独具魅力的黄河之都。黄河穿城而过，形成了"两山对峙、大河中流"的城市风貌。沿河而建的兰州水车与荷兰风车齐名；中山铁桥是第一座横跨黄河的铁桥，被称为"天下黄河第一桥"；黄河母亲雕塑已成为黄河文化和中华民族母亲形象的代表，是全国最美的城市雕塑之一。兰州是多元交融的文旅胜地。拥有2200多年的建城史，源远流长的黄河文化、丝路文化、中原文化、西域文化在兰州大地交相辉映。兰州是著名的避暑胜地，拥有兴隆山、吐鲁沟等4个国家级森林公园，以及五泉山、白塔山、石佛沟、鲁土司衙门、青城古镇、黄河楼等特色旅游景区。

[风物特产]

类别	内容
瓜果	陇上"八梨"（冬果梨、软儿梨、酥木梨、八盘梨、猪头梨、长把梨、齐梨、苹果梨）、黄河蜜、麻皮醉瓜、白兰瓜、礼县苹果、静宁苹果、大接杏、李广杏（又名油杏，因飞将军李广而得名）、迟水临泽枣等驰名中外。
药材	甘肃是药材之乡，药材品种繁多，有"甘肃五个宝，归芪黄参草"之说，岷县当归、红（黄）芪、大黄、党参、甘草品质优良，西和被农业农村部认定为"中国半夏之乡"。

续表

类别	内 容
特色工艺品	酒泉夜光杯、洮砚（产于甘南藏族自治州卓尼县）、庆阳香包、兰州刻葫芦与卵石雕、保安腰刀，既是实用器也是艺术品。天水雕漆、临夏砖雕也精美绝伦。
美食	兰州清汤牛肉面、羊肉泡馍、陇西腊肉、静宁烧鸡、酿皮子、浆水面、臊子面、手抓羊肉、靖远羊羔肉、藏包被誉为"甘肃十大特色美食"。兰州清汤牛肉面俗称"牛肉拉面"，是兰州最为著名的风味小吃和最具特色的大众化经济小吃，被当地人誉为"兰州的麦当劳"。兰州牛肉面创始于清光绪年间，是回族老人马保子首创。牛肉面以肉烂汤鲜、面质精细而蜚声中外。兰州牛肉面有一清（汤清）、二白（萝卜白）、三红（辣子油红）、四绿（香菜绿）、五黄（面条黄亮）五大特点。面条根据粗细可分为大宽、宽、细、二细、毛细、韭叶子等种类。面条用手工现场拉成，一碗面不到两分钟即可做好，再浇上牛肉汤、白萝卜片，调上红红的辣椒油，碧绿的蒜苗、香菜，食之令人叫绝。

[特色产业]

甘肃是矿产资源比较丰富的省份之一，矿业开发已成为甘肃的重要经济支柱。2019年金川集团入围世界500强企业，是甘肃省首家入围世界500强的企业。在已查明的矿产中，甘肃资源储量名列全国第一的有镍、钴、铂族金属等10种。甘肃省能源种类较多，除煤炭、石油、天然气外，还有太阳能、风能等新能源。风力资源居全国第五位，河西的瓜州素有"世界风库"之称。甘肃"牛、羊、菜、果、薯、药"六大特色产业发展势头强劲，"甘味"农产品走向全国。甘肃是全国药材主要产区之一，现有药材品种9500多种，居全国第二位。其中野生药材达951种，如大黄、当归、甘草、红黄芪、锁阳、肉苁蓉、天麻等。甘肃养马历史悠久，自汉至今一直是我国养马业的重地。

第三节 青海省基本概况与主要文旅资源

青海省位于中国西部，雄踞"世界屋脊"青藏高原的东北部，全省均属青藏高原范围内。因境内有青海湖而得名，简称"青"，省会西宁。青海北部和东部同甘肃省相接，西北部与新疆维吾尔自治区相邻，南部和西南部与西藏自治区毗连，东南部与四川省接壤，是连接西藏、新疆与内地的纽带。

总面积 72.23 万平方千米，占全国总面积的 1/13，面积排在新疆、西藏、内蒙古之后，列全国各省、自治区、直辖市的第四位。辖西宁、海东 2 个地级市，海北、海南、海西、黄南、果洛、玉树 6 个自治州。省会西宁市。根据《青海省 2024 年国民经济和社会发展统计公报》，全省常住人口 593 万。

[地理、气候]

类别	内 容
位置	青海是长江、黄河、澜沧江的发源地，故被称为"江河源头"，又称"三江源"，素有"中华水塔"之美誉。
地形	全省平均海拔在 3000 米以上，山脉纵横，层峦叠嶂，湖泊众多，峡谷、盆地遍布。祁连山、巴颜喀拉山、阿尼玛卿山、唐古拉山等山脉横亘境内。青海湖是我国最大的内陆咸水湖，柴达木盆地以"聚宝盆"著称于世。全省地貌复杂多样，是农业区和牧区的分水岭，兼具青藏高原、内陆干旱盆地和黄土高原三种地形地貌。
气候	青海汇聚了大陆季风性气候、内陆干旱气候和青藏高原气候三种气候形态，这里既有高原的博大、大漠的广袤，也有河谷的富庶和水乡的旖旎。地区间差异大，垂直变化明显。其气候特征是：日照时间长、辐射强，太阳能资源丰富；冬季漫长、夏季凉爽；气温日较差大，年较差小；降水量少，地域差异大，东部雨水较多，西部干燥多风，缺氧、寒冷。青海省境内各地区年平均气温 −5.1 ~ 9.0℃，绝大部分地区年降水量在 400 毫米以下。

[交通状况]

青海已基本建成以西宁为中心，铁路、高速公路、干线航线为主骨架的综合交通运输网络。

类别	内 容
铁路	2020 年 9 月全线开工的西成铁路，是中国中长期铁路网规划"八纵八横"高速铁路主通道兰（西）广通道的重要组成部分，是连接青海省西宁市与四川省成都市之间的快速铁路干线，起于西宁市，途经青海省海东市、黄南藏族自治州，甘肃省甘南藏族自治州，四川省阿坝藏族羌族自治州，接轨在建成兰铁路黄胜关站。西成铁路正线全长 836.5 千米，新建段 502.5 千米，设计时速 200 千米，全线建设总工期约 7.5 年。项目建成通车后，成都到西宁坐动车仅需 4.5 小时左右，比现在缩短了近一半时间。它建成之后，也将进一步完善西部地区的交通路网功能，拉近了西藏、新疆与我国境内各个省区的距离。

续表

类别	内 容
公路	2014年兰新客运专线开通运营,青海铁路客运进入"高铁"时代,开设民和南、乐都南、海东西、西宁、大通西、门源6个车站,形成了以青海省海东市为中心的省内客运网络。
航空	现已建成西宁曹家堡机场、格尔木机场、玉树巴塘机场、德令哈机场、海西花土沟机场、果洛玛沁机场、海北祁连机场7座民用机场。另外,正在规划建设青海湖机场以及黄南机场,其中青海湖机场原为空军共和机场,拟改扩建为军民合用机场。西宁曹家堡机场是青海省唯一的二级机场,也是青藏高原上重要的空中交通枢纽,已开通了直通北京、上海、西安、太原、兰州等数十个大中城市的航班。

[历史沿革]

青海省具有悠久的历史。喇家遗址一带极有可能是中华民族伟大的治水英雄大禹活动过的地方,是大禹故里,为"大禹治水"提供佐证[①]。在湟水河谷已发现距今4000多年前的氏族公社文化遗址。羌族于公元前2世纪移居青海。公元前121年,汉代大将霍去病进军湟水沿岸,在西宁市以西置临羌县。西汉时设护羌校尉。公元4年,设西海郡。397~414年,鲜卑族在青海省东部建立南凉国。隋设西海、河源二郡。唐、宋为吐蕃属地。元代东北部为贵德州,属于甘肃行中书省,其余属于吐蕃、朵甘思等处宣抚使司。有专家指出,丝绸之路青海道的最早雏形,至少可以追溯到《山海经》和《穆天子传》中写到的周穆王西行会西王母的道路,也可以叫它为穆王道。之后,丝绸之路青海道经历了汉朝的发展,隋唐、魏晋南北朝的繁盛,以及宋元后的渐衰。元朝时,丝绸之路青海道的繁荣,与元朝时实行的"站赤"(驿站)制度有着密切关系。青藏高原自元代开始,全部纳入了中央王朝的建制。为了管理今西藏地区,元朝开始经营青海到西藏、青海到新疆的驿道,这在无形中促进了丝绸之路青海道的繁荣。元朝时青海交通状况

---

① 2016年8月4日,全世界最为权威的学术期刊——美国《科学》杂志发表题为"公元前1920年的洪水暴发为中国传说中的大洪水和夏朝的存在提供依据"的文章,宣布经过历时十年的研究,他们在黄河流域发现了古代一场超级大洪水的科学证据。科学家这一发现支持了史学界二里头文化为夏朝考古学遗存的观点,支持了"大禹治水"故事中提到的灾难性大洪水的传说,同时,也为喇家遗址一带极有可能是大禹故里这一推测提供了重要支持。

已经十分发达，商业贸易随之也较为兴盛，货币在青海广为流通。柴达木地区元代纸币的出土，从一个侧面印证了这段历史。在柴达木地区，元朝西平王的王府就设置在丝绸之路青海道上，这在巩固统治的同时，也为丝路交通的安全提供了保障。不仅如此，茶马互市的发展也为丝绸之路青海道增添了新的内容，也促进了中西交往和商品贸易的往来。在这些蛛网密布、叶脉舒展的古道上，散佚着许多珍贵的文物，见证着丝绸之路青海道曾有的繁荣。明时，青海属于西蕃地。清时东北部设西宁府，北属青海蒙古额鲁特部，南为玉树等土司属地。1928年设青海省，1950年1月1日青海省人民政府正式成立，省政府驻西宁市。1958年，在金银滩创建了我国第一个核武器研制、实验和生产基地——国营221厂，对外称"青海矿区"。中国第一颗原子弹在这里诞生，中国第一颗氢弹在这里研制成功，它是中国核工业发展的摇篮。

[民族民俗文化]

青海是个多民族聚居的省份，少数民族人口比例仅低于西藏和新疆。青海的世居少数民族主要有藏族、回族、土族、撒拉族和蒙古族，其中土族和撒拉族为青海所独有。截至2023年年底，全省常住人口中，少数民族人口总计293.85万，占全省人口的比重为49.47%，其中藏族151.35万、回族94.86万、土族20.08万、撒拉族12.95万、蒙古族10.28万。

土族总人口约为28.2万，主要聚居在青海互助土族自治县，青海的民和、大通两县和甘肃的天祝藏族自治县也比较集中，其余的则散居在青海、甘肃的其他地区。各地土族有不同的自称和他称。中华人民共和国成立后，依据本民族意愿，统一称为土族。土族信仰藏传佛教。土族喜欢饮酒，酒在土族的饮食中占有很重要的地位，并形成特有的酒文化。历史上，土族人家几乎都能酿造"酩醯"，即一种低度青稞酒。现在，酿酒已经成为土族地区重要的产业之一。土族重礼好客。凡前来拜访和投宿的客人都会受到热情接待。人们常说："客来了，福来了！"用上等的茶饭和美酒予以款待。用餐前，主人先向客人敬酒三杯，叫作"吉祥如意三杯酒"。客人启程时，主人在大门口向客人又敬三杯酒，叫作"上马三杯酒"。不能喝酒的客人，用中指蘸三滴，对空弹三下即可免喝。饮酒时，土族有边饮边歌的习惯，以畅饮酣醉为快。土族人招待客人用我国西北盛行的盖碗茶。他们把茶碗放在一个小碟中，在碗内放入茶叶、枸杞、红枣、桂圆、冰糖，用开水冲开后盖上碗盖。这样冲泡出的茶水，香甜可口，营养丰富。土族人对朋友忠实守信，有尊长敬老的好传统，如路遇相识的老人，要下马问候。彩虹袖是互助土族传统服饰中最典型的标志之一，互助县也由此赢得了"彩虹之乡"的美誉。土族妇女一般穿绣花小领斜襟长衫，两袖由红、黄、橙、蓝、白、绿、黑七色彩布圈做成，俗称七彩袖，即彩虹袖。发式、"帖弯"（指裤子膝下部分套着一节裤筒，已婚妇女是蓝色或黑色，未婚姑娘为红色）颜色和额带的不同，常是区别已婚或未婚妇女的标志。"纳顿"节是青海民和县土族一年一度庆丰收、谢神恩节日。时间从农历七月中旬开始，一村接一村举行，直到九月中旬结束，历时近2个月，所以有人称之为"世界上最长的狂欢节"。因为纳顿的狂欢起自农历七月，故也称为"七月会"。土族有忌门的习惯，如生了孩子、安了新大门、发现传染病等，别人不得进入庭院，就称为忌门。忌门的标志是：在大门旁边贴一方红纸，插上柏树枝或在大门旁煨一堆火。

撒拉族总人口约有16.5万，主要分布在青海。撒拉族主要信仰伊斯兰教，有自己的语言，属于阿尔泰语系突厥语族西匈语支，与维吾尔、乌孜别克等族语言相近，吸收了一些汉语、阿拉伯语和藏语借词。多数撒拉族兼通汉语，一部分人通藏语。撒拉族没有本民族文字，通用汉字。撒拉族传统民族服饰中，男子喜穿白色对襟衣，系绣花腰带，外套黑坎肩；妇女爱穿大襟花衣服，外面套坎肩。与回族一样，撒拉族男子多戴白帽，女子戴各式盖头。撒拉族的文学艺术别具特色，以民间说唱文学为主。撒拉族最主要、最通俗的传说，是与《骆驼舞》相表里的族源传说。民歌则包括撒拉曲、宴席曲和"花儿"等，其中以撒拉曲《巴西古溜溜》和《撒拉尔赛西布尔》最为流行。撒拉"花儿"是撒拉族民间普遍流行的一种演唱形式。它吸取了回族宴席曲、藏族民歌、汉族俚歌小曲的精华，再加上撒拉语的衬句，形成了自己独特的风格。"口弦"是撒拉族的一种独特乐器，一般用铜或银制，形似马蹄，为撒拉族妇女所钟爱。撒拉族民族传统舞蹈具有浓郁的乡土气息和鲜明强烈的民族特色，四人《骆驼舞》是撒拉族传统戏剧中唯一保存下来的内容比较完整的剧目。撒拉族传统婚礼盛行表演骆驼戏[①]，再现本民族的迁徙史，是一种具有历史文化内涵的艺术表现形式。撒拉族有着丰富的传统体育活动，打"蚂蚱"是撒拉族青年普遍喜爱的一种传统的体育活动，竞赛方法大致和棒球、高尔夫球相似。此外，还有拔腰、蹬棍、摔跤、赛马、踢毽子等。开斋节、古尔邦节、圣纪节是撒拉族人的三大节日。奶茶和麦茶是撒拉族男女老幼最喜爱的饮料。撒拉族热情好客，讲究礼节，彼此见面，互道"色兰"问安（"色兰"，阿拉伯语"和平""安宁"之意），男女见面，要保持一定距离。到撒拉族家中做客，首先须向主人问好，然后才能落座；主人沏的茶，客人要把茶碗端在手上；吃馒头和面饼时，要把馒头掰碎送进嘴里，切忌狼吞虎咽。与主人分别时，要表示谢意。撒拉族十分敬重"舅亲"，认为"铁出炉家，人出舅家"。

[文旅资源]

青海是中华民族文明的发祥地之一，青海的山脉水系延伸辐射中华大地，构成了中华民族生存繁衍和中华文明形成发展的地理空间。柳湾彩陶、喇家遗址以及沈那、辛店、卡约等远古文化遗迹，说明青海是中华民族形成、发展的重要源头，作为世界非物质文化遗产的昆仑神话，是中国古典神话的主体，也是华夏文明和中华文化的源头之一。昆仑山在中华民族的文化史上具有"万山之祖"的显赫地位，古人称昆仑山为"中华龙脉之祖"。青海还是中华民族文化的交融地之一，处在祖国西北地区的核心部位，是唐蕃古道、丝绸之路南线的必经之地，自古以来就是东西方文明交流的重要地区。热贡艺术、《格萨尔》史诗[②]入选《联合国教科文组织非物质文化遗产名录》项目。青海可可西里入选世界自然遗产。

---

① 四人《骆驼舞》，是撒拉族传统戏剧中唯一保存下来的内容比较完整的剧目。一般在婚礼上由四人进行表演，其中两人反穿羊皮袄扮骆驼，一人扮蒙古人，一人扮撒拉族祖先尕勒莽。尕勒莽身穿长袍，头缠"达斯达尔"，手持拐杖，牵着骆驼。前半部为二人对话，一问一答，叙述撒拉族先民迁徙时长途跋涉的经过。后半部由扮尕勒莽一人用撒拉语朗诵吟唱韵文，叙述撒拉族祖先如何迁到循化的经过。表演多在夜间月光下进行，观众围坐成一圈，参与对答，气氛非常热烈。

② 《格萨尔》史诗由西藏、内蒙古、青海、四川、甘肃、云南、新疆七省区联合申报《联合国教科文组织非物质文化遗产名录》项目。

热贡艺术发祥于黄南藏族自治州同仁县境内的隆务河流域，因同仁地区在藏语中称为"热贡"而得名，是藏传佛教艺术的重要组成形式，包括唐卡、泥塑、堆绣、雕刻等藏艺形式，以色彩艳丽、线条精致而蜚声中外。当地年都乎、吾屯、郭玛日等传统村落，家家有画师，户户画唐卡，是安多藏区文化艺术中心。

《格萨尔》史诗是世界上唯一一部至今还在不断创作的"活着的史诗"，格萨尔文化的特性、多样性、活态性特征在国内外享有极高的声誉。青海果洛藏族自治州是格萨尔文化的主要发祥地，被誉为"中国格萨尔文化之乡"，是格萨尔文化资源最富集、表现形式最有特色、文化特征保持最完整、说唱传承人最多、影响力最广泛的地区之一。

青海省共有4家5A级旅游景区，分别为：青海湖景区、西宁市塔尔寺旅游区、海东市互助土族故土园旅游区和海北州阿咪东索景区。奇异的地貌、丰富的动植物资源、独特的高原气候、众多的名胜古迹形成了青海四大旅游区。①东部旅游区。主要有湟中塔尔寺、同仁、百里油菜花海、阿咪东索、孟达天池、柳湾墓地、土族和撒拉族之乡民俗风情、尖扎坎布拉国家级森林公园等景观。塔尔寺是我国藏传佛教格鲁派创始人宗喀巴的诞生地，也是我国藏传佛教格鲁派六大寺院之一，位于青海东部湟水之滨的莲花山。建筑风格以藏式为主，藏汉艺术相结合，最早的建筑是明洪武十二年（1379年）宗喀巴大师的母亲按儿子的嘱托以菩提树和狮子吼佛像为塔心胎藏建成的聚莲宝塔。明万历五年（1577年），高僧贡巴哇·仁钦宗哲坚赞在聚莲宝塔南侧兴建了一座佛、法、僧俱全的弥勒佛殿，先有聚莲塔，后有弥勒寺，这是汉语"塔尔寺"之名的由来。酥油花、堆绣、壁画被誉为塔尔寺的艺术"三绝"。中国历史文化名城同仁的绘画、雕塑、堆绣等艺术精巧绝伦，"藏乡六月会"、土族"於菟"舞、藏戏等民俗、民间舞蹈、戏剧古老神秘。百里油菜花海位于海北藏族自治州门源县、祁连山与大坂山之间的盆地，是中国最大的北方小油菜基地，2013年荣获"全球十大绝美花海"称号，每年7月的门源油菜花旅游节是观赏油菜花的最佳时机。阿咪东索景区位于青海省海北藏族自治州祁连县境内，距祁连县城约9千米，主要由高原花海、草原营地、露营基地、盆景湾、万佛崖、经幡祈愿台等景点组成。②青海湖旅游区。包括日月山寻古、青海湖漫游、鸟岛奇观等，周边还有西海郡古城、新月沙丘、隆宝滩黑颈鹤保护区和金银滩草原（世界名曲《在那遥远的地方》的诞生地）。③西部旅游区。有源头漂流、巴隆国际狩猎场、阿尼玛卿山、昆仑山、新青峰、万丈盐桥、泽库和日石经墙、南八仙风蚀雅丹地貌、青南高原的冻土地貌、黄河谷地大峡谷等。青海省三江源国家级自然保护区是我国面积最大的湿地类型国家级自然保护区。④柴达木盆地旅游区。主要位于青海省中西部，属于海西蒙古族藏族自治州。知名景点有被誉为中国"天空之镜"的茶卡盐湖、青海版"马尔代夫"的东台吉乃尔湖及其附近的乌素特水上雅丹地质公园。

此外，青海省藏族、土族、撒拉族等异彩纷呈的民族歌舞，大型历史藏戏《松赞干布》、大型音画歌舞《秘境青海》等剧目特色鲜明，广受欢迎。还有"青海国际水与生命音乐之旅"等没有国界的音乐会；环青海湖国际公路自行车赛、青海湖国际诗歌节、中国青海三江源国际摄影节等国际性的文化体育活动等也有较高的知名度。

[旅游核心城市]

城市	概　况
西宁市	青海省首府，古称西平郡、青唐城。地处青藏高原东北部，是全省政治、经济、科技、文化、交通、医疗中心，是青藏高原唯一人口超过百万的中心城市，也是"三江之源"和"中华水塔"国家生态安全屏障建设的服务基地和大后方。系西部地区连接丝绸之路经济带和长江经济带的重要枢纽。夏季平均气温为17~19℃，气候宜人，是消夏避暑胜地，有"中国夏都"之称。西宁地处黄土高原和青藏高原接合部，是一个多民族人口聚居城市，其文化艺术的发展具有浓郁的民族特色和地方特色。藏传佛教圣地塔尔寺的酥油花、堆绣、壁画被誉为"艺术三绝"，黄南州的热贡艺术和湟中农民画等在国内外享有盛誉。青藏高原野生动物园、青海藏文化博物院、北禅寺、丹噶尔古城等旅游胜地亦颇具探访价值。

[风物特产]

青海的特产有昆仑玉（和田玉、青海料）、安冲藏刀、土族盘绣、鹿角菜、冬虫夏草、雪莲、西宁大黄、牦牛肉干、青稞酒、湟源陈醋、门源青稞、柴达木枸杞、民和羊肉、大通鸡腿葱、果洛蕨麻、互助葱花土鸡、乐都大樱桃、乌兰茶卡羊、海晏羔羊肉、湟中燕麦、乐都藏香猪、民和旱砂西瓜等。

青海是多民族聚居之地，因此菜肴、小吃、面点品种多样，风味各不同。青海菜品具有一种粗犷的美，主料以牛羊肉为主。湟鱼、面片、酸奶、酿皮、甜醅、焜锅馍馍、油锅盔、藏族酥酪糕（醍）、可鲁克湖中华绒螯蟹、梗皮、羊肠面、德令哈糌粑、杂碎汤、地皮菜等都是值得品尝的特色美食。

[特色产业]

青海省着力培育发展动能产业。围绕清洁能源示范省建设，海南、海西两个可再生能源基地双双跃上千万千瓦级台阶，青豫直流工程启动送电，清洁能源装机占比超过九成、全国领先，"百日绿电三江源"再创世界新纪录。冷湖天文观测基地首架天文望远镜正式启用，高纯硅材料国家企业技术中心获批。碳纤维生产线试产成功，电解铜箔等新材料产业项目加快建设。全国首个全清洁能源运营的大数据产业园投运，青海青稞和牛羊肉交易中心、西北地区首个根镜像服务器上线运行。2010年，在青海冻土带又发现了"可燃冰"资源，使中国成为世界上第三个在陆地上发现"可燃冰"的国家，入选"全国十大地质科技成果"，有望成为未来的新型能源。

作为全国五大牧区之一，青海是牦牛养殖大省和牦牛资源大省。近年来，青海大力推进牦牛产业高质量发展，着力建设全国牦牛特色产业优势区、全国重要的牦牛肉生产基地、精深加工基地，并全面确立青海牦牛在全国乃至世界牦牛产业中的中心地位。目前，青海牦牛产业成功跻身国家级优势特色产业集群。

第四节　宁夏回族自治区基本概况与主要文旅资源

宁夏回族自治区位于中国西部的黄河上游，东邻陕西省，西部、北部接内蒙古自治区，南部与甘肃省相连。简称"宁"，面积6.64万平方千米，全区常住人口约729万，辖银川、石嘴山、吴忠、固原、中卫5个地级市，22个县（市、区），首府银川市。

[地理、气候]

类别	内　　容
地形	宁夏全境海拔 1000 米以上，地势南高北低，落差近 1000 米，呈阶梯状下降。在地形上分为：北部引黄灌区、中部干旱带和南部山区三大板块。其中，北部引黄灌区地势平坦，土壤肥沃。宁夏是全国唯一全境属于黄河流域的省区，拥有完整的山水林田湖草沙生态体系，堪称中国生态微缩盆景。滔滔黄河，九曲迂回，孕育了美丽富饶的宁夏平原，造就了稻香鱼肥、瓜果飘香的"塞上江南"。腾格里沙漠在宁夏中卫与黄河相遇，水沙共生，形成了"大漠孤烟直，长河落日圆"的壮丽风光。青铜峡黄河大峡谷是黄河上游最后一道峡谷，素有"黄河小三峡"之称。贺兰山下、黄河金岸的沙湖，沙、水、苇、鸟、山五大景源有机结合，融大漠戈壁之雄浑与江南水乡之秀美为一体。5 月的贺兰山上恰逢草木初发，映衬远处雪山，形成"贺兰晴雪"的美景。南部的六盘山国家森林公园森林覆盖率达 80% 以上，系西北重要的水源涵养林基地。西吉火石寨国家地质公园的丹霞地貌，是中国北方面积最大的丹霞地貌分布区，也是中国海拔最高的丹霞地貌群。
气候	宁夏属典型的大陆性气候，为温带半干旱区和半湿润地区，具有春多风沙、夏少酷暑、秋凉较早、冬寒较长、雨雪稀少、日照充足、蒸发强烈等特点，年平均降水量为 300 毫米左右。7 月最热，平均气温 24℃；1 月最冷，平均气温 -9℃。年平均气温为 5～10℃，昼夜温差大。全年日照达 3000 小时，是中国日照和太阳辐射最充足的地区之一。5 月至 10 月是出游宁夏最适合的季节。

[交通状况]

宁夏已初步形成以银川为中心，铁路、高速公路、干线航线为主骨架的综合交通运输网络。实现各市、县（区）通高速公路，各行政村通公路、通电、通电话、通广播电视。

类别	内　　容
铁路	2019 年 12 月，银中高铁（属于银兰高铁银川至中卫南段）正式通车，标志着宁夏正式迈进"高铁时代"。随着这条高铁的开通运营，银川站、河东机场站、灵武北站、吴忠站 4 个车站均设立了"空铁服务岛"，同步开启空铁联运新模式。2020 年 12 月 26 日，银西高铁即银川至西安高速铁路正式开通运营，银川至西安间最快行驶时间由 11 小时 45 分钟缩短至 3 小时 4 分钟。2025 年年底前包银高速铁路全线建成通车后，可形成银川—包头—北京高速铁路通道，成为内蒙古西部、宁夏等西北地区进京的最快通道。银川到包头的列车最快运行时间将由 6 个多小时缩短至 2 个小时，银川至北京将由 18 小时缩短至 5 小时左右。

续表

类别	内 容
航空	截至2024年年底，宁夏有3个民用机场：银川河东国际机场、中卫沙坡头机场（曾用名中卫香山机场，后为了突出沙坡头旅游，改名为中卫沙坡头机场）和固原六盘山机场，初步形成以银川河东机场为枢纽，连接全国大中城市的航空网络。

[历史沿革]

宁夏是中华民族远古文明发祥地之一。宁夏灵武市水洞沟旧石器时代晚期人类活动的遗址和遗物表明，早在3万年前就有人类在这里繁衍生息。公元前3世纪，秦始皇统一六国后，在此设北地郡，派兵屯垦，兴修水利（秦渠），开创了引黄灌溉的历史。宁夏处于"丝绸之路"东段北道的重要节点，历史上曾是东西部交通贸易的重要通道。到汉代这里农耕经济已相当繁荣。唐天宝十四年（755年）爆发了"安史之乱"，太子李亨进入宁夏，在灵武登基称帝，史称唐肃宗。当时，宁夏俨然成为全国政治中心。北宋宝元元年（1038年），党项族首领李元昊以宁夏为中心，建立大夏国，史称西夏，定都兴庆府（今银川市），形成了与宋、辽、金政权三足鼎立189年的局面。1227年蒙古灭西夏后，设宁夏路，始有宁夏之名。明朝设宁夏卫，清代设宁夏府。民国初年，宁夏府改为朔方道，1929年成立宁夏省。中华人民共和国成立后，1954年宁夏省撤销并入甘肃。1958年10月25日成立宁夏回族自治区。

[民族民俗文化]

宁夏是我国最大的回族聚居区，在全区常住人口中，汉族人口约为460万，占63.25%；各少数民族人口为267.6万，占36.75%，其中回族人口为260.9万，占35.84%。①

回族是我国人口较多的一个少数民族，总人口约1137.8万（第七次全国

---

① 数据来源于《宁夏统计年鉴2023》。

人口普查），全国的31个省、自治区、直辖市均有分布，回族分布总体上呈"大分散，小聚居"的格局。当代回族通用汉语，不同地区持不同方言。清真寺是回族举行日常五时拜、主麻聚礼和节日中会礼的地方。回族以农业经济为主，以善于经商而著称。回族经营传统商业主要有珠宝业、香料业、医药业、饮食业、屠宰业，马贩、驼队、羊皮筏子及长途贩运业。回族在饮食习惯、服饰装饰、诞生命名、成年仪式、婚姻和丧葬、节日等习俗上，都有浓厚的伊斯兰教色彩。在日常生活中，回族不抽烟、不饮酒，但特别喜欢饮茶和用茶待客。由于分散各地，形成了不同的饮茶习俗，北方回族地区有罐罐茶、云南回族中有烤茶、湖南回族有擂茶。盖碗茶是西北回族的一种特殊嗜好。最有代表性的是"八宝盖碗茶"，即盖碗内泡有茶叶、冰糖、枸杞、核桃仁、芝麻、红枣、桂圆、葡萄干（或苹果干）等。回族妇女一般都头戴白圆撮口帽，戴盖头（也叫搭盖头），一般都是绿、黑、白三种颜色，有少女、媳妇、老人之分。一般少女戴绿色的，已婚妇女戴黑色的，有了孙子的或上了年纪的老年妇女戴白色的。大都选用丝、绸、乔其纱、的确良等高中档细料制作。老年人的盖头较长，要披到背心处；少女和媳妇的盖头比较短，前面遮住前颈即可。回族男子戴无檐小白帽，通常有白、灰、蓝、绿、黑等多种颜色，很多带有伊斯兰风格花边或图案、文字。除了白帽外，清真寺里的阿訇、满拉和笃信宗教的回族老人则喜爱戴缠头。头饰是回族最典型、最富有特点的服饰。

  回族每年主要过三个重大节日，即开斋节、古尔邦节和圣纪节。

  西北地区的回族在长期的历史中发展出了丰富的民间曲艺，比较著名的就是"花儿"和"宴席曲"。"花儿"是最具有回族特色的民间歌谣，特别是甘肃、青海、宁夏、新疆一带的回民，有手搭耳后、面对青山唱"花儿"的习惯。"花儿"又名"少年"，发源于回民聚集的临夏，后由甘肃发展到青海、新疆一带，大都在回民中演唱。经过数百年的演变，曲调有100余种，已形成河州花儿、莲花山花儿、宁夏花儿、青海花儿等不同的流派和风格。一般禁止在家里和村庄唱"花儿"，只能在野外唱。除了平时唱"花儿"外，各地还逐步形成了一些"花儿"会。《宴席曲》是西北地区回民在新婚宴席等喜庆场合演唱的曲调，特别在甘肃临夏和青海民和、化隆及宁夏等地极为盛行。有些回族青年举行婚礼时，提前邀请一些有名的唱把式,前来祝贺助兴。有独唱,有对唱,有合唱,此起彼伏,增加了婚礼的喜庆气氛。

回族有习武之俗,许多清真寺还设立习武场,有的阿訇本身就文武双全,除了讲经上课,还自任武术教练,帮助、指导满拉习武。有谚语说"南京到北京,查拳来自教门中"。回族武术种类很多,历史上曾经被称为"昆仑派",是我国四大武术派别之一。回族的武术中的回回十八肘、教门弹腿、查拳等曾作为国术列入民国时期军事训练项目中。回族的传统体育还有踏脚、打木球和掼牛等。这些活动均是既可娱乐,又可健身、自卫的活动。

[文旅资源]

"塞上江南,神奇宁夏。"宁夏文化由典型的多元文化组成,是农耕文明与游牧文化的交会处。贺兰山岩画记录了远古人类在3000～10000年前放牧、狩猎、祭祀、征战、娱舞等生活场景,以及羊、牛、马、驼、虎、豹等多种动物图案和抽象符号。揭示了原始氏族部落自然崇拜、生殖崇拜、图腾崇拜、祖先崇拜的文化内涵,是研究中国人类文化史、宗教史、原始艺术史的文化宝库。西夏王陵遗址是西夏历代帝王陵以及皇家陵墓,位于宁夏银川市西,西傍贺兰山,东临银川平原,是现存规模最大的一处西夏文化遗址。它承接鲜卑拓跋氏从北魏平城到党项西夏的拓跋氏历史。西夏王陵营建年代约自11世纪初至13世纪初。西夏王陵景区占地面积约58平方千米,核心景区面积20.9平方千米,分布着9座帝王陵墓,200余座王侯勋戚的陪葬墓,规模宏伟,布局严整。每座帝陵都是坐北向南,呈纵长方形的独立建筑群体,规模同明十三陵相当。吸收自秦汉以来,唐宋皇陵之所长,又受佛教建筑影响,构成中国陵园建筑中别具一格的形式,故有"东方金字塔"之称。

宁夏的民间文学(回族民间故事),传统音乐(宁夏回族山花儿、回族民间器乐、北武当庙寺庙音乐),曲艺(宁夏小曲),传统戏剧(秦腔),传统美术(杨氏家庭泥塑、固原砖雕、回族剪纸),传统技艺(贺兰砚制作技艺、滩羊皮鞣制工艺),民俗(回族服饰、同心莲花山青苗水会),传统医药（张氏回医正骨疗法、回族汤瓶八诊疗法、陈氏回族医技十法）等非物质文化遗产入选国家名录。

宁夏回族音乐、舞蹈和武术具有鲜明的民族特色和地域特色，包括宗教音乐和民间音乐两大类。宗教音乐是指回族穆斯林在礼拜和各种宗教活动中咏诵的《古兰经》和赞主词，是在继承伊斯兰传统音乐的基础上发展而成的，既有伊斯兰教音乐的特点，又有回族自己的特点。民间音乐歌曲分为"宴席曲"和"花儿"两大类。宴席曲因多在婚礼和喜庆节日摆宴席请客时演唱而得名。依据内容和形式的不同，它可分为散曲、叙事曲、说唱曲和酒曲四类。演唱形式有独唱、合唱、伴唱、问答、对唱等。除说唱曲只唱歌外，其余三类宴席曲演唱时都有简单舞蹈动作相配合。宴席曲可登大雅之堂，故又称"雅曲"或"家曲"。与之相反，"花儿"被认为是不能登堂入室的"野曲"。在宁夏回族舞蹈中，主要有《宴席曲》《汤瓶舞》《踏脚舞》三种民间舞蹈。《汤瓶舞》由回族生活习俗演变而来。回族有爱清洁的传统，日常生活中的洗浴或者"礼拜"前的洗浴，均离不开汤瓶这一特有的洗浴工具。《踏脚舞》主要流行于宁夏泾源县境内的园子林，其形式很像一种展现男子阳刚之气的竞技性体育活动，可以看作武、舞交融的结晶。回族武术根源悠久，中国回族穆斯林把练武尊为"逊尔"，意思是高尚的"圣行"。

宁夏的旅游资源多姿多彩。有世界遗产1处：长城（宁夏段）。5A级景区6家，沙湖旅游区、沙坡头旅游景区、镇北堡西部影城、水洞沟旅游区、青铜峡黄河大峡谷旅游区。六盘山红军长征旅游区、西夏王陵景区也被列入国家5A级旅游景区创建名单。以首府银川为中心，近可观西夏王陵及与其咫尺相望的西部唯一的国家葡萄酒原产地保护区——玉泉葡萄庄园，觅西夏文化，品葡萄美酒；游塞北明珠——沙湖，欣赏湖傍金沙，沙环碧水的塞上江南风光，品尝被称为天然"脑黄金"的"沙湖大鱼头"；探游牧民族的艺术画廊——贺兰山岩画、中国史前考古的发祥地——水洞沟遗址，寻访中国最早发掘的旧石器时代文化遗址和我国古代唯一保存最完好的长城立体军事防御体系；逛著名作家张贤亮创办的镇北堡西部影城，这里拍摄了《红高粱》《东邪西毒》《大话西游》等100多部影片，有着"中国电影从这里走向世界"之美誉；赏国家级自然保护区贺兰山苏峪口国家森林公园和国家级湿地保护区阅海、鸣翠湖；紧张刺激的大漠自驾探险、黄河九曲漂流和风味独特的清真美食、时尚浪漫的都市休闲娱乐也会令四方宾朋不虚此行。远可北游宁夏最大的生态旅游景区——石嘴山市的北武当庙景区，南下青铜峡黄河大峡谷旅游区，欣赏闻名遐迩的黄河大坝、壮观的十里长峡、独特的一百零八塔、神奇的卧佛山，往西行前往中卫的沙坡头和腾格里沙漠湿地·金沙岛旅游区。沙坡头旅游区地处腾格里沙漠东南边缘，集大漠、黄河、高山、绿洲于一体，是中国四大响沙所在地，折返南下可前往同心的清真大寺、固原的六盘山国家森林公园、须弥山石窟风景名胜区、宁夏西吉火石寨国家地质公园。

宁夏依托370千米的S202省道，打造宁夏旅游"1号公路"，从银川起连通灵武、盐池、韦州、红寺堡、彭阳，直到固原。在这条省道上，由南到北，有全国十大最美梯田之一的彭阳县梯田、彭阳县乔家渠毛泽东长征宿营地、盐池县革命烈士纪念园、红寺堡的国家扶贫移民遗址、万亩葡萄种植生态园、星罗棋布的葡萄酒庄、一座座特色鲜明的清真寺、同心下马关明长城遗址、盐池县高沙窝镇二步坑行政村兴武营、国家5A级旅游景区水洞沟景区、灵武市治沙环保生态园等，使S202省道成了一条抒发乡村情怀、传颂红色精神、连接历史文化和展示长城遗址的时光之旅风景道。

[旅游核心城市]

城市	概　　况
银川市	宁夏回族自治区首府，简称"银"，系国家历史文化名城。位于黄河上游宁夏平原中部。是"一带一路"重要节点城市、国家向西开放的重要窗口、西北地区重要中心城市、黄河"几字弯"都市圈区域中心城市、中阿博览会永久举办地。气候"不冷不热"，夏无酷暑、冬无严寒。秀丽的塞上风光、古老的黄河文化交相辉映，素有"塞上江南""鱼米之乡"之美称。旅游景观丰富，西部有镇北堡西部影城、贺兰山国家森林公园、贺兰山岩画、西夏陵、滚钟口风景区等；东部有水洞沟旅游区、黄沙古渡原生态旅游区、黄河军事文化博览园等；市区有承天寺塔、海宝塔、玉皇阁、鼓楼等古建筑，芦荡纵横的典农河、阅海湖、宝湖、鸣翠湖、鹤泉湖等湖泊水系景观。

[风物特产]

宁夏土特产品种类繁多，为世人所称道的有枸杞、甘草、贺兰石、滩羊皮、太西煤；因其颜色分别为红、黄、蓝、白、黑，而被称为"五宝"[①]。此外，宁夏的大米、硒沙瓜、水产品、瓜果和枸杞衍生物、葡萄酒等也十分著名。宁夏是枸杞的原产地，是世界上品质最好、种植时间最长的地方，其中又以中宁所产为最佳。贺兰石是水成岩，其结构细密均匀，质地细腻，历来受到文人墨客的喜爱，清末已有"一端二歙三贺兰"的说法。

宁夏清真风味小吃在餐饮界独树一帜。如外焦里嫩的油香、回族的盖碗茶、黄渠桥爆炒羊羔肉、辣爆羊羔肉、手抓羊肉、烩羊杂、烩小吃、蒜汁羊蹄等。黄渠桥爆炒羊羔肉：一般选择 7.5~10 千克重的羊羔，主要是在"爆"的基础上，兼用"焖"和"烩"的手法，使菜肴鲜嫩可口、香味四溢，具有地方特色和民族风味。手抓羊肉：相传有近千年的历史，原以手抓食用而得名。吃法有三种，即热吃（切片后上笼蒸熟蘸三合油）、冷吃（切片后直接蘸精盐）、煎吃（用平底锅煎热，边煎边吃）。特点是肉味鲜美、不腻不膻、色香俱全。此外，平罗老豆腐、糖醋黄河鲤鱼、小揪面、涮羊肉、中卫素菜豆腐、凉拌沙葱、素杂烩、蒿子面等都是宁夏的地方特色美食。

[特色产业]

宁夏立足区位相对便利、气候条件独特、资源能源丰富、产业特色鲜明的比较优势，围绕打造现代产业基地，重点发展新型材料、清洁能源、装备制造、数字信息、现代化工、轻工纺织"六新"产业，葡萄酒、枸杞、牛奶、肉牛、滩羊、冷凉蔬菜"六特"产业，文化旅游、现代物流、现代金融、健康养老、电子商务、会展博览"六优"产业。加强文化与旅游的深度融合，发展特色旅游，因地制宜地培育新质生产力。葡萄酒、枸杞等特色产业，精耕细作，持续发展。宁夏种植葡萄酒条件得天独厚，贺兰山东麓葡萄酒品质比肩世界，在品醇客、柏林、布鲁塞尔等国际顶级大赛中获奖 1100 多项，获批国家葡萄及葡萄酒产业开放发展综合试验区；宁夏鲜奶乳脂率、乳蛋白率优于欧盟标准；六盘山黄牛肉质细嫩，盐池滩羊是 G20 峰会、金砖

[①] 原来的宁夏五宝是枸杞、甘草、贺兰石、滩羊皮和发菜，后来因为挖发菜把草原植被都破坏了，土地沙化日益严重，为了保护环境，所以不提倡吃发菜，把原宁夏五宝的黑宝发菜换成了太西煤。

国家领导人峰会指定食材；宁夏被誉为中国"枸杞之乡"，中宁枸杞被列入《中国药典》道地中药材，是抗生素原料药和生物发酵药生产基地；冷凉蔬菜基地被香港特区政府渔农署授予信誉农场，深受消费者欢迎。

第五节　新疆维吾尔自治区基本概况与主要文旅资源

新疆维吾尔自治区位于亚欧大陆的中部，地处中国西北边陲，与蒙古国、俄罗斯、哈萨克斯坦、吉尔吉斯斯坦、塔吉克斯坦、阿富汗、巴基斯坦、印度8个国家接壤，陆地边境线长5700多千米，约占全国陆地边境线的1/4，是我国面积最大、陆地边境线最长、毗邻国家最多的省区，简称"新"。总面积166.49万平方千米，占全国陆地面积的1/6，是全国面积最大的省级行政单位，辖有14个地（州、市），包括5个自治州、5个地区和乌鲁木齐、克拉玛依、吐鲁番、哈密4个地级市；共有108个县（市、区）。新疆生产建设兵团是自治区的重要组成部分，现有14个师、179个团场，嵌入式分布在新疆14个地（州、市）。根据《新疆维吾尔自治区2023年国民经济和社会发展统计公报》，全区常住人口约2622.8万。首府乌鲁木齐市。

[地理、气候]

类别	内　　容
地理	地貌可以概括为"三山夹两盆"：北面是阿尔泰山，南面是昆仑山，天山横亘中部，把新疆分为南疆和北疆；阿尔泰山和天山之间是准噶尔盆地，天山和昆仑山之间是塔里木盆地；全疆雪山、冰川、草原、绿洲、沙漠、戈壁并存，有中国最大的全封闭性内陆盆地——塔里木盆地，面积53万平方千米，中国最大的沙漠——塔克拉玛干沙漠，面积33.76万平方千米，中国最长的内陆河——塔里木河，长2100千米，中国最大的内陆淡水湖——博斯腾湖，水域面积992平方千米。在天山东部和西部，还有被称为"火洲"的吐鲁番盆地和被誉为"塞外江南"的伊犁谷地。位于吐鲁番盆地的艾丁湖，低于海平面154.31米，是中国陆地最低点。
气候	属于典型大陆性气候。南疆干旱而温暖，有"塞外江南"之称；北疆较为寒冷，雨雪充沛。区内山脉融雪形成众多河流，为分布在盆地边缘和河流流域的绿洲提供了灌溉水源。新疆全年日照时间平均2600～3400小时，居全国第二位，为特色优势农产品种植提供了良好的自然条件。

[交通状况]

新疆交通运输已实现铁路、公路、航空、管道四位一体的立体化布局，现代综合交通体系逐步完善。

类别	内容
铁路	铁路运输形成"四纵四横"主骨架，铁路营运里程达到4914千米。兰新铁路东起甘肃疏勒河车站，西止与哈萨克斯坦共和国接壤的阿拉山口车站。向东是通往内地的大动脉，承担着乌鲁木齐至北京、上海、郑州、西安、成都、兰州、玉门等城市的旅客运输任务，每天都有旅客列车对开。1992年9月，新亚欧大陆桥的开通更使兰新线成为连接中亚和西亚的国际大通道。新亚欧大陆桥又名"第二亚欧大陆桥"，是从江苏省连云港市到荷兰鹿特丹港的国际化铁路交通干线，国内由陇海铁路和兰新铁路组成，全长10900千米，在我国境内长4100多千米，其中在新疆区域走行距离为1213千米。大陆桥途经江苏、安徽、河南、陕西、甘肃、青海、新疆7个省区，到中哈边界的阿拉山口出国境。出国境后可经3条线路抵达荷兰的鹿特丹港。中线与俄罗斯铁路友谊站接轨，进入俄罗斯铁路网，途经斯摩棱斯克、布列斯特、华沙、柏林到达荷兰的鹿特丹港，辐射世界30多个国家和地区。它的贯通有利于促进新疆与东欧、西欧、中东等国家经济贸易的往来、文化技术的交流和国际旅游业的发展，成为丝绸之路经济带互联互通的坚实纽带。
公路	公路建设基本形成了以乌鲁木齐为中心，以干线公路为骨架，环绕两大盆地、沟通天山南北、辐射主要地州、东连内地、西出中亚、通达全疆的公路主骨架。全区所有地州市已迈入高速公路时代，全区公路路网总里程达22.83万千米，高速公路里程突破7700千米。全区所有乡镇和具备条件的建制村全部实现通硬化路、通客车。干支相融、内畅外联的公路运输网络基本建成，有力地支撑了丝绸之路经济带核心区的运转和发展。
航空	航空运输方面，截至2024年年底，新疆民用运输机场数量达到27个，机场数量在全国排名第一，是全国覆盖面积最广、支线机场最多的机场网络。新疆作为西部对外开放的前沿，现有一类口岸17个、二类口岸12个，是全国拥有口岸数量最多的省区之一。其中，阿拉山口口岸、霍尔果斯口岸是我国仅有的两个铁路、公路、输油气管道三位一体的国家一类口岸。随着中巴经济走廊G314线公路的逐段建成通车，"第四物流通道"加快建设，新疆常年开通的边境口岸中有7个实现了二级及以上公路连接，国际运输通道能力进一步提升。目前新疆从事国际道路运输经营的企业达113家，与周边9个国家签订了国际道路运输双边协定，开展了中吉乌、中俄过境哈萨克斯坦等多边运输和中塔乌道路运输试运行活动，开通国际道路货运线路57条；霍尔果斯、伊尔克什坦、吉木乃、巴克图、阿拉山口、都拉塔6个口岸成为我国TIR运输试点口岸。

续表

类别	内　容
管道	中哈原油管道是我国第一条跨国原油管道和连接里海油田到中国内陆的重要能源通道。规划输油能力为2000万吨/年，全线总长度2800多千米，起点是哈萨克斯坦西部的阿特劳，途经肯吉亚克、库姆科尔和阿塔苏，从中哈边界的阿拉山口进入新疆境内，终点在距国境线2.2千米的阿拉山口—独山子输油管道首站。2004年9月，中哈管道一期工程（阿塔苏—阿拉山口管道）开始建设，2005年12月建成投用；2006年7月正式投入商业运行。2008年4月，中哈管道二期（肯吉亚克—库姆科尔）管道开工建设，2009年10月投入商业运营。它的成功运作，拓展了中国原油进口渠道，对保障国家能源安全发挥了十分重要的作用。
物流通道	"第四物流通道"指的是继航空、船舶、铁路之后的卡车物流通道，构建在TIR系统下。TIR即为《国际公路运输公约》，基于该公约框架下的TIR系统是目前唯一的全球性跨境货物运输通关系统，涵盖公路、铁路、内陆河流、海运等多式联运。经联合国授权，由国际道路运输联盟（IRU）管理TIR系统在全球的运作。其中，对陆路运输的促进作用更为明显，尤其适合货品单价高、对时效要求高的企业。目前全球有76个缔约国，覆盖欧亚大陆所有国家（除东南亚），其中大多数位于丝绸之路经济带沿线重要地区。 我国于2016年7月加入《TIR公约》。在实际运输过程中，"第四物流通道"在实现"门到门"运输比铁路快、与空运相当，但成本比空运低50%的运输服务的同时，还可节省80%的通关时间和38%的运输成本。我国目前试点运行的10个TIR口岸中，有6个位于新疆。2019年5月，中国海关总署宣布，将全面实施《TIR公约》。获得TIR运输资质的企业，可以仅凭一张单据就在同样实施《TIR公约》的60多个国家间畅通无阻，只需要接受始发地和目的地国家的海关检查，途经国一般情况下不再开箱查验。2024年7月，中国货车首次跨里海运输，中欧"第四物流通道"贯通。

[历史沿革]

　　新疆古称"西域"，意为中国的西部疆域，自古以来就是祖国不可分割的一部分。公元前138年，汉武帝派遣张骞出使西域，西汉政权与西域各城郭建立了联系。公元前60年，西汉中央政府在乌垒（今巴州轮台县境内）设立西域都护府，自此正式纳入中央政府管辖。1884年清政府正式在新疆设省，并取"故土新归"之意，改称西域为"新疆"。1949年新疆和平解放，1955年10月1日成立新疆维吾尔自治区。

[民族民俗文化]

新疆自古以来就是多民族聚居地区，其中世居民族有维吾尔、汉、哈萨克、回、柯尔克孜、蒙古、塔吉克、锡伯、满、乌孜别克、俄罗斯、达斡尔、塔塔尔13个。根据第七次全国人口普查结果，全区常住人口中，汉族人口为1092万，占42.24%，维吾尔族人口为1162万，占44.96%；其他少数民族人口为331万，占12.80%。

新疆民族风情浓郁，各民族在文化艺术、体育、服饰、居住、饮食习俗等方面各具特色。其中，维吾尔、哈萨克、回、柯尔克孜、塔吉克、乌孜别克、塔塔尔等民族多数人信仰伊斯兰教，有着类似的饮食禁忌和三大节日，即开斋节、宰牲节和圣纪节。此外，"诺鲁孜"节是新疆维吾尔、哈萨克、柯尔克孜、乌孜别克和塔吉克族共有的传统民族节日，时间在每年农历春分，即公历3月22日前后。其内容是辞旧迎新，类似内地的春节，该节日与宗教无关。礼仪方面，哈萨克、柯尔克孜、塔吉克等游牧民族的传统礼仪较为相近。如遇到来访或投宿的客人，无论是否相识，都会热情接待。牧民认为在太阳落山的时候让客人离开是一件耻辱的事，会遭到邻里亲朋的嘲笑。待客时，一般都要宰羊，肉煮好后，要先以羊头献客人。晚上要将客人安置在毡房的最上方住宿。有贵客来，还要组织赛马、刁羊等文娱活动。锡伯族有客来访，主人必出大门迎送。平时见到长辈，要"打千"问安。长辈讲话时，年轻人不得插话。每逢年节，儿女们都要依次给父母和长辈叩头拜年。俄罗斯族有以面包和盐迎接客人的传统。

维吾尔族总人口约1177万，其中98.7%的维吾尔族人口聚居在新疆维吾尔自治区。新疆的维吾尔族主要分布在天山以南，塔里木盆地周围的绿洲是维吾尔族的聚居中心，其中尤以喀什噶尔绿洲、和田绿洲以及阿克苏河和塔里木河流域最为集中。天山东端的吐鲁番盆地，也是维吾尔族较集中的区域。"维吾尔"是民族自称，意为"团结""联合""协助"之意。现代维吾尔语是维吾尔族的共同语言，属阿尔泰语系突厥语族。现行的维吾尔文，是在晚期察合台文字的基础上改进而成，经过不断改进和补充，迄今已成为维吾尔族全民通用的文字。1960年，曾进行过拉丁化的文字改革，但由于全面改用新文字的条件尚不成熟,故 1982 年 9 月起停止使用新文字。

在漫长的历史发展过程中,维吾尔族人民用勤劳和智慧创造了优秀的文化,形成自己的民族习俗,有着独特的民族风情。维吾尔族的习俗有命名礼、摇床礼、割礼、婚礼、葬礼等。命名礼、摇床礼是给婴儿举行的仪式,给婴儿起名和祝愿他们。割礼一般只限于 7~12 岁的男性儿童,是男孩步入成年的标志。

维吾尔族的传统饮食以面食为主,喜食羊、牛肉,蔬菜吃得相对较少。主食的种类很多,最常吃的有馕、抓饭、包子、拉面等。馕是用小麦面或玉米面制成的,在特制的火坑内烤熟,为形状大小和厚薄不一的圆形饼。抓饭,维吾尔语称"颇罗",是用大米、羊肉、羊油、食油、胡萝卜焖成的一种饭食,味道鲜美。蒸包子,维吾尔语称"曼它";烤包子,维吾尔语称"撒木萨",用面做皮,用羊肉丁、羊油拌少许洋葱做馅,皮薄肉多。另外有拉面、炒面、汤面、"纳仁面"等。名菜有烤全羊、清炖羊肉、烤肉等。维吾尔族喜欢饮茶。维吾尔茶是由小豆蔻、肉豆蔻、肉桂、丁香、孜然、胡椒、干姜、荜澄茄等 15 种天然植物经科学加工精制而成,具有健脾胃、化食、散寒、祛风、润便、醒脑的功能。

维吾尔族服饰种类多样而又优美。传统的男子外衣称为"袷袢",长过膝、宽袖、无领、无扣,穿时腰间系一长带。女子普遍穿连衣裙,外罩坎肩或上衣。妇女和姑娘都喜欢用天然的乌斯蔓草汁画眉,染指甲、戴耳环、手镯、戒指、项链等。维吾尔族不论男女老幼都喜欢戴"尕帕"(四楞花帽),它是用黑白两色或彩色丝线绣出各种民族形式的花纹图案。过去未婚少女都梳十几条发辫,以长发为美。婚后一般改梳两条,辫梢散开,头上别一把新月形的梳子作为装饰,也有将双辫盘成发髻的。现在,除了传统的服装和服饰之外,在城市普遍流行穿时装。

维吾尔族的传统节日,有肉孜节、古尔邦节和诺鲁孜节。前两个节日都来源于伊斯兰教,日期是按伊斯兰教历计算的。肉孜节又叫"开斋节",因为它在封斋一个月后举行,一般要过 3 天。古尔邦节又叫"宰牲节",在肉孜节过后 70 天举行,家境好的,都要宰一只羊。诺鲁孜节是维吾尔族人民最古老的传统节日,在春分时节,相当于公历 3 月 22 日。在这一天,要举行各种庆祝活动和传统的"麦西热甫"。

维吾尔族是一个尊老爱幼，热情好客的民族。男子相见要握手，妇女相见要互相拥抱。晚辈要先向长辈施礼，现在多以握手作为见面礼。

[文旅资源]

新疆是丝绸之路咽喉要地，也是世界唯一四大文化（古印度文化、古希腊文化、波斯伊斯兰文化、古代中国文化）的交会地，还是一个民间文化遗产大区。新疆各族人民创造的文化是中华民族文化的重要组成部分，新疆各族人民为中华民族文化宝库作出了历史性的宝贵贡献。

故事、诗歌是新疆民族民间口头文学中的重要部分。柯尔克孜族的《玛纳斯》与藏族的《格萨尔》、蒙古族的《江格尔》一起，被誉为我国民族文学领域的"三大史诗"。《玛纳斯》是一部世代流传、家喻户晓的长篇英雄史诗，经过整理，分8个部分共20余万行，240多万字。它先后叙述了传说中的英雄玛纳斯等8代人的传奇故事，展示了柯尔克孜人民团结其他兄弟民族，为反对侵略，争取和平和各族人民美好幸福生活而前赴后继，英勇奋战的英雄业绩。从内容上看，它不仅是一部文学巨著，也是一部研究柯尔克孜族古代社会，包括历史、地理、宗教信仰、生活习俗、社会经济、婚姻家庭、音乐艺术和语言文学等内容的百科全书。在寓言故事中，维吾尔族的《阿凡提的故事》闻名遐迩，具有很高的文学地位。它是以阿凡提这个虚构的人物为主人公，以讽刺和幽默相结合为特点的众多短小民间故事的汇集。内容取材于社会和人民的日常生活，目的在于歌颂劳动人民的勤劳、勇敢、乐观、机智、富有正义感的品质，揭露和讽刺封建统治者的贪暴与社会不良现象。其构思独特，语言幽默，寓意深刻，耐人寻味，具有强烈的现实主义色彩。

历史文学方面，《福乐智慧》与《突厥语词典》堪称维吾尔族古典文学作品的典范。《福乐智慧》是11世纪中后期喀喇汗王朝政治家、文学家玉素甫·哈斯·哈吉甫用回鹘文创作的一部劝诫性长诗。长诗通过虚构的国王日出和大臣月圆、大臣之子贤明及隐者觉醒4个象征人物之间的对话，表达了作者对一系列社会、自然等问题的看法，是反映当时社会、历史、文化的史诗性的著作。它的学术价值和历史意义已远远超越了纯文学的范围，成为中华民族文学宝库中的珍品之一。《突厥语词典》是 11 世纪喀喇汗王朝回鹘语言学家、学者马赫木德·喀什噶编著的一部用阿拉伯语注释突厥语的综合性知识辞书。该书通过丰富的语言材料，广泛地介绍了喀喇汗王朝时代维吾尔和突厥语系各民族政治、经济、历史、地理、文化、宗教、哲学、伦理方面的知识和风土人情，是一部研究维吾尔等突厥语系各民族历史、语言、文化等方面极有价值的百科全书。

新疆素有"歌舞之乡"的美称，维吾尔族的《赛乃姆舞》《刀郎舞》，塔吉克族的《鹰舞》，蒙古族的《沙吾尔登舞》等民族舞蹈绚丽多姿。据我国《史记》《汉书》记载。早在公元前 2 世纪的汉代，于阗乐就已在汉宫廷演出。龟兹乐舞、疏勒乐舞、高昌乐舞、伊州乐舞和天山以北匈奴族的悦般乐都是见之于史册的乐舞瑰宝。在唐代官制的 10 部乐中，就有出自新疆的《龟兹》《疏勒》《高昌》3 部，唐玄奘西行取经途中，曾欣赏过龟兹乐舞，赞叹龟兹是"管弦伎乐，特善诸国"。古代新疆还产生了苏祇婆、白明达、裴兴奴、何妥、尉迟青、尉迟章等一大批音乐演奏家、作曲家和音乐理论家，他们曾因就职朝廷、掌管音乐、传艺演奏卓有成就而被载入史册。从 10 世纪起，维吾尔族先民在西域传统音乐的基础上，吸收阿拉伯、波斯音乐的精华，经过长期演化，终于在 16 世纪初创造了名为《十二木卡姆》的大型音乐杰作。"木卡姆"①是大型套曲的意思，《十二木卡姆》就是指十二部大型套曲。全部《十二木卡姆》共有乐曲、歌曲 340 余首，以器乐合奏、音乐和歌舞演奏、群众歌舞大联欢的"三部曲"形式演出。一次完整的演出需要 24～27 小时。2005 年，新疆维吾尔木卡姆艺术被列入《人类非物质文化遗产代表作品名录》。

新疆民族体育活动丰富多彩。刁羊是新疆各兄弟民族群众普遍喜爱的传统体育活动，特别是哈萨克族、柯尔克孜族、塔吉克族、蒙古族的牧民群众，一般都在节庆或表演时进行，有分队和不分队两种方式。主持人把一只

---

① "新疆维吾尔木卡姆"是流传于中国新疆各维吾尔族聚居区的各种木卡姆的总称，是集歌、舞、乐于一体的大型综合艺术形式，2008 年列入《人类非物质文化遗产代表作名录》，除维吾尔木卡姆的主要代表《十二木卡姆》外，还流传着《刀郎木卡姆》《吐鲁番木卡姆》《哈密木卡姆》。在维吾尔人的特定文化语境中，"木卡姆"已经成为包容文学、音乐、舞蹈、说唱、戏剧乃至民族认同、宗教信仰等各种艺术成分和文化意义的词语。

割去头的羊放在指定处。枪响后，甲、乙两队共同向羊飞驰而去，先抢到羊的同队队员互相掩护，极力向终点奔驰，双方骑手施展各种技巧，围追堵截，拼命抢夺。抢到羊并先到达终点的为胜方。获胜者按照当地的习俗，将羊当场烤熟，请众骑手共享，称为"幸福肉"。"姑娘追"（哈萨克语称"克孜库瓦尔"），是哈萨克青年最喜爱的一种马上体育游戏，也是男女青年相互表达爱情的一种别致方式。"姑娘追"一般在夏秋季节繁花争艳的草原上举行，远近牧民都骑马前来参观。活动一开始一对对未婚青年男女向指定地点并辔慢行。去时，小伙子可向姑娘任意笑谑或求爱，姑娘只能默默倾听，不能生气；返程，小伙子必须策马疾驰，姑娘则在后面挥鞭追打。姑娘若追上小伙子可任意鞭打，有时还将帽子抽落在地，惹得观众一阵哄笑。如果姑娘对小伙有情意，则会鞭下留情，只见鞭子在小伙子头上转圈虚晃，却不见鞭梢落身，或姑娘故意将鞭抽打到小伙子坐骑的马屁股上。场面热烈，妙趣横生。达瓦孜（走高绳）是维吾尔族民间的一种杂技、体育形式，源于古西域"杂戏"，在宽大场地上高高竖起几根木杆，最高的有30多米，从地面到每根木杆的顶端，都用粗绳联系着。随着唢呐鼓乐声起，但见表演者双手横握一根横杆，光着脚踏上绳子，敏捷地向竖杆的顶端走去，一边走还一边做出坐、卧、单脚立等各种姿势，还在绳上蒙眼走绳、倒立走绳、飞身跳绳、踏碟走绳……精彩纷呈。

新疆少数民族在传统科技文化方面也卓有贡献。坎儿井是新疆维吾尔族地区特有的水利灌溉工程。元代维吾尔族农学家鲁明善的《农桑衣食撮要》，是一部以月令体裁写成的讲述农业生产技术的书，内容涉及气象物候，农田水利，作物、蔬菜、瓜类、果树、竹木、桑栽培，蚕饲养，家畜家禽养殖与医疗、养蜂采蜜，粮食和种子保管，副食品加工，衣物保管等。在我国农业技术史上占有重要地位。维吾尔族医学和哈萨克等其他新疆民族医学，是中华民族医学宝库中的重要组成部分，是我国珍贵的民族文化遗产。

新疆面积辽阔，自然景观独特，世界遗产有2处：长城（新疆段）、丝绸之路（新疆段）。5A级景区18家。国家级旅游度假区2家，兵团五家渠青格达湖旅游度假区、那拉提旅游度假区。著名的景区有高山湖泊天山天池、人间仙境喀纳斯、绿色长廊吐鲁番葡萄沟、空中草原那拉提、地质奇观可可托海以及喀什泽普金胡杨景区、乌鲁木齐天山大峡谷、"大西洋的最后一滴眼泪"赛里木湖等。在5000多千米古"丝绸之路"的南、北、中三条干线上，分布着数以百计的古文化遗址、古墓群、千佛洞等人文景观，其中交河故城、楼兰遗址、克孜尔千佛洞等蜚声中外。

交河故城遗址。是世界上最大最古老、保存得最完好的生土建筑城市，也是我国保存2000多年最完整的都市遗迹，唐西域最高军政机构安西都护府最早就设在交河故城。1961年被列为全国重点文物保护单位。2014年6月22日，交河故城作为中国、哈萨克斯坦和吉尔吉斯斯坦三国联合申遗的"丝绸之路：长安—天山廊道的路网"中的一处遗址点成功列入《世界遗产名录》。

楼兰故城遗址。楼兰，是西域故城遗迹。最早见于《史记》，曾经为丝绸之路必经之地，现只存遗迹，地处新疆巴音郭楞蒙古自治州若羌县北境罗布泊的西北角、孔雀河道南岸7千米处。楼兰国是西域古国名，是中国西部的一个古代小国，国都楼兰城（遗址在今中国新疆罗布泊西北岸）。公元前77年，楼兰国更名鄯善国，并迁都扜泥城，向汉朝称臣，原都城楼兰城则由汉朝派兵屯田，扼丝绸之路的要冲。国人属于印欧人种，语言为印欧语系的吐火罗语。由于孔雀河的改道，罗布泊水域萎缩，生存环境日益恶劣，约422年以后，楼兰城民众迫于严重干旱，遗弃楼兰城，逐渐南移，鄯善国（楼兰国）先后并吞了婼羌、小宛、精绝、且末等国，成为西域七强之一，448年北魏灭鄯善国，前后经历了约600年的鄯善国（楼兰国）至此灭亡。

新疆地区自然风光旖旎，是自驾游的理想之地。特别是纵贯天山脊梁的独库公路，其起点位于天山北麓的独山子，终点位于天山以南的库车，全长561千米。公路沿线地质、生态多元，分布雪山冰川、森林河流、草原湖泊、荒漠雅丹等景观，自驾其中能够感受"一日历四季，十里不同天"的独特体验，被众多游客称为"此生必驾公路"和"最美天山路"。新疆旅游公路的最佳旅游时间集中在4~10月，部分路段因气候条件存在季节性封闭。除独库公路外，喀喇昆仑公路、塔克拉玛干沙漠公路、伊昭公路、S101百里丹霞风景道、盘龙古道、阿禾高速、139胡杨秘境自驾公路等景观大道同样值得探索。

第七章　西北地区各省自治区导游基础知识

[旅游核心城市]

城市	概况
乌鲁木齐市	新疆维吾尔自治区首府，古准噶尔蒙古语意为"优美的牧场"，总面积1.38万平方千米，建成区545.1平方千米；常住人口408.5万人，聚居着56个民族，是方圆1500千米最大的城市。2023年11月，中国（新疆）自由贸易试验区获国务院批准设立，为我国西北沿边地区首个自贸试验区。近年来，乌鲁木齐市是中国优秀旅游城市、中国十佳冰雪旅游城市。旅游景点有国际大巴扎、红山公园、天山天池、天山大峡谷、天山乌鲁木齐河源1号冰川、新疆维吾尔自治区博物馆、水磨沟公园等。

[风物特产]

新疆自古享有瓜果之乡、金玉之邦和地毯丝绸王国的美誉。吐鲁番葡萄、库尔勒香梨、哈密瓜、阿克苏苹果以及遍布南疆的红枣、核桃、杏、石榴、无花果、巴旦木等享誉国内外。和田玉，红花，各色瓜果、蜜饯，胡萝卜汁，"新天""楼兰""西域"等一批区内外知名品牌的葡萄酒，番茄制品，薰衣草、百里香、迷迭香、西洋甘菊等香精香料等都是新疆著名特产。

新疆饮食习惯西域风味浓烈，各种食品色香味俱佳。烤羊肉串已风靡全国，烤全羊也是新疆一大名馔。抓饭、手抓羊肉是新疆少数民族最喜欢的食品，也是逢年过节、婚丧嫁娶的必备食品。烤馕、烤包子、拉面、油馓子、油塔子、奶茶等，则是新疆少数民族的传统食品。新疆牧区的少数民族能将牛奶、羊奶加工成八九种奶制品，或香或甜或酸，都带有浓郁的奶香味，营养丰富。用马奶发酵而成的马奶子酒酒香微醺、清凉适口。

[特色产业]

产业	概况
油气资源	新疆油气资源富集，拥有能够承载石油化工产业的园区23个，已建成世界级环烷基润滑油生产基地、国内最大的氯碱化工基地、国家重要的石油化工基地。为进一步优化产业布局，在常规油气资源综合加工利用领域，新疆将依托独（山子）—奎（屯）—克（拉玛依）石化基地、乌鲁木齐准东产业园、巴州上库产业园区、库车经济技术开发区四大石油石化产业基地打造四个千亿元级产业集群，促进石油石化产业高质量发展。

续表

产业	概况
林果产品	新疆林果产品在国内外市场的品牌效应日益显现，阿克苏苹果及核桃、吐鲁番葡萄干、伊犁吊干杏、库尔勒香梨、喀什西梅、轮台小白杏、若羌灰枣、和田大枣、阿图什无花果等特色瓜果通过基地直采、果干加工、线上线下联动等远销海内外。
长绒棉	新疆光照充足、热量丰富、空气干燥、昼夜温差大，种植棉花具有得天独厚的自然条件。新疆长绒棉因纤维较长而得名，品质世界顶级。立足新疆棉花主产区的气候土壤特点，新疆已建立了特色鲜明的棉花生产全程机械化技术体系，并实现了规模化推广应用，多项技术达到世界领先水平。
葡萄酒	新疆地处全球公认的酿酒葡萄黄金种植带，特殊地理位置赋予新疆葡萄酒浓郁饱满的口感和风味，以及单宁细腻的特质。经过多年的发展，新疆已成为我国葡萄酒酿造大省，酿酒葡萄种植面积全国第二，产量居全国之首。《新疆维吾尔自治区葡萄酒产业"十四五"发展规划》提出，到2025年，以天山北麓、伊犁河谷、焉耆盆地、吐哈盆地四大葡萄酒主产区引领发展，推动阿克苏传统慕萨莱思葡萄酒特色产区和南疆三地州葡萄蒸馏酒新兴产区加快发展，鼓励支持具备产业基础和发展条件的其他地区发展葡萄酒产业，在全疆形成"4+2"为主的葡萄酒产业发展格局。2021年，12家葡萄酒庄被命名为自治区休闲旅游特色精品葡萄酒庄，并推出了15条自治区葡萄酒文化旅游精品线路。

第八章 港澳台地区导游基础知识

章节练习
增值服务

学习目的

通过本章的学习，使考生**了解**香港特别行政区、澳门特别行政区、台湾地区的历史、地理、气候、区划、人口、交通、旅游等概况，各地代表性饮食的特点、主要美食和风物特产；**熟悉**被列入《世界遗产名录》的中国遗产地，列入《人类非物质文化遗产代表作名录》的中国非遗项目，国家5A级旅游景区和国家级旅游度假区，各地具有代表性的历史文化和民俗风情；**掌握**旅游核心城市、国内知名地域文化、民族民间文化及特色产业。

第一节 香港基本概况与主要文旅资源

香港全称为中华人民共和国香港特别行政区，位于祖国东南部，珠江口东侧，北隔深圳河与深圳相接，西与澳门隔海相望，南临珠海市万山群岛，由香港岛、九龙半岛、新界内陆地区以及262个大小离岛组成。香港的货币为港元。香港特别行政区下辖香港岛、九龙半岛、新界3个地区共18个分区。

香港管辖总面积2755.03平方千米，其中陆地面积1105.6平方千米，水域面积1650.64平方千米。截至2024年年底，香港特别行政区人口为753.42万，香港居民大部分原籍广东，普遍讲粤语。

[地理、气候]

类别	内　容
地理	香港境内山多平地少，是一座受到海水淹没的多山地体。境内山陵可与华南丘陵视为一体，地貌构造体系与内陆的广东省一样。香港约有650平方千米（约60%陆地总面积）属天然山坡，山脉走向为东北—西南，其中以新界中部的大帽山（957米）为第一高峰。 香港众岛屿以大屿山面积最大，其次是香港岛。香港岛以南的鸭脷洲则是全球人口最稠密的岛屿；另外也有不少无任何常住居民的小岛。弯曲的海岸线是香港地貌的特征之一，弯曲的海岸线形成大小海湾及海滩，成为爱好水上运动人士的好去处。香港另一地形特征便是分隔九龙和香港岛的维多利亚港。维港被四周的岛屿、九龙的狮子山和香港岛的太平山等高山包围，港内船只不会受强风侵袭，维多利亚港深而阔，适宜海运发展。
气候	香港属亚热带季风气候，全年气温较高，年平均温度为22.8℃。夏天高温多雨，温度27~33℃；冬天温和少雨，很少会降至5℃以下。香港5~9月多雨，雨量最多的月份是8月，雨量最少的月份是1月。7~9月是香港台风较多的季节。此外，香港市区高楼集中而密布、人口稠密，所形成的微气候容易产生热岛效应，市区和郊区有明显的气温差别。就气候而言，秋季（9月下旬至12月下旬）：天气晴朗，清凉干爽，是香港旅游旺季。其次是4~5月，除了台风灾害以外，香港是一年四季都适合旅游的地方。

[交通状况]

　　香港位于亚欧大陆东南缘，背靠祖国大陆，是粤港澳旅游的重要一翼，是世界各国游客进入中国内地的一个桥梁和窗口。香港三面环海，地处东北亚至东南亚和南亚交通的中心位置，是国际航空枢纽，众多国家的航空航海线路在此交会。

类别	内　容
香港国际机场	香港国际机场被评为五星级机场，为4F级民用国际机场，全球超过100家航空公司在此运营，自2010年以来，该机场已第14次被评为世界上最繁忙的货运机场。
维多利亚港	香港海运也很发达，维多利亚港是位于香港岛和九龙半岛之间的海港，港阔水深，为天然良港，是亚洲第一、世界第三大海港。
深圳河	深圳河是香港和祖国内地之间的边界线，使香港和祖国内地之间出现了陆地交接点。

续表

类别	内　容
港珠澳大桥	已全线通车的港珠澳大桥全长55千米，是目前世界上最长的跨海大桥。现在从香港到珠江西岸的车程由以前的3小时缩短至半小时。香港的铁路经由香港红磡站与内地的京九铁路连接，香港西九龙总站与广深港高铁相通。港珠澳大桥和广深港高铁大大缩短了香港、澳门与内地的时空距离。
天星小轮	有着100多年运营历史的天星小轮是维多利亚港的著名渡海交通工具，是香港与九龙之间的渡海交通运输系统的重要组成部分。它与香港电车、太平山山顶缆车齐名，是拥有百年以上悠久历史的交通工具。

[历史沿革]

新石器时代，香港已经有了人类活动。秦始皇统一中国后，秦始皇三十三年（前214年），秦朝派军平定百越，置南海郡，把香港一带纳入其领土，属番禺县管辖。由此开始，香港便置于中央政权的管辖之下。汉朝香港隶属南海郡博罗县。东晋咸和六年（331年）香港隶属于东莞郡宝安县。隋朝又废东莞郡，将辖地并入广州府南海郡，宝安县也改为隶属于南海郡，香港则仍归宝安县管理。唐至德二年（757年），改宝安县为东莞县，香港仍然隶属东莞县。宋元时期，内地人口大量迁至香港，促使香港的经济、文化得到很大的发展。中国元朝时属江西行省，元朝时，在香港西南的屯门、广州外港的屯门又设巡检司，驻军，防止海盗入侵，拱卫广州地区。明朝万历年间从东莞县划出部分地方成立新安县，为后来的香港地区。香港岛由明神宗万历元年（1573年）起，一直到清道光二十一年（1841年）受英国殖民统治之前，该地区一直属广州府新安县管辖。清朝于1662年派兵到新界，并命令乡民留辫。香港在清朝时，一直在对外通商中扮演重要角色，因为香港在地理上与广州唇齿相依，而广州是清朝对外开放的唯一商埠。

香港全境的三个部分（香港岛、九龙、新界）分别来源于不同时期的三个不平等条约。1841年1月26日，第一次鸦片战争后，英国强占香港岛，事后清政府曾试图用武力予以收复，道光皇帝为此发下多道谕旨，但清朝始终不能捍卫领土完整。1842年8月29日，清政府与英国签订不平等的《南京条约》，割让香港岛给英国。1860年10月24日，中英签订不平等的《北京条约》，割让九龙半岛界限街以南地区给英国。1898年6月9日，英国强迫清政府签订《展拓香港界址专条》，租借九龙半岛界限街以北地区及附近262个岛屿，租期99年（至1997年6月30日结束）。

第二次世界大战期间，日军进犯香港，1941年12月25日，驻港英军无力抵抗，当时的香港总督杨慕琦无奈宣布投降。香港被日本占领。1945年9月16日，日本战败后在香港签署投降书，撤出香港。

第二次世界大战以后，香港经济和社会迅速发展，成为继纽约、伦敦之后的世界第三大金融中心。不仅成为"亚洲四小龙"之一，也是亚洲金融、服务和航运中心。

1982~1984年，中英两国就落实香港前途问题进行谈判，1984年12月19日签订《中华人民共和国政府和大不列颠及北爱尔兰联合王国政府关于香港问题的联合声明》，决定1997年7月1日中华人民共和国对香港恢复行使主权。中方承诺在香港实行"一国两制"，香港将保持资本主义制度和原有的生活方式，并享受外交及国防以外所有事务的高度自治权，也就是"港人治港，高度自治"。

1997年7月1日，中国对香港恢复行使主权，香港成为中华人民共和国的一个特别行政区。根据《中华人民共和国香港特别行政区基本法》，香港保留原有的经济模式、法律和社会制度，五十年不变，实行"一国两制"，除防务和外交事务归中央政府管制外，香港特别行政区享有高度自治权。

2019年2月18日，中共中央、国务院印发《粤港澳大湾区发展规划纲要》，香港与澳门及广东省广州、深圳、珠海、佛山、惠州、东莞、中山、江门、肇庆九个珠三角城市组成粤港澳大湾区，共同建设世界级城市群，打造具有全球影响力的国际科技创新中心、"一带一路"建设的重要支撑、内地与港澳深度合作示范区和宜居宜业宜游的优质生活圈。粤港澳大湾区总面积5.6万平方千米，总人口约8600万。拥有世界上最密集的港口群、最为繁忙的空港群，高铁、港珠澳大桥等基建设施形成立体交通体系，将是中国开放程度最高、经济活力最强的区域之一，在国家发展大局中具有重要战略地位。

[民族民俗文化]

香港是世界节日较多的地区，既有中华民族传统节日、宗教节日，又有西方习俗节日，还有其他节日。中国传统节日有春节、清明节、端午节、中秋节、重阳节。春节最隆重，亲友送年礼，并给孩子们发"利是"（红包），清明节要"拜山"（扫墓），端午节要进行龙舟赛，中秋节要吃月饼、观花灯、赏月等。香港本地亦有不少地方性节日，如农历四月初八长洲太平清醮（又称包山节）。

宗教节日有复活节、圣诞节，各教会也有自己的节日。西方习俗的节日有情人节、母亲节、父亲节等，香港每年都主办各种类型文化、康乐、体育活动，较大型的活动包括香港艺术节、香港国际电影节、国际综艺合家欢、香港国际七人橄榄球赛、六人木球赛和国际赛马等。

香港人说话办事讲究有个好兆头，"3""8"与粤语"升""发"谐音，"6""9"与"禄""久"谐音，所以这几个数字最受欢迎，但他们忌讳"4"，根据发音谐音，香港人送花忌讳赠送剑兰、茉莉、梅花等，送礼物忌讳送钟（谐音"送终"）。香港人忌讳别人打听个人隐私，如住址、收入、年龄等情况。香港行人和车辆靠左行驶，与内地正好相反。

香港重视中国传统文化的传承，目前已有12个国家级非物质文化遗产项目：粤剧、麒麟舞（西贡坑口客家舞麒麟）、道教音乐（全真道堂科仪音乐）、长洲太平清醮、凉茶配制、端午节（大澳龙舟游涌）、中元节（潮人盂兰胜会）、中秋节（大坑舞火龙）、古琴艺术（斫琴技艺）、黄大仙信俗、香港天后诞和香港中式12长衫制作技艺。其中由广东、香港和澳门联合申报的粤剧于2009年入选联合国教科文组织的《人类非物质文化遗产代表作名录》。大坑舞火龙则被文化和旅游部列入"国家级非遗代表性项目优秀保护实践案例"，是全国50个"优秀保护实践案例"之一。

[文旅资源]

香港背靠祖国、联通世界，是中西方文化交融之地，有"东方之珠"美誉。香港会展业在全球，尤其是在亚太地区具有重要地位。香港也是全球会议中心之一，常年举办众多大型会展活动，吸引着全球众多参展单位和观光游客。香港拥有海滩秀丽的浅水湾、迷人的维多利亚港和星罗棋布的海岛及各类郊野公园等。香港有体现海内外各国风情的博物馆、展览馆、文化艺术中心等建筑，也有香港独特的古堡、庙宇、古村落等。夜间的香港灯火璀璨，瑰丽的夜景也是游客期待的项目之一，有"世界三大夜景"之一的美誉。

太平山。 也称扯旗山，西方人称之为维多利亚山，位于香港岛西北部，海拔552米，是香港岛的最高点，在山顶可俯瞰香港全岛及维多利亚港美景。太平山风光秀丽，山顶一带更是官绅名流的官邸所在，也是人们到香港的必游之地。前往太平山顶的最佳交通工具是乘坐山顶缆车。该缆车自1888年开始营运，默默见证了香港城市过去100多年间的变迁。登太平山的最佳时间是黄昏，这时既能观赏到白天的城市景观，又可静待夜幕低垂时，整个城市在瞬间变幻的一刻。太平山顶上有多个观景台，包括卢吉道观景台、狮子亭、山顶公园以及凌霄阁顶层的摩天台等。

浅水湾。 位于香港岛太平山南面，依山傍海，号称"天下第一湾"，有"东方夏威夷"之美誉，是香港最具有代表性的沙滩。海湾呈新月形，水清沙细，波平浪静，是游人必到的旅游胜地。浅水湾内遍布豪华住宅，其中包括香港巨商李嘉诚、包玉刚的豪华私宅。著名的景点影湾园、浅水湾129号等。在浅水湾东南端，有一座极具中国古典色彩的建筑——镇海楼。镇海楼公园内面海矗立着天后娘娘（妈祖）和观音菩萨两尊十多米高的巨大塑像，保佑着渔民和泳客在海上四季平安。

海洋公园。 是东南亚最大的海洋主题休闲中心，香港海洋公园是一座集海陆动物、机动游戏和大型表演于一体的主题公园，占地超过91.5万平方米，依山而建，分为"高峰乐园"及"海滨乐园"两大主要景区，以登山缆车和海洋列车连接。主要景点有亚洲动物天地、梦幻水都、威威天地、热带雨林天地、海洋天地、山上机动城、急流天地、动感天地等。在这里不仅可以看到趣味十足的露天游乐场、海豚表演，还有千奇百怪的海洋性鱼类、高耸入云的海洋摩天塔，更有惊险刺激的越矿飞车、极速之旅。海洋公园拥有全东南亚最大的海洋水族馆及主题游乐园、亚洲第一个水上游乐中心和全世界第二长的户外电动扶梯等。

迪士尼乐园。 位于香港新界大屿山，占地126公顷，于2005年投入运营，是全球第5座、亚洲第2座、中国第1座迪士尼乐园。乐园分为9个主题园区，分别为美国小镇大街、探险世界、幻想世界、明日世界、魔雪奇缘世界、铁甲奇侠总部、反斗奇兵大本营、灰熊山谷及迷离庄园，其中灰熊山谷和迷离庄园为全球独有。乐园每天晚上都有巡游表演活动和烟花汇演，除极端天气外。

黄大仙祠。又名啬色园，是一座宏伟的中国式道教寺庙，位于九龙半岛的东北面，是香港香火最旺的地方。每年农历大年初一，市民都要争头炷香。相传，祠内所供奉的黄大仙十分灵验，"有求必应"。该祠也是香港唯一一所可以举行道教婚礼的宫观。

金紫荆广场。位于香港湾仔香港会议展览中心新翼人工岛上，是为纪念香港回归祖国而设立的，三面被维多利亚港包围。1997 年 7 月 1 日香港特别行政区成立，中央人民政府把一座高 6 米的金紫荆铜像赠送给香港，命名为"永远盛开的紫荆花"，寓意着香港永远繁荣昌盛，铜像被安放在会展中心旁，面对大海，这个广场也被命名为金紫荆广场。

维多利亚港。维多利亚海湾的海岸被评为中国最美八大海岸之一，维多利亚港拥有一览无余的海景和夜景，港岛、两岸繁华光景尽收眼底。最佳观赏地点是香港中环摩天轮里、天际 100 香港观景台或坐山顶缆车登上太平山顶。香港岛一侧有现代化的高楼大厦和地标性的香港会展新翼，同时也有怀旧的天星小轮；九龙一侧则有香港艺术馆和香港太空馆。维多利亚港成为香港最受欢迎的旅游目的地之一。维多利亚港两岸多幢地标建筑声光电交织，演绎"幻彩咏香江"灯光音乐汇演，为香港这个国际大都市增添了华彩和魅力。近年来，每逢除夕夜，人们都聚集在维多利亚港两岸庆祝新年的来临。

香港故宫文化博物馆。香港故宫文化博物馆是西九文化区 17 个文化艺术建筑之一，更是西九文化区的一座新地标。博物馆于 2022 年 7 月开展，共有 6 层，其中地下有 2 层、地上有 4 层；共设 9 个展厅，展厅 1 至展厅 7 陈列专题展览，展厅 8 至展厅 9 陈列特别展览。博物馆全面和深入地展示北京故宫博物院的珍藏，展出书画、陶瓷、青铜器、玉器等故宫艺术藏品，丰富香港文化生活。

[风物特产]

香港具有独特的购物环境和美食文化。香港享有"购物天堂"和"美食天堂"的美誉，拥有香港时代广场、海港城、香港中环置地广场、香港旺角、铜锣湾、尖沙咀东部和九龙城、太古广场等，香港店铺售卖着世界各地特色的货品，从国际顶级品牌到地方特色小商品，琳琅满目，目不暇接。

香港汇聚了世界各地的美食，充满亚洲风味的餐馆遍布香港，有辛辣的泰国汤、香浓的印度咖喱、韩国烧烤、越南沙律卷、日本寿司等特色美食。香港的中国菜餐馆，提供中国各地的特色佳肴，广东菜餐馆尤其多，其他地道菜包括潮州菜、湖南菜、四川菜、北京菜、上海菜等，也有讲究的素菜，还有以传统的广式点心作早餐的饮茶。各式各样的茶餐厅是香港美食的一大特色。

香港传统本地菜以广州菜为主，盆菜则是新界原居民在节日时的传统菜。由于香港临近海洋，因此海鲜也是常见的菜色，也发展出如避风塘炒蟹为代表的避风塘菜色。香港饮食也深受外来饮食文化影响。中环苏豪区、湾仔及尖沙咀酒吧林立，慕尼黑啤酒节于1991年起每年在尖沙咀广东道举办。快餐方面，美式快餐主要由麦当劳及肯德基经营，而香港也发展出自己的港式快餐，以大家乐、大快活及美心快餐等为代表。流行于民间的传统食品一直扎根香港，常见的港式点心包括虾饺、云吞面、鱼蛋粉、车仔面、烧麦、叉烧包、肠粉、碗仔翅、牛肉丸、牛腩，还有蛋挞、菠萝包、鸡蛋仔及格仔饼、钵仔糕、糖葱饼、小桃酥、杏仁饼等。

[特色产业]

香港是一座高度繁荣的国际大都市，是重要的国际金融、贸易、航运中心和国际创新科技中心，也是全球最自由经济体和最具有竞争力的城市之一。香港的金融业被称为"百业之首"，香港是最受欢迎仲裁地全球第三，香港还是一个自由港，对大多数进口物品不征收关税，有"购物天堂"的美誉。

粤港澳大湾区是指由香港、澳门两个特别行政区和广东省广州、深圳、珠海、佛山、惠州、东莞、中山、江门、肇庆九个珠三角城市组成的地区。与美国纽约湾区、圣弗朗西斯科（旧金山）湾区和日本东京湾区比肩，是世界四大湾区之一。总面积5.6万平方千米，总人口已经超过8600万。拥有世界上最为密集的港口群、最为繁忙的空港群，高铁、港珠澳大桥等基建设施形成立体交通体系，集聚湾区优质资源，成为"一带一路"资金流、人才流、信息流、物资流的枢纽，推动形成以国内大循环为主体、国内国际双循环相互促进的新发展格局。粤港澳大湾区是中国开放程度最高、经济活力最强的区域之一，在国家发展大局中具有重要战略地位。

第二节　澳门基本概况与主要文旅资源

澳门全称为中华人民共和国澳门特别行政区，地处祖国南方珠江入海口的西侧，北靠珠江三角洲，东隔伶仃洋，与香港隔海相望，西连磨刀门，和珠海市的湾仔、横琴岛隔水相对，北接珠海市的拱北。澳门特别行政区由澳门半岛和氹仔、路环二岛以及路氹城（路氹填海区）组成，下辖7个堂区。澳门经过百余年的填海造地，截至2024年6月，土地总面积已扩展为33.3平方千米，海域面积为85平方千米。

截至2024年年末，澳门总人口约为68.83万。以华人为主，是世界人口密度最高的地区之一，汉语和葡萄牙语是现行官方语言，市民普遍讲广东话，英语在澳门也很流行。澳门的货币是澳门币。自1999年回归后，澳门成为中华人民共和国的一个特别行政区，依据《澳门基本法》实行高度自治，在"一国两制"政策的指引下，澳门的社会和经济方面的特色予以保留并得以延续。

[地理、气候]

类别	内　　容
地形	地势南高北低，主要由低丘陵地与平地组成，低丘陵面积从南向北减少，平地面积由南向北增加。在澳门半岛，平地面积较大，占80%以上；氹仔岛和路环岛，丘陵面积较多，氹仔占45%，路环则近80%。在澳门半岛有莲花山、东望洋山、炮台山、西望洋山和妈阁山，在氹仔岛有观音岸、大氹山（鸡颈山）、小氹山，在路坏岛有九澳山、叠石塘山。山岩性质以花岗岩与火山岩为主。 澳门特区海岸线全长总计达到79.5千米。根据最新测量数据，澳门半岛的海岸线长度为18.5千米，离岛区域（包括氹仔岛、路氹填海区及路环岛）则为49.5千米。澳门海岸线大部分由人工岸线组成，主要分布在澳门半岛、氹仔岛北侧与南侧；砂质岸线主要分布在路环岛的黑沙海滩与竹湾海滩；基岩岸线分布在路环岛的南侧及东侧部分区域。
气候	地处北回归线以南，受海洋和季风影响很大，属亚热带季风气候，夏无炎热，冬无严寒。全年平均气温22℃左右，湿度较高，为73%~90%。秋季（9~11月）阳光充足，气候温和且湿度较低。是到澳门旅游的最理想的季节。冬季（12月~次年2月）寒冷，但大部分时间天气晴朗。3~8月，湿度和温度逐渐升高，这期间雨水较多，并且会伴有台风。

[交通状况]

类别	内容
公路	港珠澳大桥是目前世界上最长的跨海大桥,全长55千米,连接中国香港、广东珠海和澳门,横跨珠江口伶仃洋海域港珠澳大桥,是粤港澳大湾区互联互通的"黄金通道"。
航空	澳门国际机场是全球第二个、中国第一个完全由填海造陆而建成的机场。自1995年11月建成启用后,成为珠江三角洲与世界各地之间的重要桥梁。2024年11月22日,澳门国际机场举行扩建填海工程动工仪式,这标志着澳门民用航空业进入新的发展里程,总填海面积超过129公顷。澳门国际机场完成扩建后,年客运承载能力将达1500万名乘客。 澳门与香港之间可以通过轮渡、直升机或大巴,轮渡的航程大约需1小时,直升机的航行时间约为15分钟。
水运	水路交通方面,澳门作为沿海城市,澳门半岛与氹仔间的交通至关重要。从1974年到2024年,四座跨海大桥先后通车。从回归前嘉乐庇大桥的双向两车道、友谊大桥的四车道,到回归后西湾大桥的六车道,再到如今澳门大桥的八车道,见证着澳门发展的日新月异。澳门半岛西岸的内港码头,是广州沿海等地货运、渔船和渡轮使用的码头。至于外港运输方面,主要是使用港澳码头和九澳港,由澳门港务局负责管理。

[历史沿革]

澳门地区的考古发掘,特别是1995年在路环岛黑沙的沙丘中发掘出土的彩陶以及玉器,经鉴定,证实是四五千年前的珍贵古文物,与其同时出土的石斧等石器,同近年来在距离澳门不远的珠海地区出土的同类文物属于同一文化系统,显示约在公元前四千多年前的新石器时代(距今约六千多年前),路环岛已有人类在黑沙地区活动。

商周时期,古代居民已在这些地区居住活动,所以,澳门、珠海出土文物中,有春秋时期的簋、罐以及战国时期的陶器等。

澳门先秦时属百越地。从秦帝国起就成为中国领土,属南海郡。因为澳门南湾地区盛产生蚝,澳门古称蚝镜澳,大概意思就是生蚝港,自古以生蚝命名,今天澳门的焗生蚝远近闻名。后来被改称为"濠"镜澳。约公元前3世纪,澳门被正式纳入中国版图,属于南海郡番禺县地。晋元熙二年(420年),澳门属于新会郡封乐县地。隋开皇十年(590年),废新会郡改属宝安县地。唐至德二年（757年），废宝安县，改为广州东莞县辖。自南宋开始，澳门属广东省广州香山县。据史料记载，宋末名将张世杰与军队曾在此驻扎。早期在澳门定居的人在此形成小村落，依靠捕鱼与务农种植为生。元代属广东道宣慰司广州路，路治广州；明代属于广州府；清朝后期前属于广肇罗道广州府，道治肇庆，府治广州。

南宋皇朝倾覆之际，澳门半岛开始有大量华人定居。大约在南宋末年至元初，澳门半岛上的望厦、濠镜等地已是定居的居民点了。由于地方小、耕地缺、物产少，繁衍后代并不容易。直至16世纪中叶，即明世宗嘉靖年间，1557年葡萄牙人开始在明朝求得澳门的居住权，但明朝政府仍在此设有官府，由广东省直接管辖。直至1887年葡萄牙政府与清朝政府签订了《中葡会议草约》和有效期为40年的《中葡和好通商条约》（至1928年期满失效）后，正式通过外交文书的手续占领澳门。

1622年，荷兰人攻打葡萄牙租借自明朝的澳门，被击败。1623年，葡萄牙政府委任马士加路也为首任澳门总督。

澳门自从被葡萄牙侵占以来，葡萄牙人在澳门一直拥有特权或特殊地位，引发居民普遍不满：从1849年8月22日沈志亮刺杀总督亚马留伊始，直到1966年12月3日的"一二·三事件"，均显示了民间对葡萄牙人在澳门的特权一直深感不满。1974年4月25日，葡萄牙革命成功，实行非殖民地化政策，承认澳门是被葡萄牙非法侵占的，并首次提出把澳门交还中国。由于当时不具备适当的交接条件，时任总理的周恩来提出暂时维持澳门当时的状况。

1984年10月3日，邓小平首次公开提出用"一国两制"的方针解决历史遗留下来的澳门问题。1986年始，中葡两国政府为澳门问题展开了四轮谈判。1987年4月13日，两国总理在北京签订《中华人民共和国政府和葡萄牙共和国政府关于澳门问题的联合声明》及两个附件。联合声明说澳门地区（包括澳门半岛、氹仔和路环）是中国的领土，中华人民共和国于1999年12月20日对澳门恢复行使主权。中国承诺在澳门实行"一国两制"，保障澳门人可享有"高度自治、澳人治澳"的权利。1993年3月31日，中华人民共和国全国人民代表大会于北京通过《澳门特别行政区基本法》，指出澳门是1999年前葡国管制下的一个中国领土，澳门的主权属于中国。

1999年12月20日零时，在中葡两国元首见证下，第127任澳门总督韦奇立和第一任澳门特别行政区行政长官何厚铧于澳门新口岸交接仪式会场场内交接澳门政权。翌日（12月21日）早上，澳门群众欢迎中国人民解放军驻澳部队进驻澳门。至此，中华人民共和国正式恢复对澳门行使主权。

2015年12月16日，国务院常务会议通过《中华人民共和国澳门特别行政区行政区域图》，自2015年12月20日起施行。同时，1999年12月20日国务院公布的《中华人民共和国澳门特别行政区行政区域图》废止。

[民族民俗文化]

澳门历史悠久，文化底蕴深厚，民俗异彩纷呈。澳门共有11个项目列入"国家级非物质文化遗产代表性项目名录"，包括由粤、港、澳共同申报的粤剧和凉茶制作技艺；由澳门独立申报的木雕——神像雕刻、道教科仪音乐、鱼行醉龙节、南音说唱、妈祖信俗、哪吒信俗；以及土生葡人美食烹饪技艺、土生土语话剧和土地信俗。其中粤剧于2009年入选联合国教科文组织的《人类非物质文化遗产代表作名录》。

鱼行醉龙节。 澳门鱼行醉龙节是澳门鲜鱼行独有的一项民间传统节庆活动，又称澳门鱼行醉龙醒狮大会。每年农历四月初八举行。舞醉龙源自数百年前的广东省香山县（今中山、珠海、澳门）。每年四月初七傍晚，澳门从事渔业工作的人们，聚在菜市场围台进餐，形成吃"龙船头长寿饭"传统。酒席间，舞动香案上的木龙祈福。四月初八舞醉龙巡游、免费派送龙船头饭是节庆中的主要活动内容。舞醉龙、舞醒狮是节日中的两项主要表演形式。舞醉龙是澳门鲜鱼行全行会共同参与的节庆活动，现在澳门各界广泛参与。澳门鱼行醉龙节活动传承中华民族"龙"的精神，表达了对祖国繁荣昌盛的期盼与祝福。

土地信俗。 是澳门华人社群重要的传统民俗活动，体现了澳门居民对国泰民安、家宅安康等美好愿景的精神追求，包含了澳门居民对这片土地的归属感和精神联结，是中华民族传统文化在澳门一脉相承的重要体现。每年农历二月初二举办的"土地爷爷宝诞"是澳门富有地区特色和影响力的节庆活动。民间信俗（澳门土地信俗）于2021年被列入第五批国家级《非物质文化遗产代表性项目名录》。

澳门既有春节、元宵节、端午节等中国传统节庆，也有复活节、花地玛圣像巡游、圣诞节等西方节日。除节庆外，澳门每年都举办多项大型的国际盛事，"澳门艺术节""澳门国际音乐节""澳门城市艺穗节""相约澳门：中葡文化艺术节""澳门国际幻彩大巡游"等活动已成为当地的"文化名片"，澳门拥有"盛事之都""美食之都""创意之都"等美称。腊月二十三日用灶糖送灶神，澳门人称之为"谢灶"，"谢灶"是澳门保存下来最传统的中国年俗之一。澳门人过年是从腊月二十八日开始的，腊月二十八日在粤语中谐音"易发"，商家老板大都在这岁晚之时请员工吃"团年饭"以示财运亨通、吉祥如意。除夕，守岁和逛花市是澳门人辞旧迎新的两件大事。守岁是家人团聚共享天伦之乐，澳门在年宵兴办花市，多是桃花、水仙、盆竹、盆橘，花开富贵，竹报平安，鲜花瑞木预示着新年的美好前程。春节这天，澳门人讲究"利是"，"利是"就是红包，这天老板见到员工，长辈见到晚辈，甚至已婚人见到未婚人都要发"利是"。澳门人把大年初二叫作"开年"。习俗是要吃"开年"饭，这餐饭必备发菜、生菜、鲤鱼，意在取其生财利路。从春节到元宵佳节，一直燃放烟花爆竹，舞龙舞狮，欢天喜地。

[文旅资源]

澳门面积虽小，但400多年的中西文化交会，拥有丰富的历史和文化遗产，留下许多名胜古迹，不同的宗教信仰、异域风情、传统风俗和小城的现代生活交织在一起，加上蓬勃发展的博彩业，形成了一个多姿多彩的旅游胜地。

澳门的景点有：大三巴牌坊、新濠天地、澳门旅游塔、澳门威尼斯人度假村、澳门渔人码头，还有各类专题博物馆等。

澳门历史城区。以澳门旧城区为核心的历史街区，其间以相邻的广场和街道连接20多处历史建筑，历史城区的范围东起东望洋山，西至新马路靠内港码头，南起妈阁山，北至白鸽巢公园。主要景点包括妈阁庙、港务局大楼、郑家大屋、大三巴牌坊等 20 多处历史建筑。澳门历史城区见证了澳门 400 多年来中华文化与西方文化互相交流、多元共存的历史。2005 年澳门历史城区被列入《世界遗产名录》。

大三巴牌坊。为"澳门八景"之一，是澳门的象征，位于炮台山下，左临澳门博物馆和大炮台名胜，是圣保禄教堂正面前壁的遗址，圣保禄教堂始建于 1637 年，当时是东方最大的天主教堂，教堂先后经历了 3 次大火，屡焚屡建。1835 年，一场大火烧毁圣保禄教堂，仅残存了教堂的正面前壁、大部分地基以及教堂前的石阶。因为教堂前壁的形状与中国传统牌坊相似，所以取名为"大三巴牌坊"。"三巴"是葡语"圣保禄"的粤语音。大三巴牌坊的建筑由花岗石建成，宽 23 米，高 25.5 米，上下可分为五层，自第三层起往上逐步收分，至顶部则是一底边宽为 8.5 米的三角形山花，整个墙壁是巴洛克式，但也雕刻有中国和日本的牡丹及菊花图案，呈现中西合璧风格。

澳门旅游塔。港澳地区习惯称为观光塔，从地面到它的最高点，总高度为 338 米。主观光层位于离地面 223 米高的位置。观光塔设有两层观光层，两层包括 360° 旋转餐厅在内的饮食层以及一层中的防火层。地下属澳门旅游会展观光中心；二楼属于剧院，名为旅游塔戏院。澳门旅游塔的冒险乐园是世界顶级娱乐场所，有高空跳塔和空中漫步等刺激娱乐项目，它的蹦极是世界上商业蹦极之最，高度达到 233 米。挑战者从 233 米高空平台跃下后将以每小时 200 千米的高速划破长空，感受 4～5 秒自由下坠的感觉。

澳门威尼斯人度假村。威尼斯人度假村是澳门最著名的综合度假区之一，以意大利威尼斯为蓝本，打造了一个充满浪漫和梦幻色彩的度假胜地。这里不仅有室内运河、贡多拉船和圣马可广场的复制品，购物中心顶部以 LED 屏模拟威尼斯天空，云朵、阳光随时间变化，营造"永昼"效果，仿佛置身意大利的浪漫氛围。度假村内有众多高端商店、餐厅和娱乐设施，适合全家游玩。

妈阁庙。原称妈祖庙，俗称天后庙，是澳门最早的宗教庙宇之一，是澳门三大古刹（妈阁庙、普济禅院、莲峰庙）中历史最悠久的。1488 年为福建商人所建，距今已逾 500 年。妈阁庙位于澳门半岛的西南端，庙内有

"神山第一"殿、正觉禅林、弘仁殿、观音阁4栋主建筑，前三殿主要供奉天后妈祖，观音阁则供奉观音菩萨。相传400多年前，葡萄牙人登陆澳门，在庙门前面的海滩上岸，询问当地居民这里是什么地方，居民以为是问妈阁庙，故答"妈阁"，葡萄牙人以其音译而成"MACAU"，遂为澳门的葡文名称由来。

金莲花广场。位于澳门新口岸高美士街、毕仕达大马路及友谊大马路之间，是为庆祝1999年澳门主权移交设立的，已成为澳门一个著名地标及旅游景点。金莲花广场的大型雕塑"盛世莲花"是1999年中华人民共和国中央人民政府为庆祝澳门回归而赠送的，雕塑采用青铜铸造，表面贴金，重6.5吨，高6米，花体部分最大直径3.6米。莲花是中华人民共和国澳门特别行政区区花，莲花盛开，象征着澳门永远繁荣昌盛。

葡京娱乐场。澳门以博彩业著称。葡京娱乐场是澳门最具规模的博彩娱乐场，位于苏亚利斯博士大马路。澳门葡京娱乐场在澳门葡京大酒店内，正门向着嘉乐庇总督大桥，通过天桥连接新葡京酒店。场内设有多种博彩方式，不设入场券，可自由进出，但18岁以下未成年人及21岁以下本地人不准进入。

新濠天地《水舞间》剧场。位于氹仔区的澳门新濠天地酒店内有一个最具代表性的舞台剧——《水舞间》。作为新濠天地的标杆性娱乐项目，打破了传统舞台的界限。270度的环形剧场融入前沿科技与丰富的场景内容，糅合了高难度特技表演，配上绚烂炫目的服装及空间设计，进一步增强视觉冲击力与沉浸感，演绎出穿越时空的浪漫传奇。

[风物特产]

澳门文化的多元性，使澳门的饮食文化丰富多彩。澳门于2017年获得联合国教科文组织"创意城市美食之都"的称号。澳门有葡萄牙风情的葡国菜、汇聚大江南北的中国菜，还有来自日本、韩国、泰国、印度、巴西、意大利、法国等国的菜式。特色菜肴有澳门脆皮烧肉、姜葱奄仔蟹、焗葡国鸡、白焓马介休、清蒸澳门龙脷、澳门豆捞等。葡国菜中最闻名的是马介休。马介休来自葡语，是鳕鱼经盐腌制但并不风干保存而成，是澳葡式美食的主要材料。澳门有各类商场、商店、购物中心，从国际知名品牌到风味小吃，堪称购物天堂。澳门当地土特产有：澳门杏仁饼、葡式蛋挞、凤凰卷、澳门花生糖、猪扒包、猪油糕、澳门肉干、澳门生蚝等。葡式蛋挞是澳门美食的代表名词之一。

[特色产业]

澳门是自由港，经济长期以来以博彩业为主，是世界四大赌城之一，有"东方蒙特卡洛"之称。出口加工业、博彩旅游业、金融服务业、建筑地产业是澳门特别行政区经济的四大支柱。

澳门作为一座国际城市，游客来自世界各地，在澳门回归及开放港澳自由行后，尤以中国大陆游客为主。澳门会展业也具有较高的国际知名度和竞争力，曾获评"最佳亚洲会议城市"。澳门也是众多国际体育赛事的举办地，无论是国际马拉松、拳击赛事，还是赛车比赛，都吸引了大量的观众和参与者。

第三节　台湾省基本概况与主要文旅资源

台湾省，简称"台"，是中华人民共和国省级行政区，省会台北，位于我国东南沿海的大陆架上，东临太平洋，西隔台湾海峡与福建省相望，距离最近处（台湾新竹—福建平潭）仅68海里。北濒东海与琉球群岛隔海相邻，南界巴士海峡与菲律宾群岛相对。台湾省纵跨温带与热带，自然风光优美，文化底蕴深厚，有"宝岛"的美誉。拥有丰富的森林资源，号称"森林之海"；盛产食盐，有"东南盐库"之称。

台湾省包括台湾本岛与兰屿、绿岛、钓鱼岛等附属岛屿和澎湖列岛，以及福建省的金门、马祖、乌丘等岛屿，陆地总面积3.6万平方千米。台湾地区行政区划包括：台北、新北、桃园、台中、台南、高雄6个台湾当局"直辖市"，基隆、新竹、嘉义3个市，新竹、苗栗等13个县。截至2024年年末，人口约2340万，超过70%集中在西部5大都会区，其中台北都会区最大。

[地理、气候]

类别	内　　容
位置	地理位置得天独厚，扼西太平洋航道的中心，是祖国与太平洋地区各国海上联系的重要交通枢纽。台湾本岛南北长而东西狭，南北最长达394千米，东西最宽为144千米，呈纺锤形。
地形	台湾岛上2/3的面积为高山和丘陵，东部多山脉，中部多丘陵，西部多平原。台湾岛有五大山脉、四大平原和三大盆地，分别是中央山脉、雪山山脉、玉山山脉、阿里山山脉和台东山脉，宜兰平原、嘉南平原、屏东平原和台东纵谷平原，台北盆地、台中盆地和埔里盆地。
水系	台湾岛主要河流有浊水溪、高屏溪、淡水河、大甲溪、曾文溪。第一大河浊水溪，长186.4千米。
气候	台湾省纵跨温带与热带，北回归线穿过中部，北部为亚热带气候，南部为热带气候，冬季温暖，夏季炎热，雨量充沛，常受台风侵袭。台湾是我国台风过境最频繁的省份，也是一个多火山、温泉、地震的地区。台湾省全年温暖，四季中以春冬变化较大，夏秋变化较小，这里冬天只有在少数的高山地区可看到雪花的影子，而秋天（每年的9～11月）天气晴朗凉爽。冬天（每年的12月～次年2月），是赏枫的季节，还可泡温泉。

[交通状况]

类别	内　　容
铁路	台湾省铁路资源较为丰富，全部铁路运输系统长度约1066.6千米。这些铁路沿着岛屿边缘形成了一个环线，分为东部干线、西部干线和南回线。 台湾省使用"捷运"一词指代高运量与中运量的城市轨道交通系统，用法类似于地铁。
公路	台湾省公路网遍及全岛及离岛地区。目前，台湾岛上公路总里程约4.2万千米，形成涵盖省道、县道、乡道的三级路网。台湾公路干线以环岛公路为核心，还有三条东西横贯公路和南北高速公路。环岛公路，沿台湾海岸线环绕全岛，从基隆经台北、西部沿海至高雄鹅銮鼻，再沿东部返回台北，构成串联全岛的主要动脉；三条东西横贯公路包括北部横贯公路（北横）、中部横贯公路（中横）、南部横贯公路（南横）；南北高速公路是纵贯台湾西部的核心高速走廊，北起基隆，南至高雄，大幅缩短西部城市间的通行时间，是岛内经济活动的主动脉。
航空	台湾省多数大城市与离岛设有机场。各大都市间及各离岛之间皆有常态班机往来，形成便利的航空网。最主要的航空公司有中华航空和长荣航空，台湾省最大、最繁忙的机场是台北桃园国际机场。
水运	台湾省四面环海，海上交通发达，国际贸易仰赖海上运输，台湾主要的国际商港有高雄港、基隆港、台中港、花莲港与苏澳港，另外还有20世纪90年代开辟的台北港和历史悠久的台南安平港。其中，高雄港是台湾最大的港口、世界第十五大港口。

[历史沿革]

　　台湾先住民系古越人的一支，从中国大陆直接或间接移居而来。台湾有文字记载的历史，可以追溯到公元230年。三国吴王孙权派1万多名官兵到达台湾（夷洲），吴人沈莹《临海水土志》留下了世界上关于台湾最早的记述。隋朝曾三次派兵到台湾（流求）。公元610年左右（隋朝大业年间），大陆沿海居民开始迁居澎湖。12世纪中叶，南宋王朝将澎湖划归福建泉州晋江县管辖，并派兵戍守。1335年，元朝政府正式在澎湖设巡检司，管辖澎湖、台湾民政，隶属福建泉州同安县（今厦门）。大陆沿海居民于宋元时期开始移居台湾拓垦，明代时期逐渐增多，规模越来越大。16世纪中后叶，明朝恢复一度废止的澎湖巡检司，并派兵驻防。明末，福建官府和郑芝龙集团大规模组织移民赴台垦殖。17世纪末，大陆沿海赴台开拓者超过10万人。由于迁居台湾的闽南人居多，闽南方言称台湾为"大员""台员"等，明万历年间公文开始正式使用"台湾"称谓。16世纪，西班牙、荷兰等西方殖民势力开始向东方伸出触角。1624年荷兰殖民者侵占台湾南部，1626年西班牙殖民者入侵台湾北部，1642年荷兰取代西班牙占领台湾北部。1661年郑成功率部进军台湾，1662年2月，郑成功迫使荷兰总督揆一签字投降。郑成功从荷兰殖民者手中收复了中国领土台湾。郑成功因此被誉为民族英雄，亦在台湾被誉为"开台圣王"。

　　郑成功收复台湾并建立政权4个月后病逝，其子郑经接续经营台湾至1681年去世。1683年，清康熙帝派兵攻取台湾，迫使郑经之子郑克塽投降，收台湾置于中央政府管辖之下。1684年，清政府在福建省建制内设立台湾府，下辖台湾、凤山、诸罗三县，台湾开发进入新时期，此后越来越多的大陆东南沿海居民渡海赴台。至1811年，台湾人口达190余万。1875年，清政府扩增台湾行政区划为二府八县四厅。1885年，清政府划台湾为单一行省，为当时中国第20个行省。首任台湾巡抚刘铭传积极推行自强新政，清理田赋，建造铁路、购买轮船、军舰，创立西学堂、电报学堂，设立邮电局、机器局等，把台湾社会经济文化的发展大大向前推进。

　　1894年，日本发动侵略中国的甲午战争，并于第二年4月迫使战败的清政府签订不平等的《马关条约》，割让台湾及澎湖列岛。消息传出，全国迅速掀起大规模的"反割台"爱国救亡运动。台湾军民奋勇自救，抗击日本侵占，坚持战斗5个多月，终遭失败。但使日本侵略者付出惨重代价，显示了保卫家园的坚强意志和浩然正气。从此，日本对台湾进行殖民统治达50年之久。

台湾省人民从未屈服于日本的殖民统治，在日本侵占初期，以农民为主体的抗日武装进行了长达20年的斗争。后来，文化协会、民众党、共产党等还组织领导了反抗日本殖民统治的民族抵抗运动。1945年8月15日，日本宣布接受《波茨坦公告》，无条件投降。至此，世界反法西斯战争暨中国人民抗日战争取得最终胜利。10月25日，同盟国中国战区台湾省受降仪式在台北举行，受降主官代表中国政府宣告："自即日起，台湾及澎湖列岛已正式重入中国版图，所有一切土地、人民、政事皆已置于中国主权之下。"台湾同胞欢天喜地，庆祝回到祖国怀抱。

1949年10月1日，中华人民共和国成立。同年年底，国民党统治集团败退台湾。

[民族民俗文化]

台湾省汉族人口占98%左右，大多是福建省和广东省的移民，主要少数民族是高山族，居住在台湾的高山族同胞有自己独特的文化艺术，他们口头文学很丰富，有神话、传说和民歌等。台湾省普遍使用普通话，文字是中文繁体字，主要方言是闽南语与客家语。汉族同胞的生活习惯和社会风俗许多与大陆基本相同，一般保持着闽、粤地区的特征。台湾居民祭祀神明，宴请客人，必备好酒。

传统建筑是民间艺术的总汇，装饰精美，彩画、书法、木雕、石雕、泥塑、陶瓷、剪黏等都是构成建筑的要素，展示了内涵深刻的台湾文化。庙宇建筑随处可见，其中鹿港的龙山寺、天后宫以及北港朝天宫等，都是台湾省知名且历史悠久的寺庙，具有很高的艺术价值。

传统节日丰富多彩，有春节、元宵节、端午节、七夕、中元节等，元宵节除了赏花灯、猜灯谜外，还有特色的台北"北天灯"、台南"南蜂炮"等；台南市盐水区武庙的蜂炮是百姓为感念关圣帝君的神威，于每年元宵节当天燃放烟火，并举行关帝绕境。随着旅游发展，盐水区蜂炮提前在元宵节前夜引燃。当神轿抵达时，附近商家、住户蜂拥而上将蜂炮抬出点燃，飞炮冲天，烟花四溅，热闹非凡。台湾中秋三大件是月饼、柚子和烤肉，主要活动有拜月、祭土地、走月亮、吃月饼等。松柏岭玄天上帝祭典、大甲妈祖进香、北港妈祖出巡、台北迎城隍、东港王船祭、二结王公过火及原住民祭典等也是台湾省本土重要的民俗活动。还有丰年祭、祖灵祭、狩猎祭、图腾、蛇纹等特色民俗。

台湾省还有一些礼赠方面的特殊禁忌。例如，禁送粽子，因为台湾居丧之家习惯包粽子；禁送甜果，甜果在台湾指年糕，是过年的常用祭品；禁送手帕，手帕是丧事完毕后主人送给吊丧者的礼物，寓意与死者永别；禁送扇子，台湾有"送扇，无期见"的俗语；禁送刀剪，意为"一刀两断"；禁送雨伞，"伞"和"散"同音；禁送镜子，因为镜子容易打碎，"破镜难圆"；禁以钟送人。因为"钟"与"终"同音，送钟会使人想到"送终"。

[**文旅资源**]

台湾省有快速隆升的高大山脉、壮观幽静的深切峡谷、蜿蜒绵长的环岛海岸线、鬼斧神工的海蚀地貌、丰富的地热资源、多样的自然生态与独特的人文风情，这些构成了独一无二的美丽的台湾。

台湾省境内有日月潭、阿里山、野柳、太鲁阁峡谷、玉山、垦丁、阳明山等著名的旅游景区，还有新北市九份老街、台北市北投区、彰化县鹿港镇、新北市莺歌区等观光小镇，境内有不少特色温泉，温泉文化别具一格，位于城市的著名景区有台北101大楼、台北故宫博物院、台北中山纪念馆等。遍布全台的夜市各具特色，小吃美食琳琅满目。

地区	介　　绍
阿里山	位于嘉义县东北，是台湾省最理想的避暑胜地。日出、云海、晚霞、森林与高山铁路，合称"阿里山五奇"。著名的阿里山日出，四季出现位置与时间皆不同，祝山是欣赏日出的最佳地点。景区素有"神秘的森林王国"之称，拥有长达72千米的森林铁路，阿里山铁路有70多年历史，是世界上仅存的三条高山铁路之一，一日之间可途经热、暖、温、寒四带，即山脚是热带林，山腹是暖带林，山腰是温带林，山顶则是寒带林。景色各异，很是神奇。尤其三次螺旋环绕及第一分道的"Z"形爬升，更是搭乘火车穿越美景的难忘体验。

续表

地区	介绍
日月潭	位于南投县，是台湾省最大、最有名的天然湖泊，水域面积达900多公顷，比杭州西湖大1/3左右。日月潭中的光华岛远望好像浮在水面的珠子，以此光华岛为界，北半湖形状如圆日，南半湖形状如弯月，日月潭因此而得名。
野柳	位于台湾省基隆市西北方约15千米处，是一个突出海面的岬角。因远望如一只海龟蹒跚离岸，昂首拱背而游，因此称为野柳龟。受造山运动的影响，深埋海底的沉积岩上升至海面，产生了附近海岸的单面山、海蚀崖、海蚀洞等地形，海蚀、风蚀等在不同硬度的岩层上作用，形成蜂窝岩、豆腐岩、薑状岩、姜状岩、风化窗等世界级的岩层景观。景区分三大区——第一区有女王头、仙女鞋、乳石等景点，女王头是薑状岩的代表作，是野柳地质公园的象征，更是台湾旅游业的一张亮丽的名片。第二区有豆腐岩、龙头石等景点。第三区有海蚀壶穴、海狗石等景点。
太鲁阁	位于台湾岛东部，地跨花莲县、台中市、南投县三个行政区。园内有台湾省第一条东西横贯公路通过，称为中横公路系统。太鲁阁公园的特色为峡谷和断崖。园内的高山保留了许多冰河时期的孑遗生物，如山椒鱼等。太鲁阁也成为台铁之列车名。其主要景点有长春祠、燕子口、九曲洞、慈母桥、天祥等；主要的自然景观有锥麓断崖、砂卡礑步道、清水断崖步道、白杨步道、黄金峡谷等。20千米长的太鲁阁峡谷是世界上最大规模的大理石峡谷。太鲁阁是台湾省最具特色的自然与人文合一的旅游景观。
垦丁	位于台湾省屏东县最南端的恒春半岛，垦丁公园是台湾第一座公告成立的公园，三面环海，东邻太平洋、西邻台湾海峡、南濒巴士海峡，它是台湾本岛唯一的热带地区，终年气温暖和。垦丁公园是台湾省唯一拥有海域和陆地的公园，被称为台湾的天涯海角。垦丁公园分为植物景观与人工建筑融合的游赏区域、特有的地形景观和植物景观、原始珊瑚礁雨林带三区域。可欣赏自然风光也可感受历史文化，包括恒春古聚落、南仁山石板屋、鹅銮鼻灯塔等，以及在恒春半岛上发现的史前遗址，展示了当地深厚的历史底蕴。最南端突出的两大岬角鹅銮鼻公园和猫鼻头公园是两大热门景点。

[旅游核心城市]

城市	概况
台北市	简称"北"，台湾省省会，名称始于清朝光绪元年（1875年），钦差大臣沈葆桢在此建立台北府，意为台湾之北，从此有"台北"之名。台北位于台湾省北部的台北盆地，东临基隆河，西接淡水河，四周群山环绕。建城史可追溯至18世纪，最初由福建移民开发，1884年清朝正式设立台北府城。台北融合了传统与现代风格，既有保存完好的闽南传统建筑与习俗，更汇聚了各省的多元文化。有地标建筑的台北101大楼、珍藏70余万件中华文物的台北故宫博物院，还有龙山寺、阳明山国家公园、淡水河岸风光和北投温泉区也是游客必访之地。诚品书店和华山、松山文创园区，热闹的士林夜市、西门町商圈等展现着城市的时代活力。台北也是美食之都，著名小吃有鼎泰丰小笼包、蚵仔煎、大肠包小肠、卤肉饭、牛肉面等。

续表

城市	概　　况
台南市	简称"南"，位于台湾省的西南部，嘉南平原的核心位置，西临台湾海峡，拥有约40千米的海岸线，东依阿里山山脉、北接嘉义县、南与高雄市接壤。台南的历史脉络可追溯至2万~3万年前的左镇人活动遗迹，作为台湾最早开发的城市之一，1661年郑成功以台南为反清复明基地，设立承天府并兴建全台首座孔庙，清朝时期台南作为台湾首府长达2个世纪。台南是台湾地区的农业、教育和旅游重镇，拥有多所历史悠久的高等学府，是台湾重要农业及蔗糖产区，南部农产品的集散地。台南拥有丰富的历史文化遗产和自然景观。台南的主要景点：安平古堡、赤崁楼、关子岭温泉、台南孔庙、延平郡王祠、四草绿色隧道、奇美博物馆、安平老街等。台南的民俗庆典"盐水蜂炮"世界闻名，美食有担仔面、肉臊饭、咸粥、牛肉汤、碗粿与米糕等。

[风物特产]

台湾省物产丰富，土特产品种繁多。米、糖、茶是台湾著名的三大传统物产，被称为"台湾三宝"。盛产大米，著名的有"蓬莱米"；盛产蔗糖，有"东方糖库"之称；台湾省全境皆产茶，名茶有阿里山高山茶、冻顶乌龙茶、文山包种茶、东方美人茶和铁观音等。泡沫红茶文化是台湾茶文化新的发展，代表性茶饮珍珠奶茶广受欢迎。台湾岛上植物超过1万种，被称为"天然植物园"，其中杉、红桧、樟、楠等名贵林木闻名于世。动物超过2.5万种，最著名的是蝴蝶，有400多种，有"蝴蝶王国"的美誉。气候宜人，盛产水果，品种繁多，有台湾凤梨、台湾释迦、莲雾等特产水果，有"水果之乡"的美称。还有金门贡糖、台湾牛轧糖、台湾蛋黄酥等伴手礼；以及大溪豆干、樱花虾、太阳饼等其他土特产。

台湾菜与闽南菜、广东潮汕潮州菜有着深厚的渊源，也受客家菜、广州菜和日本料理的影响。台湾菜有海鲜丰富、腌菜酱菜入菜、节令食补等特色，倾向自然原味，调味不求繁复，风格鲜香、清淡。台湾菜素有"汤汤水水"之称，羹汤类菜肴广受欢迎。台湾的特色美食有三杯鸡、卤肉饭、菜脯蛋、花生猪脚、姜母鸭、蒸笼沙虾、生炒花枝等，台湾饮食文化中有著名的"小吃"文化，各式风味小吃云集的夜市是台湾市民生活文化的代表之一，台湾常见的小吃有大肠包小肠、鼎边锉、蚵仔煎、阿宗面线、甜不辣、彰化肉圆、牛肉面等。鼎泰丰是享誉世界的小笼包专卖店，已成为传统美食的代表，游客到台湾省必到鼎泰丰尝小笼包的美味。

[特色产业]

台湾自20世纪60年代起推行出口导向型工业化战略，经济社会发展突飞猛进，名列"亚洲四小龙"之一，于20世纪90年代跻身于发达经济体之列。台湾制造业与高新技术产业发达，在半导体、IT、通信、电子精密制造等领域领先全球。拥有富士康、宏基、华硕、台积电等一大批明星企业。台湾省生产的主机板、芯片组、笔记本电脑、扫描仪等产品曾占有全球市场的一半以上，尤其在晶圆代工产业领域，台湾长期居全球第一位。

附录1 》 中国世界遗产项目名录

　　20世纪30年代，国际现代建筑协会在《雅典宪章》中明确提出"有价值的建筑和地区"的保护问题，确定了一些个体建筑保护基本原则及具体的保护措施，促进了保护历史文化遗产国际运动的展开。50年代以来，国外历史文化遗产的保护对象从个体的文物建筑扩大到历史地段。60年代，美国白宫会议首先提出设立"世界遗产信托资金"的建议案，提出要保护世界上杰出的自然风景区和历史遗址。美国在提出这个"世界遗产信托资金"理论的时候，恰恰赶上埃及政府在尼罗河上游修阿斯旺水坝，由于修这个水坝使水位加高，淹没了一座有2000年历史的神庙，所以联合国提出了《保护自然和文化遗产的公约》。1964年5月通过的《威尼斯宪章》，提出了文物古迹保护的基本概念、基本原则与方法，扩大了文物古迹的概念，不仅包括单个建筑物，而且包括能够从中找出一种独特的文明，一种有一定意义的发展或一个历史事件见证的城市和乡村环境。1970年，美国首度将这一理念写进当时一部重要法案——《国家环境政策法》。1972年，联合国教科文组织向全世界提出要保护自然和文化遗产。当时提出了"保护自然和文化遗产"的概念。1972年11月，联合国教科文组织第十七届大会在巴黎通过的《保护世界文化和自然遗产公约》（简称《世界遗产公约》），确定文化遗产、自然遗产、文化与自然双重遗产的三种类型，扩大了历史文化遗产的范围。从此，历史文化遗产保护受到世界各国政府和公众的普遍关注和重视。

1992 年 12 月，在美国圣菲召开的联合国教科文组织世界遗产委员会第 16 届会议将文化景观作为文化遗产的类型，从而进一步丰富了历史文化遗产的内涵。1997 年 11 月，非物质文化遗产——"人类口头与非物质文化遗产代表作"得到国际的认可。截至 2005 年 7 月，世界上有 170 多个国家成为《保护世界文化和自然遗产公约》的缔约国，已有 788 处遗产被列入《世界遗产名录》，47 处被列入《非物质文化遗产名录》。

一、世界遗产的主要类型

世界遗产主要有以下几种类型。

类型	概念和定义
文化遗产	文化遗产，在概念上可分为有形文化遗产和无形文化遗产两大类，包括物质文化遗产和非物质文化遗产。物质文化遗产是指具有历史、艺术和科学价值的文物、建筑群和遗址；非物质文化遗产是指各种以非物质形态存在的、与群众生活密切相关、世代相承的传统文化表现形式。从历史、艺术或科学角度看，文物是指具有突出、普遍价值的建筑物、雕刻和绘画，具有考古意义的成分或结构，铭文、洞穴、住区及各类文物的综合体；建筑群是指因其建筑的形式、同一性及其在景观中的地位，具有突出、普遍价值的单独或相互联系的建筑群；遗址是指从历史、美学、人种学或人类学角度看，具有突出、普遍价值的人造工程或人与自然的共同杰作以及考古遗址地带。
文化景观遗产（包含在文化遗产中）	文化景观是"人类与大自然的共同杰作"，见证了人类社会和居住地在自然限制和 / 或自然环境的影响下随着时间的推移而产生的进化，也展示了社会、经济和文化外部和内部的发展力量；包含了人类与其所在的自然环境之间互动的多种表现。 文化景观分为三类：人类刻意设计及创造的景观、关联性文化景观和有机演进的景观。庐山、五台山、杭州西湖、哈尼梯田、花山岩画和普洱市古茶林是中国"世界遗产"中仅有的六项文化景观。
自然遗产	世界自然遗产主要指自然界的特有景观和生物，主要包括以下三个层次的内容：一是从美学或科学角度看，具有突出、普遍价值的由地质和生物结构或这类结构群组成的自然面貌；二是从科学或保护角度看，具有突出、普遍价值的地质和自然地理结构以及明确划定的濒危动植物物种生态区；三是从科学、保护或自然美角度看，具有突出、普遍价值的天然名胜或明确划定的自然地带。

二、中国的世界遗产简介

（一）中国的世界遗产概况

中国于 1985 年 12 月 12 日正式加入《保护世界文化与自然遗产公约》；1986 年，中国开始向联合国教科文组织申报世界遗产项目。1999 年 10 月 29 日，中国当选为世界遗产委员会成员。从 2006 年起，每年 6 月的第二个星期六为中国文化遗产日。截至 2024 年 7 月 1 日，中国世界遗产已达 59 项，其中世界文化遗产（含文化景观遗产）40 项、世界文化与自然双重遗产 4 项、世界自然遗产 15 项。中国是世界上拥有世界遗产类别最齐全的国家之一，也是世界文化与自然双重遗产数量最多的国家（与澳大利亚并列，均为 4 项），世界自然遗产 15 项位居第一，超过美国和加拿大。中国的首都北京是世界上拥有遗产项目数最多的城市（8 项）。苏州是中国第一个承办过世界遗产委员会会议的城市（2004 年，第 28 届）。

（二）中国《世界遗产名录》

（资料来源：国家文物局官网：办事服务→公共信息服务→中国世界遗产）

表1　中国世界文化遗产（含文化景观遗产）

序号	名称	所在地	批准时间	类型
1	长城	黑龙江、吉林、辽宁、河北、天津、北京、山东、河南、山西、陕西、甘肃、宁夏、青海、内蒙古、新疆	1987.12	世界文化遗产
2	莫高窟	甘肃	1987.12	世界文化遗产
3	明清故宫	北京故宫，北京	1987.12	世界文化遗产
		沈阳故宫，辽宁	2004.7.1	
4	秦始皇陵及兵马俑坑	陕西	1987.12	世界文化遗产
5	周口店北京人遗址	北京	1987.12	世界文化遗产

续表

序号	名称	所在地	批准时间	类型
6	拉萨布达拉宫历史建筑群（大昭寺、罗布林卡）	西藏	1994.12	世界文化遗产
7	承德避暑山庄及其周围寺庙	河北	1994.12	世界文化遗产
8	曲阜孔庙、孔林和孔府	山东	1994.12	世界文化遗产
9	武当山古建筑群	湖北	1994.12	世界文化遗产
10	庐山风景名胜区	江西	1996.12.6	世界文化景观
11	丽江古城	云南	1997.12	世界文化遗产
12	平遥古城	山西	1997.12	世界文化遗产
13	苏州古典园林	江苏	1997.12	世界文化遗产
14	北京皇家祭坛——天坛	北京	1998.11	世界文化遗产
15	北京皇家园林——颐和园	北京	1998.11	世界文化遗产
16	大足石刻	重庆	1999.12	世界文化遗产
17	龙门石窟	河南	2000.11	世界文化遗产
18	明清皇家陵寝	湖北明显陵、河北清东陵、河北清西陵	2000.11	世界文化遗产
18	明清皇家陵寝	江苏明孝陵、北京明十三陵	2003.7	世界文化遗产
18	明清皇家陵寝	辽宁盛京三陵	2004.7	世界文化遗产
19	青城山—都江堰	四川	2000.11	世界文化遗产
20	皖南古村落——西递、宏村	安徽	2000.11	世界文化遗产
21	云冈石窟	山西	2001.12	世界文化遗产
22	高句丽王城、王陵及贵族墓葬	吉林、辽宁	2004.7.1	世界文化遗产
23	澳门历史城区	澳门	2005.7.15	世界文化遗产
24	安阳殷墟	河南	2006.7.13	世界文化遗产
25	开平碉楼与村落	广东	2007.6.28	世界文化遗产
26	福建土楼	福建	2008.7.7	世界文化遗产
27	五台山	山西	2009.6.26	世界文化景观
28	登封"大地之中"历史建筑群	河南	2010.8.1	世界文化遗产
29	杭州西湖文化景观	浙江	2011.6.24	世界文化景观
30	元上都遗址	内蒙古	2012.6.29	世界文化遗产
31	红河哈尼梯田文化景观	云南	2013.6.22	世界文化景观

续表

序号	名称	所在地	批准时间	类型
32	大运河	北京、天津、河北、山东、河南、安徽、江苏、浙江	2014.6.22	世界文化遗产
33	丝绸之路：长安—天山廊道的路网	河南、陕西、甘肃、新疆	2014.6.22	世界文化遗产
34	土司遗址	湖南、湖北、贵州	2015.7.4	世界文化遗产
35	左江花山岩画文化景观	广西	2016.7.15	世界文化景观
36	鼓浪屿：历史国际社区	福建	2017.7.8	世界文化遗产
37	良渚古城遗址	浙江	2019.7.6	世界文化遗产
38	泉州：宋元中国的世界海洋商贸中心	福建	2021.7.25	世界文化遗产
39	普洱景迈山古茶林文化景观	云南	2023.9.17	世界文化遗产
40	北京中轴线——中国理想都城秩序的杰作	北京	2024.7.27	世界文化遗产

表2　中国世界自然遗产

序号	名称	所在地	批准时间	类型
1	黄龙风景名胜区	四川	1992.12.7	世界自然遗产
2	九寨沟风景名胜区	四川	1992.12.7	世界自然遗产
3	武陵源风景名胜区	湖南	1992.12.7	世界自然遗产
4	云南三江并流保护区	云南	2003.7.2	世界自然遗产
5	四川大熊猫栖息地	四川	2006.7.12	世界自然遗产
6	中国南方喀斯特	云南、贵州、重庆、广西	2007.6.27一期、2014.6.23二期	世界自然遗产
7	三清山世界地质公园	江西	2008.7.8	世界自然遗产
8	中国丹霞	贵州、福建、湖南、广东、江西、浙江	2010.8.1	世界自然遗产
9	澄江化石遗址	云南	2012.7.1	世界自然遗产
10	新疆天山	新疆	2013.6.21	世界自然遗产
11	湖北神农架	湖北	2016.7.17	世界自然遗产

续表

序号	名称	所在地	批准时间	类型
12	青海可可西里	青海	2017.7.7	世界自然遗产
13	梵净山	贵州	2018.7.2	世界自然遗产
14	黄（渤）海候鸟栖息地（第一期、第二期）	江苏、上海、山东、河北、辽宁	2019年7月5日一期，2024年6月23日二期	世界自然遗产
15	巴丹吉林沙漠——沙山湖泊群	内蒙古	2024.7.26	世界自然遗产

表3　中国世界文化与自然双重遗产

序号	名称	所在地	批准时间	类型
1	泰山	山东	1987.12	世界文化与自然双重遗产
2	黄山	安徽	1990.12	世界文化与自然双重遗产
3	峨眉山—乐山大佛	四川	1996.12	世界文化与自然双重遗产
4	武夷山	福建、江西	1999.12	世界文化与自然双重遗产

附录2 世界非物质文化遗产名录

一、世界非物质文化遗产简介

项目	内　　容
概念	非物质文化遗产（以下简称"非遗"）指被各群体、团体或有时为个人视为其文化遗产的各种实践、表演、表现形式、知识和技能及有关的工具、实物、工艺品和文化场所。
种类	1. 口头传说和表现形式，包括作为非物质文化遗产媒介的语言。 2. 表演艺术。 3. 社会实践、礼仪、节庆活动。 4. 有关自然界和宇宙的知识和实践。 5. 传统手工艺。 6. 传统节日。
特点	非遗最大的特点是不脱离民族特殊的生活生产方式，是民族个性、民族审美习惯"活"的显现。它依托于人本身而存在，以声音、形象和技艺为表现手段，并以身口相传作为文化链而得以延续，是"活"的文化及其传统中最脆弱的部分。因此对于非遗传承的过程来说，人就显得尤为重要。
意义	根据联合国教科文组织通过的《保护非物质文化遗产公约》中的定义，各个群体和团体随着其所处环境、与自然界的相互关系和历史条件的变化不断使代代相传的非物质文化遗产得到创新，同时使他们自己具有一种认同感和历史感，从而促进文化多样性和激发人类的创造力。世界文化遗产的数量能够反映某地区、某国家历史文化的多样性与深厚程度，物质与非物质文化遗产如果被评为世界文化遗产，不仅能受世界瞩目，还能被更好地保护传承。申遗是一种对历史文化、秀丽江山的珍视情怀，是向全世界展示我们的文明。联合国教科文组织认为非物质文化遗产是确定文化特性、激发创造力和保护文化多样性的重要因素，在不同文化相互宽容、协调中起着至关重要的作用，因而于1998年通过决议设立非物质文化遗产评选。

二、中国的非遗项目

截至 2024 年 6 月，我国入选联合国教科文组织的非遗名录（含"急需保护名录"和"优秀实践名册"）的项目已达 44 个，也是目前世界上拥有世界非物质文化遗产数量最多的国家。

列入《人类非物质文化遗产代表作名录》的中国项目

序号	遗产项目名称	批准时间	序号	遗产项目名称	批准时间
1	昆曲	2001 年	19	中国朝鲜族农乐舞	2009 年
2	古琴艺术	2003 年	20	中国书法	2009 年
3	新疆维吾尔木卡姆艺术	2006 年	21	中国篆刻	2009 年
4	蒙古族长调民歌	2005 年	22	中国剪纸	2009 年
5	中国传统蚕桑丝织技艺	2009 年	23	中国雕版印刷技艺	2009 年
6	福建南音	2009 年	24	中国传统木结构营造技艺	2009 年
7	南京云锦织造技艺	2009 年	25	端午节	2009 年
8	安徽宣纸传统制作技艺	2009 年	26	妈祖信俗	2009 年
9	侗族大歌	2009 年	27	京剧	2010 年
10	粤剧	2009 年	28	中医针灸	2010 年
11	藏族《格萨尔》	2009 年	29	中国皮影	2011 年
12	龙泉青瓷传统烧制技艺	2009 年	30	珠算	2013 年
13	热贡艺术	2009 年	31	二十四节气	2016 年
14	藏戏	2009 年	32	藏医药浴法	2018 年
15	《玛纳斯》	2009 年	33	太极拳	2020 年
16	蒙古族呼麦歌唱艺术	2009 年	34	送王船——有关人与海洋可持续联系的仪式及相关实践	2020 年
17	花儿	2009 年	35	中国传统制茶技艺及习俗	2022 年
18	西安鼓乐	2009 年			

列入《急需保护的非物质文化遗产名录》的中国项目

序号	遗产项目名称	批准时间	序号	遗产项目名称	批准时间
1	四川羌年庆祝习俗	2009年	5	福建的中国水密隔舱福船制造技艺	2010年
2	黎族传统纺染织绣技艺	2009年	6	中国木版活字印刷术	2010年
3	中国木拱桥传统营造技艺	2009年	7	赫哲族伊玛堪说唱	2011年
4	新疆的麦西热甫	2010年	8	福建木偶戏后继人才培养计划	2012年

非物质文化遗产优秀实践名册

序号	遗产项目名称	批准时间
1	福建木偶戏传承人培养计划	2012年

附录3 国家5A级旅游景区名录

截至2025年6月，我国共有国家5A级旅游景区358家，名单如下：

（资料来源：文化和旅游部官网，其中黄河壶口瀑布旅游区是陕西省与山西省共创的跨省域旅游景区）

省、自治区、直辖市	数量（家）	名　　称	评定年份
北京	9	东城区故宫博物院	2007
		东城区天坛公园	2007
		海淀区颐和园	2007
		八达岭—慕田峪长城旅游区	2007
		昌平区明十三陵景区	2011
		西城区恭王府景区	2012
		朝阳区北京奥林匹克公园	2012
		海淀区圆明园景区	2020
		通州大运河文化旅游景区	2024
天津	2	南开区天津古文化街旅游区（津门故里）	2007
		蓟州区盘山风景名胜区	2007
河北	13	承德市双桥区承德避暑山庄及周围寺庙景区	2007
		保定市安新县白洋淀景区	2007
		保定市涞水县野三坡景区	2011

续表

省、自治区、直辖市	数量（家）	名　　称	评定年份
河北	13	石家庄平山县西柏坡景区	2011
		唐山市遵化市清东陵景区	2015
		邯郸市涉县娲皇宫景区	2015
		邯郸市永年区广府古城景区	2017
		保定市涞源县白石山景区	2017
		秦皇岛市山海关区山海关景区	2018
		保定市清西陵景区	2019
		河北省承德市金山岭长城景区	2020
		唐山市南湖·开滦旅游景区	2024
		河北省衡水市衡水湖旅游景区	2024
山西	11	大同市云冈区云冈石窟景区	2007
		忻州市五台县五台山风景名胜区	2007
		晋城市阳城县皇城相府生态文化旅游区	2011
		晋中市介休市绵山风景名胜区	2013
		晋中市平遥县平遥古城景区	2015
		忻州市代县雁门关景区	2017
		临汾市洪洞县洪洞大槐树寻根祭祖园旅游景区	2018
		长治市壶关太行山大峡谷八泉峡景区	2019
		临汾市云丘山景区	2020
		临汾市黄河壶口瀑布旅游区	2022
		山西省太原市晋祠天龙山景区	2024
内蒙古	8	鄂尔多斯市达拉特旗响沙湾旅游景区	2011
		鄂尔多斯市伊金霍洛旗成吉思汗陵旅游区	2011
		呼伦贝尔市满洲里市中俄边境旅游区	2016
		兴安盟阿尔山市阿尔山·柴河旅游景区	2017
		赤峰市克什克腾旗阿斯哈图石阵旅游区	2018
		阿拉善盟胡杨林旅游区	2019
		呼伦贝尔市呼伦贝尔大草原·莫尔格勒河景区	2024
		呼和浩特市老牛湾黄河大峡谷旅游区	2024

续表

省、自治区、直辖市	数量（家）	名　　称	评定年份
辽宁	7	沈阳市浑南区沈阳植物园	2007
		大连市中山区老虎滩海洋公园—老虎滩极地馆	2007
		大连市金州区金石滩景区	2011
		本溪市本溪满族自治县本溪水洞景区	2015
		鞍山市千山区千山景区	2017
		盘锦市红海滩风景廊道景区	2019
		本溪市五女山景区	2024
吉林	9	延边朝鲜族自治州安图县长白山景区	2007
		长春市宽城区伪满皇宫博物馆	2007
		长春市南关区净月潭景区	2011
		长春市南关区长影世纪城景区	2015
		延边朝鲜族自治州敦化市六鼎山文化旅游区	2015
		长春市南关区世界雕塑公园景区	2017
		通化市高句丽文物古迹旅游景区	2019
		松原市前郭查干湖景区	2024
		白城市大安嫩江湾旅游区	2024
黑龙江	7	哈尔滨市松北区太阳岛景区	2007
		黑河市五大连池市五大连池景区	2011
		牡丹江市宁安市镜泊湖景区	2011
		伊春市汤旺河区林海奇石景区	2013
		大兴安岭地区漠河县北极村旅游景区	2015
		虎林市虎头旅游景区	2019
		齐齐哈尔市扎龙生态旅游区	2024
上海	5	浦东新区东方明珠广播电视塔	2007
		浦东新区上海野生动物园	2007
		浦东新区上海科技馆	2010
		中国共产党一大·二大·四大纪念馆景区	2021
		崇明区西沙明珠湖景区	2024

273

续表

省、自治区、直辖市	数量（家）	名　　称	评定年份
江苏	26	苏州市姑苏区苏州园林	2007
		苏州市昆山市周庄古镇景区	2007
		南京市玄武区钟山—中山陵风景名胜区	2007
		无锡市滨湖区中央电视台无锡影视基地三国水浒城景区	2007
		无锡市滨湖区灵山大佛景区	2009
		苏州市吴江区同里古镇景区	2010
		南京市秦淮区夫子庙—秦淮河风光带	2010
		常州市新北区环球恐龙城景区	2010
		扬州市邗江区瘦西湖风景区	2010
		南通市崇川区濠河风景区	2012
		泰州市姜堰区溱湖国家湿地公园	2012
		苏州市吴中区金鸡湖国家商务旅游示范区	2012
		镇江市三山风景名胜区	2012
		无锡市滨湖区鼋头渚旅游风景区	2012
		苏州市吴中太湖旅游区	2013
		苏州市常熟市沙家浜—虞山尚湖旅游区	2013
		常州市溧阳市天目湖景区	2013
		镇江市句容市茅山景区	2014
		淮安市淮安区周恩来故里景区	2015
		盐城市大丰区中华麋鹿园景区	2015
		徐州市泉山区云龙湖景区	2016
		连云港市海州区花果山景区	2016
		常州市武进区春秋淹城旅游区	2017
		无锡市惠山古镇景区	2019
		宿迁市洪泽湖湿地景区	2020
		连云港市连岛景区	2024
浙江	22	杭州市西湖区杭州西湖风景区	2007
		温州市乐清市雁荡山风景区	2007

续表

省、自治区、直辖市	数量（家）	名　　称	评定年份
浙江	22	舟山市普陀区普陀山风景区	2007
		杭州市淳安县千岛湖风景区	2010
		嘉兴市桐乡市乌镇古镇旅游区	2010
		宁波市奉化区溪口—滕头旅游景区	2010
		金华市东阳市横店影视城景区	2010
		嘉兴市南湖区南湖旅游区	2011
		杭州市西湖区西溪湿地旅游区	2012
		绍兴市越城区鲁迅故里—沈园景区	2012
		衢州市开化县根宫佛国文化旅游区	2013
		湖州市南浔区南浔古镇景区	2015
		台州市天台县天台山景区	2015
		台州市仙居县神仙居景区	2015
		嘉兴市嘉善县西塘古镇旅游景区	2017
		衢州市江山市江郎山·廿八都旅游区	2017
		宁波市海曙区天一阁·月湖景区	2018
		丽水市缙云仙都景区	2020
		温州市刘伯温故里景区	2020
		台州市台州府城文化旅游区	2022
		丽水市云和梯田景区	2024
		浙江省金华市双龙风景旅游区	2024
安徽	13	黄山市黄山区黄山风景区	2007
		池州市青阳县九华山风景区	2007
		安庆市潜山县天柱山风景区	2011
		黄山市黟县皖南古村落——西递、宏村	2011
		六安市金寨县天堂寨旅游景区	2012
		宣城市绩溪县龙川景区	2012
		阜阳市颍上县八里河风景区	2013
		黄山市徽州区古徽州文化旅游区	2014
		合肥市肥西县三河古镇景区	2015
		芜湖市鸠江区方特旅游区	2016
		六安市舒城县万佛湖风景区	2016
		马鞍山市长江采石矶文化生态旅游区	2020
		滁州市琅琊山景区	2024

续表

省、自治区、直辖市	数量（家）	名　　称	评定年份
福建	12	厦门市思明区鼓浪屿风景名胜区	2007
		南平市武夷山市武夷山风景名胜区	2007
		三明市泰宁县泰宁风景旅游区	2011
		福建土楼（永定·南靖）旅游景区	2011
		宁德市屏南县（白水洋·鸳鸯溪）旅游景区	2012
		泉州市丰泽区清源山风景名胜区	2012
		宁德市福鼎市太姥山旅游区	2013
		福州市鼓楼区三坊七巷景区	2015
		龙岩市上杭县古田旅游区	2015
		莆田市湄洲岛妈祖文化旅游区	2020
		厦门市厦门园林植物园景区	2024
		龙岩市冠豸山景区	2024
江西	15	九江市庐山市庐山风景名胜区	2007
		吉安市井冈山市井冈山风景旅游区	2007
		上饶市玉山县三清山旅游区	2011
		鹰潭市贵溪市龙虎山风景名胜区	2012
		上饶市婺源县江湾景区	2013
		景德镇市昌江区古窑民俗博览区	2013
		赣州市瑞金市共和国摇篮景区	2015
		宜春市袁州区明月山旅游区	2015
		抚州市资溪县大觉山景区	2017
		上饶市弋阳县龟峰景区	2017
		南昌市东湖区滕王阁旅游区	2018
		萍乡市武功山景区	2019
		九江市庐山西海景区	2020
		赣州市三百山景区	2022
		上饶市篁岭景区	2024

续表

省、自治区、直辖市	数量（家）	名　　称	评定年份
山东	16	泰安市泰山区泰山景区	2007
		烟台市蓬莱市蓬莱阁—三仙山—八仙过海旅游区	2007
		济宁市曲阜市明故城三孔旅游区	2007
		青岛市崂山区崂山景区	2011
		威海市环翠区刘公岛景区	2011
		烟台市龙口市南山景区	2011
		枣庄市台儿庄区台儿庄古城景区	2013
		济南市历下区天下第一泉景区	2013
		山东沂蒙山旅游区	2013
		潍坊市青州市青州古城景区	2017
		威海市环翠区威海华夏城景区	2017
		东营市黄河口生态旅游区	2019
		临沂市萤火虫水洞·地下大峡谷旅游区	2020
		济宁市微山湖旅游区	2022
		青岛市奥帆海洋文化旅游区	2024
		淄博市周村古商城景区	2024
河南	17	郑州市登封市嵩山少林寺景区	2007
		洛阳市洛龙区龙门石窟景区	2007
		焦作市云台山—神农山—青天河风景区	2007
		安阳市殷都区殷墟景区	2011
		洛阳市嵩县白云山景区	2011
		开封市龙亭区清明上河园景区	2011
		平顶山市鲁山县尧山—中原大佛景区	2011
		洛阳市栾川县老君山—鸡冠洞旅游区	2012
		洛阳市新安县龙潭大峡谷景区	2013
		南阳市中国西峡恐龙遗迹园—伏牛山—老界岭旅游区	2014
		驻马店市遂平县嵖岈山旅游景区	2015
		安阳市林州市红旗渠—太行大峡谷旅游景区	2016
		商丘市永城市芒砀山汉文化旅游景区	2017
		新乡市八里沟景区	2019
		信阳市鸡公山景区	2022
		周口市太昊伏羲陵文化旅游区	2024
		新乡市宝泉旅游区	2024

续表

省、自治区、直辖市	数量（家）	名　　称	评定年份
湖北	16	武汉市武昌区黄鹤楼公园	2007
		宜昌市三峡大坝—屈原故里文化旅游区	2007
		宜昌市夷陵区三峡人家风景区	2011
		十堰市丹江口市武当山风景区	2011
		恩施土家族苗族自治州巴东县神龙溪纤夫文化旅游区	2011
		神农架林区神农架生态旅游区	2012
		宜昌市长阳土家族自治县清江画廊景区	2013
		武汉市洪山区中国武汉—东湖生态旅游风景区	2013
		武汉市黄陂区木兰文化生态旅游区	2014
		恩施土家族苗族自治州恩施市恩施大峡谷景区	2015
		咸宁市赤壁市三国赤壁古战场景区	2018
		襄阳市古隆中景区	2019
		恩施州腾龙洞景区	2020
		宜昌市三峡大瀑布景区	2022
		荆门市明显陵文化旅游景区	2024
		黄冈市麻城龟峰山景区	2024
湖南	12	张家界市武陵源—天门山旅游区	2007
		衡阳市南岳区衡山旅游区	2007
		湘潭市韶山市韶山旅游区	2011
		岳阳市岳阳楼—君山岛景区	2011
		长沙市岳麓区岳麓山—橘子洲旅游区	2012
		长沙市宁乡市花明楼景区	2013
		郴州市资兴市东江湖旅游区	2015
		邵阳市新宁县崀山景区	2016
		株洲市炎帝陵景区	2019
		湖南省常德市桃花源旅游区	2020
		湘西州矮寨·十八洞·德夯大峡谷景区	2021
		湘西土家族苗族自治州凤凰古城旅游区	2024

续表

省、自治区、直辖市	数量（家）	名　　称	评定年份
广东	16	广州市番禺区长隆旅游度假区	2007
		深圳市南山区华侨城旅游度假区	2007
		广州市白云区白云山景区	2011
		梅州市梅县区雁南飞茶田景区	2011
		深圳市龙华区观澜湖休闲旅游区	2011
		清远市连州市地下河旅游景区	2011
		韶关市仁化县丹霞山景区	2012
		佛山市南海区西樵山景区	2013
		惠州市博罗县罗浮山景区	2013
		佛山市顺德区长鹿旅游休博园	2014
		阳江市江城区海陵岛大角湾海上丝路旅游区	2015
		中山市孙中山故里旅游区	2016
		惠州市惠城区惠州西湖旅游景区	2018
		肇庆市星湖旅游景区	2019
		江门市开平碉楼文化旅游区	2020
		河源市万绿湖风景区	2024
广西	11	桂林市漓江风景区	2007
		桂林市兴安县乐满地度假世界	2007
		桂林市秀峰区独秀峰·靖江王城景区	2012
		南宁市青秀区青秀山旅游区	2014
		桂林市两江四湖·象山景区	2017
		崇左市大新县德天跨国瀑布景区	2018
		百色市百色起义纪念园景区	2019
		北海市涠洲岛南湾鳄鱼山景区	2020
		贺州市黄姚古镇景区	2022
		柳州市程阳八寨景区	2024
		崇左市花山岩画景区	2024
海南	7	三亚市崖州区南山文化旅游区	2007
		三亚市崖州区南山大小洞天旅游区	2007

279

续表

省、自治区、直辖市	数量（家）	名　　称	评定年份
海南	7	保亭县呀诺达雨林文化旅游区	2012
		陵水县分界洲岛旅游区	2013
		保亭县海南槟榔谷黎苗文化旅游区	2015
		三亚市海棠区蜈支洲岛旅游区	2016
		三亚市天涯海角游览区	2024
重庆	12	大足区大足石刻景区	2007
		巫山小三峡—小小三峡旅游区	2007
		武隆区喀斯特旅游区	2011
		酉阳土家族苗族自治县桃花源旅游景区	2012
		綦江区万盛黑山谷—龙鳞石海风景区	2012
		南川区金佛山景区	2013
		江津区四面山景区	2015
		云阳县龙缸景区	2017
		彭水县阿依河景区	2019
		黔江区濯水景区	2020
		奉节县白帝城·瞿塘峡景区	2022
		涪陵区武陵山大裂谷景区	2024
四川	18	成都市都江堰市青城山—都江堰旅游景区	2007
		乐山市峨眉山市峨眉山景区	2007
		阿坝藏族羌族自治州九寨沟县九寨沟景区	2007
		乐山市市中区乐山大佛景区	2011
		阿坝藏族羌族自治州松潘县黄龙风景名胜区	2012
		绵阳市北川羌族自治县羌城旅游区	2013
		阿坝藏族羌族自治州汶川县汶川特别旅游区	2013
		南充市阆中市阆中古城旅游景区	2013
		广安市广安区邓小平故里旅游区	2013
		广元市剑阁县剑门蜀道剑门关旅游景区	2015
		南充市仪陇县朱德故里景区	2016
		甘孜藏族自治州泸定县海螺沟景区	2017
		雅安市碧峰峡旅游景区	2019
		巴中市光雾山旅游景区	2020
		甘孜州稻城亚丁旅游景区	2020
		成都市安仁古镇景区	2022
		阿坝藏族羌族自治州四姑娘山景区	2024
		成都市天台山景区	2024

附录 3　国家 5A 级旅游景区名录

续表

省、自治区、直辖市	数量（家）	名　　称	评定年份
贵州	10	安顺市镇宁布依族苗族自治县黄果树瀑布景区	2007
		安顺市西秀区龙宫景区	2007
		毕节市黔西县百里杜鹃景区	2013
		黔南布依族苗族自治州荔波县樟江景区	2015
		贵阳市花溪区青岩古镇景区	2017
		铜仁市梵净山（江口·印江）旅游区	2018
		黔东南州镇远古城旅游景区	2019
		遵义市赤水丹霞旅游区	2020
		毕节市织金洞景区	2022
		黔西南州万峰林景区	2024
云南	10	昆明市石林彝族自治县石林风景区	2007
		丽江市玉龙纳西族自治县玉龙雪山景区	2007
		丽江市古城区丽江古城景区	2011
		大理白族自治州大理市崇圣寺三塔文化旅游区	2011
		西双版纳傣族自治州勐腊县中科院西双版纳热带植物园	2011
		迪庆藏族自治州香格里拉市普达措国家公园	2012
		昆明市盘龙区昆明世博园景区	2016
		保山市腾冲市火山热海旅游区	2016
		文山州普者黑旅游景区	2020
		腾冲市和顺古镇景区	2024
西藏	5	拉萨市城关区布达拉宫景区	2013
		拉萨市城关区大昭寺景区	2013
		林芝市工布江达县巴松错景区	2017
		日喀则市桑珠孜区扎什伦布寺景区	2017
		林芝市雅鲁藏布大峡谷旅游景区	2020
陕西	14	西安市临潼区秦始皇兵马俑博物馆	2007
		西安市临潼区华清池景区	2007
		延安市黄陵县黄帝陵景区	2007
		西安市雁塔区大雁塔—大唐芙蓉园景区	2011

281

续表

省、自治区、直辖市	数量（家）	名　称	评定年份
陕西	14	渭南市华阴市华山风景区	2011
		宝鸡市扶风县法门寺佛文化景区	2014
		商洛市商南县金丝峡景区	2015
		宝鸡市眉县太白山旅游景区	2016
		西安市城墙·碑林历史文化景区	2018
		延安市延安革命纪念地景区	2019
		西安市大明宫旅游景区	2020
		延安市黄河壶口瀑布旅游区	2022
		延安市延川黄河乾坤湾景区	2024
		咸阳市乾陵景区	2024
甘肃	8	嘉峪关市嘉峪关文物景区	2007
		平凉市崆峒区崆峒山风景名胜区	2007
		天水市麦积区麦积山景区	2011
		酒泉市敦煌市鸣沙山月牙泉景区	2015
		张掖市七彩丹霞景区	2019
		临夏州炳灵寺世界文化遗产旅游区	2020
		陇南市官鹅沟景区	2022
		甘南州冶力关旅游区	2024
青海	4	青海湖风景区	2011
		西宁市湟中县塔尔寺景区	2012
		海东市互助土族自治县互助土族故土园旅游区	2017
		海北州阿咪东索景区	2020
宁夏	6	石嘴山市平罗县沙湖旅游景区	2007
		中卫市沙坡头区沙坡头旅游景区	2007
		银川市西夏区宁夏镇北堡西部影视城	2011
		银川市灵武市水洞沟旅游区	2015
		吴忠市青铜峡黄河大峡谷旅游区	2024
		固原市六盘山红军长征旅游区	2024

附录 3　国家 5A 级旅游景区名录

续表

省、自治区、直辖市	数量（家）	名　　称	评定年份
新疆	18	昌吉回族自治州阜康市天山天池风景名胜区	2007
		吐鲁番市高昌区葡萄沟风景区	2007
		伊犁哈萨克自治州阿勒泰地区布尔津县喀纳斯景区	2007
		伊犁哈萨克自治州新源县那拉提旅游风景区	2011
		伊犁哈萨克自治州阿勒泰地区富蕴县可可托海景区	2012
		喀什地区泽普县金胡杨景区	2013
		乌鲁木齐市乌鲁木齐县天山大峡谷	2013
		巴音郭楞蒙古自治州博湖县博斯腾湖景区	2014
		喀什地区喀什市喀什噶尔老城景区	2015
		伊犁哈萨克自治州特克斯县喀拉峻景区	2016
		巴音郭楞蒙古自治州和静县巴音布鲁克景区	2016
		伊犁哈萨克自治州阿勒泰地区哈巴河县白沙湖景区	2017
		喀什地区帕米尔旅游区	2019
		新疆维吾尔自治区克拉玛依市世界魔鬼城景区	2020
		新疆维吾尔自治区赛里木湖景区	2021
		新疆生产建设兵团塔克拉玛干·三五九旅文化旅游区	2021
		新疆维吾尔自治区昌吉回族自治州江布拉克景区	2022
		新疆维吾尔自治区阿克苏地区天山托木尔景区	2024

附录4 国家级旅游度假区

国家级旅游度假区是为适应我国居民休闲度假旅游需求快速发展的需要，为人民群众积极营造有效的休闲度假空间，提供多样化、高质量的休闲度假旅游产品，为落实职工带薪休假制度创造更为有利的条件而设立的综合性旅游载体品牌。国家级旅游度假区更注重于度假旅游目的地建设，度假区建设必须建立在对度假旅游市场进行充分调研的基础上，准确定位、科学规划、合理布局，注重软开发，适度硬开发，同时更注重"供给侧"的旅游项目开发。

具体名单：（截至2024年7月，中国共有国家级旅游度假区85家。）

省区市	名 单		
北京	密云古北水镇国际休闲旅游度假区		
河北	崇礼冰雪旅游度假区	秦皇岛市北戴河度假区	
山西	晋城太行锡崖沟旅游度假区		
内蒙古	兴安盟阿尔山旅游度假区		
辽宁	大连长山群岛旅游度假区		
吉林	长白山华美胜地旅游度假区		
黑龙江	亚布力滑雪旅游度假区		
上海	上海佘山国家旅游度假区	上海国际旅游度假区	
江苏	南京汤山温泉旅游度假区	天目湖旅游度假区	阳澄湖半岛旅游度假区
	无锡市宜兴阳羡生态旅游度假区	常州太湖湾旅游度假区	常熟虞山文化旅游度假区
	宿迁骆马湖旅游度假区	苏州吴江东太湖生态旅游度假区	

续表

省区市	名 单		
浙江	东钱湖旅游度假区	湘湖旅游度假区	湖州市太湖旅游度假区
	湖州市安吉灵峰旅游度假区	德清莫干山国际旅游度假区	淳安千岛湖旅游度假区
	泰顺廊桥—氡泉旅游度假区	鉴湖旅游度假区	湖州吴兴西塞山旅游度假区
吉林	长白山旅游度假区		
山东	凤凰岛旅游度假区	海阳旅游度假区	烟台市蓬莱旅游度假区
	日照山海天旅游度假区	烟台金沙滩旅游度假区	荣成好运角旅游度假区
	德州齐河黄河国际生态城旅游度假区		
河南	尧山温泉旅游度假区	三门峡市天鹅湖旅游度假区	郑州银基国际旅游度假区
湖北	武当太极湖旅游度假区	神农架木鱼旅游度假区	武汉黄陂区木兰湖旅游度假区
湖南	灰汤温泉旅游度假区	常德柳叶湖旅游度假区	岳阳洞庭湖旅游度假区
	长沙铜官窑文化旅游度假区		
广东	东部华侨城旅游度假区	河源巴伐利亚庄园	珠海横琴长隆国际海洋度假区
广西	桂林阳朔遇龙河旅游度假区	大新明仕旅游度假区	北海银滩国家旅游度假区
	桂林雁山旅游度假区		
重庆	仙女山旅游度假区	重庆丰都南天湖旅游度假区	石柱黄水旅游度假区
云南	阳宗海旅游度假区	西双版纳旅游度假区	玉溪抚仙湖旅游度假区
	大理古城旅游度假区	德宏芒市孔雀湖旅游度假区	
四川	邛海旅游度假区	成都天府青城康养休闲旅游度假区	峨眉山市峨秀湖旅游度假区
	宜宾蜀南竹海旅游度假区	成都西岭雪山—花水湾旅游度假区	
海南	三亚市亚龙湾旅游度假区	琼海博鳌东屿岛旅游度假区	万宁石梅湾旅游度假区
福建	福州市鼓岭旅游度假区		
江西	宜春市明月山温汤旅游度假区	上饶市三清山金沙旅游度假区	新余市仙女湖七夕文化旅游度假区
	赣州市大余县丫山旅游度假区	南昌梅岭生态旅游度假区	
安徽	合肥市巢湖半汤温泉养生度假区	黄山黟县国际乡村旅游度假区	

续表

省区市	名　　单	
贵州	遵义市赤水河谷旅游度假区	六盘水市野玉海山地旅游度假区
甘肃	临夏永靖刘家峡旅游度假区	
宁夏	中卫大漠黄河（沙坡头）旅游度假区	
西藏	林芝市鲁朗小镇旅游度假区	
陕西	宝鸡市太白山温泉旅游度假区	商洛市牛背梁旅游度假区
新疆	那拉提旅游度假区	新疆生产建设兵团五家渠青格达湖旅游度假区

第九版修订补记

《2025年全国导游资格考试大纲》对《地方导游基础知识》的基本要求中增加了"旅游核心城市"的要求，因此，本次教材修订中相应增加了旅游核心城市的条目（但仅限于各省和自治区，不含直辖市和港澳台）。旅游核心城市一般选择具有旅游集散功能的省会城市和重要旅游目的地城市，原则上选择了1~3个。旅游核心城市的加入，适应了近年来城市旅游发展的大趋势，也使《地方导游基础知识》的内容更加丰富完善。不仅有各省基本概况和旅游景区，也关注了核心的旅游城市。

由于各省（区、市）的行政区划、人口、交通、旅游业等相关数据每年都会有变动，因此本次修订对各省（区、市）行政区划、人口、交通、旅游业的数据进行了更新。数据主要来源于各省（区、市）发布的国民经济和社会发展统计公报或省级政府相关部门网站的公开数据，具有一定的权威性。此外，新公布的世界遗产和非遗项目、国家5A级旅游景区等数据都同步得到更新。

《地方导游基础知识》内容繁杂，不同省市的宣传或介绍难免有过于突出或夸大自我的现象，可能造成一些数据不统一甚至说法的互相冲突。我们在编撰过程中尽量做了规整，但仍可能有一些疏漏。衷心感谢读者朋友选用本教材并对教材内容提出宝贵的意见和建议。教材编写组将砥砺前行，精益求精，努力为广大考生奉献一本专业、适用、好用的《地方导游基础知识》考试教材。

《地方导游基础知识》专家编写组
2025年6月

项目策划：张文广
项目统筹：谯　洁
责任编辑：郭海燕
责任印制：冯冬青
封面设计：中文天地

图书在版编目（CIP）数据

地方导游基础知识/全国导游资格考试统编教材专家编写组编. -- 9版. -- 北京：中国旅游出版社，2025.6. -- （全国导游资格考试统编教材）. -- ISBN 978-7-5032-7583-8

Ⅰ.F590.633

中国国家版本馆CIP数据核字第2025Y4Q711号

防伪鉴别提醒

每本正版教材封一左下角右侧，均粘贴有防伪标识。刮开防伪码涂层，扫码绑定增值服务。图书出现印装问题，本社负责调换，服务电话：010-57377106。（打击盗版举报热线：010-57377102，QQ：3911648342）

书　　名	地方导游基础知识
作　　者	全国导游资格考试统编教材专家编写组编
出版发行	中国旅游出版社 （北京静安东里6号　邮编：100028） https://www.cttp.net.cn　E-mail: cttp@mct.gov.cn 营销中心电话：010-57377103
排　　版	北京中文天地文化艺术有限公司
印　　刷	北京科信印刷有限公司
版　　次	2025年6月第9版　2025年6月第1次印刷
开　　本	720毫米×970毫米　1/16
印　　张	18.5
字　　数	322千
定　　价	35.00元
ISBN	978-7-5032-7583-8

版权所有　翻印必究
如发现质量问题，请直接与营销中心联系调换